Le MS. dans une boîte rouge

John A. Hamilton

Writat

Cette édition parue en 2024

ISBN : 9789359942797

Publié par
Writat
email : info@writat.com

Contenu

CHAPITRE I

Le dix mai de l'an seize cent vingt-sept, je suis allé à cheval de Temple Belwood à Crowle, aussi joyeux et joyeux que n'importe quel jeune homme du monde. D'une part, la journée était la plus belle d'un début de saison, l'air doux aux odeurs printanières et joyeux aux sons agréables. Les cytises, les lilas, les aubépines et les châtaigniers étrangers (en fleurs pour la première fois à Temple Belwood cette année-là) étaient en pleine floraison. Les poules faisannes sifflaient à leurs couvées nouvellement écloses ; les moutons fraîchement tondus répondaient au bêlement de leurs agneaux ; les arbres et les buissons résonnaient de la mélodie des petits oiseaux, et des collines et des îlots des marais et de la mer sortait un vacarme de cancans, de cliquetis et de bavardages d'oiseaux aquatiques, que la distance se mêlait et adoucissait en musique. Mais quel poter je fais ! C'était une belle journée de printemps à Axholme. La grande raison de ma joie était que j'avais reçu de la bonne nouvelle – une victoire durement gagnée de la part de mon père, alors à Londres. Pendant des années, l'île avait été menacée d'invasion par un certain Cornelius Vermuijden, un Hollandais, qui avait persuadé le roi de lui accorder le pouvoir de drainer les mers, de remblayer et d'arrêter les rivières de l'île, et de transformer le pays à son gré, indépendamment de la situation. les droits des roturiers de l'île garantis dans l'acte du comte Mowbray. Lorsque le Hollandais aurait achevé son précieux projet, un tiers des terres conquises deviendrait la propriété du roi, un autre appartiendrait à Vermuijden et le tiers restant serait partagé entre les roturiers de l'île, c'est-à-dire les propriétaires fonciers. . Ceci, bien entendu, sans le consentement des propriétaires terriens, et en aucun cas compte tenu de la ruine certaine qui s'abattrait sur des centaines de gens pauvres, qui vivaient de la pêche, de la chasse à la volaille, de la coupe des roseaux, de la cueillette des œufs et des autres métiers similaires des marins. .

Lorsque la première rumeur du projet parvint à Axholme, ce fut un sujet de rire. Quel homme sensé pourrait croire que Sa Majesté donnerait le pouvoir à un étranger de dominer plus de deux cent cinquante milles carrés de sol anglais, détournant des rivières, coupant des canaux, transformant des étangs et des lacs en terrains marécageux, et par nécessité (ainsi disaient des hommes astucieux) , qui avait connaissance de telles choses, et comme cela s'est effectivement avéré être le cas), transformant des champs fertiles en marais et marécages ? Mais la consternation suivit bientôt la plaisanterie, car la chose incroyable était vraie. Sa Majesté avait grand besoin d'argent et le Hollandais possédait un trésor inépuisable. L'île devait donc être livrée à sa volonté. Puis doux et simples se tournèrent vers mon père, Thomas Vavasour. Ils connaissaient son courage, ses capacités et son esprit public. Entre ses mains, ils remirent leur cause, et il devint « leur procureur », comme ils aimaient l'appeler, bien qu'il ne fût pas avocat de profession et qu'il n'eût jamais rien reçu pour ses services. Il était à Londres pour cette affaire depuis quelques semaines, et m'écrivait maintenant qu'il avait obtenu un jugement de la Cour de l'Échiquier, confirmant les droits des roturiers de l'île et annulant finalement le projet d'invasion. Mon père avait vaincu le Hollandais — et Sa Majesté elle-même — et sauvé l'île ! La nouvelle ferait sonner les cloches de tous les clochers d'Axholme ; il y aurait des feux de joie sur chaque colline et chaque monticule, et des festins et des réjouissances dans chaque manoir, ferme et chaumière. J'étais prêt à gambader et à crier quand j'ai lu la lettre, mais je me suis soudain rendu compte que l'annonce devait être faite par « l'avocat » lui-même, et que si cela lui plaisait, ma majorité ce jour-là serait un événement. occasion appropriée. Il m'était difficile de garder la nouvelle pour moi, mais il me paraissait juste que mon père, qui l'avait conquis, publie sa victoire. Dans sa lettre, il n'a rien dit pour me guider. J'ai décidé de prendre conseil auprès du Vicaire de Crowle, mon oncle par alliance avec la sœur de ma mère. Mais lorsque j'arrivai à Crowle, je me demandai si je devrais annoncer la grande nouvelle même à M. Graves, qui avait un sens élevé de son importance en tant que curé d'une paroisse et pourrait être incapable de résister à la tentation d'être le premier à le faire. annoncer la bonne nouvelle. Le lendemain serait dimanche, je m'en souvenais. Pour y réfléchir encore un peu, j'ai transformé mon cheval en une piste qui serpentait sur une petite colline qui dominait la ville. Dès que j'atteignis le sommet de la colline, un tumulte de cris de colère et des bruits d'aboiements de chiens parvinrent à mes oreilles, et je descendis le chemin en direction de l'endroit d'où provenaient les bruits. Une épaisse végétation d'arbres m'empêchait de voir jusqu'à ce que j'arrive à une clairière ouverte, où un certain nombre d'hommes et de jeunes garçons, peut-être deux vingtaines, étaient rassemblés autour d'un vieux chêne. Ils semblaient menacer quelqu'un. En m'approchant, j'aperçus une jeune et belle femme, assise sur une racine du vieil arbre, le dos contre le tronc, et un bras en partie replié dans son manteau, autour du cou d'un faon, serré contre elle. Le manteau avait été déchiré en deux ou trois endroits, et, à travers les déchirures, on voyait la blancheur de son bras taché de sang. Son visage était mortellement pâle, mais ses yeux étaient brillants et intrépides.

Les gars se séparèrent à droite et à gauche pendant que j'arrivais, et certains d'entre eux semblaient à moitié honteux d'eux-mêmes avant que je parle.

"De quel diable s'agit-il?" J'ai crié. « Espèces de vils lâches ! Pour lancer vos chiens sur une femme !

Un gros garçon, dont le visage portait de nombreuses cicatrices de vieilles blessures, surnommé Stride-a-mile en raison de son habileté à marcher sur des échasses, m'a répondu assez hardiment :

"La diablerie n'est pas de nous. La femme étrangère a ensorcelé le faon et ne veut pas l'abandonner. Comment pourrions-nous empêcher les chiens de la harceler ?"

"Tu mens, espèce de coquin", répondis-je. "Les salauds sont suffisamment inoffensifs maintenant que tu ne les siffles plus."

Une demi-douzaine de chiens bâtards gémissaient, grondaient et grognaient autour de la dame, mais n'essayaient pas de mordre.

"Peut-être que je suis un menteur, un lâche et un diable, Maître Vavasour", a déclaré Stride-a-mile; "Mais le faon est à nous, et nous avons l'intention de l'avoir. Nous l'avons trouvé ainsi que la biche là-bas" - désignant une carcasse qui gisait sur le sol à trente mètres de là - "hors des limites de la forêt, et nous l'avons pourchassé, et c'est à nous." L'homme regarda autour de lui ses camarades, dont certains répondirent à ce regard en saisissant des gourdins, en brandissant leurs gros couteaux ou en plaçant leurs arbalètes.

Bouillant de rage devant ce que je considérais comme l'insolence de cet homme, et oubliant les chances contre moi et ce qui pourrait arriver à la dame, si je devenais accablé, je levai ma cravache et touchai le côté de Trueboy avec mon talon, quand un vieil homme Un homme que je ne connaissais pas s'est interposé entre moi et Stride-a-mile en disant :

"Un pourparlers, écuyer. Ce serait une mauvaise journée de travail s'il vous arrivait du mal, et le gibier ne vaut pas la vie d'un homme. Peut-être que la dame vous expliquera pourquoi elle veut le faon entier. Cela tournerait mal bien avant qu'elle pourrait tout manger. Si elle se contentait d'un cuissard, maintenant, nous ne lui dirons pas non.

Même si j'étais en colère, je ne pouvais m'empêcher de rire que la dame soit soupçonnée d'un désir aussi démesuré de venaison, mais je ne savais pas plus que le gros gaillard lui-même quelle était la raison pour laquelle elle gardait leur gibier à l'écart de la populace. Je la regardai d'un air interrogateur.

Elle parlait d'une voix claire et douce. "Quand sa mère est tombée et que les chiens se sont précipités sur elle, la pauvre petite créature a couru droit vers moi, et ses chers yeux bruns ont dit : " Sauve-moi ", aussi bien que les yeux peuvent parler. Comment pourrais-je être assez cruel pour refuser son plaidoyer suppliant ? »

Alors que ses propres yeux fauves étaient levés vers moi, j'aurais aimé pouvoir peindre ce beau visage comme une image de la Mère de Pitié.

"Est-ce que les hommes prendront de l'argent pour le faon, s'ils veulent le manger ?" » demanda-t-elle en tendant une pièce d'or entre le pouce et l'index.

La plupart des hommes s'éclairèrent à cette suggestion, mais Stride-a-mile répondit :

"Qui peut dire que c'est bon ? Pas de jetons étrangers pour nous. Pour autant que nous sachions, c'est de l'argent des sorcières, et il se transformera en cendres."

"Oh, si telle est votre objection", dis-je, "voici un laurier de vingt shillings", que je lui ai lancé.

La magie de l'argent ! Les clowns boudeurs furent immédiatement contents. Ils acclamèrent le « jeune écuyer de Belwood » et se précipitèrent chercher la biche, puis, sans doute, se rendirent à la brasserie.

En descendant de cheval, je demandai si la dame avait des amis auprès desquels je pourrais la prendre en charge.

"Mon père et moi logeons à l'auberge du Cerf Blanc", dit-elle en se levant, mais en retombant aussitôt, avec un petit gémissement. "Je crains que marcher ne soit pas de mon ressort", a-t-elle déclaré. "Ma cheville est handicapée. Si vous me faites la gentillesse d'informer mon père, le docteur Goel, de ma situation, il saura quoi faire."

"Pardonnez-moi, mais ce serait une perte de temps, et le temps est précieux", répondis-je. "Vos blessures doivent être soignées sans délai. Si vous parvenez à faire asseoir mon cheval, je le conduirai doucement."

Un léger sourire traversa son visage, dessiné par la douleur.

" Je n'ai jamais monté à cheval et je devrais probablement tomber ; car, à vrai dire, j'ai quelque peur de m'évanouir. "

Elle était si pâle et ses yeux étaient si assombris que je le craignais aussi.

"Alors nous devons monter en double", dis-je en sautant en selle. "Je te prendrai devant moi, et il n'y aura aucun risque que tu tombes."

"Mais le petit cerf", cria-t-elle. "Nous ne pouvons pas abandonner la pauvre petite bête."

J'étais prêt à maudire la « petite bête », mais il n'y avait aucun moyen de contredire la dame, alors je sautai à nouveau, pris le faon et, grimpant sur les racines du vieux chêne, qui était creux, je l'enfonçai à travers un grand trou et laissez-le tomber à l'intérieur.

Reprenant ma selle, je dis : « Le faon sera en sécurité jusqu'à ce que nous ayons le temps de revenir. Maintenant, le cerf blanc.

Avec quelques difficultés, j'attirai la dame sur le dos de Trueboy et, passant un bras autour de sa taille, je me mis au galop. Heureusement, elle ne s'évanouit pas, et dix minutes plus tard nous arrivâmes à l'auberge, où la grosse hôtesse et Nancy, la servante, reçurent la dame dans leurs bras et la portèrent dans une chambre intérieure, poussant un grand cri de pitié et d'étonnement. poser vingt questions d'un coup. Confiant Trueboy à Mat le palefrenier, je le suivis, à temps pour apercevoir la dame allongée sur un pigeonneau et un grand homme maigre d'une soixantaine d'années penché sur elle. Puis la porte fut fermée, et je m'assis dans la salle commune et attendis, tandis que Maîtresse Hind et sa servante s'affairaient avec des cruches et des bassines d'eau chaude et froide, des serviettes et des chiffons propres, secouant la tête et soupirant et s'exclamant à la manière de leur espèce. De plus en plus impatient du bruit qu'ils faisaient, je sortis dans la cour de l'auberge, et me rappelant que le faon était toujours dans le bois et que la dame s'inquiéterait pour la créature, j'envoyai Mat avec une charrette à bras, une corde, et cetera, pour l'apporter à l'auberge.

Quand je rentrai dans la maison, le vieil homme vint à la porte de la chambre intérieure et, s'inclinant longuement, s'adressa à moi en français, signifiant que sa fille souhaitait avoir une conversation avec moi. Je lui rendis son salut et le suivis dans la chambre où gisait la dame, les joues un peu rouges maintenant et une lumière joyeuse dans les yeux. Je pensais n'avoir jamais vu de femme à moitié aussi charmante, et je le pense toujours.

"Asseyez-vous, monsieur, s'il vous plaît", dit-elle. "Je ne vous ai pas encore remercié pour votre courage et votre gentillesse."

Je l'ai interrompue. "Les blessures seront-elles bientôt guéries ? N'y a-t-il aucun risque de boiterie ou de méfaits durables ?" Ai-je demandé en me tournant à moitié vers son père.

"Mon père parle peu l'anglais", dit-elle. "Peut-être que tu parles français ?"

J'ai secoué ma tête; car, quoique je connaisse un peu la langue, je préférais de beaucoup converser par l'intermédiaire du charmant interprète.

— Pour vous rassurer, continua-t-elle avec un regard clair et chaud comme un rayon de soleil, mon père me dit que quelques cicatrices seront les pires conséquences de ce qu'il appelle ma folie — et la barbarie de vos compatriotes. "

"Barbarie, assurément", répondis-je; " mais il faut dire pour eux que le faon était leur jeu, et ils n'ont pas compris votre conduite. Vous avez couru de grands risques en le défendant. Pourquoi ne leur avez-vous pas offert d'argent pour cela ? "

"Parce que le cœur est plus rapide que la tête." Puis elle ajouta d'un ton malicieux : « Vous n'étiez pas beaucoup plus sage. Il ne vous est pas venu à l'esprit d'acheter notre sécurité. Vous étiez pour le combat, un contre cinquante, avec la cravache contre les matraques, les arbalètes et les fusils.

"Peut-être ai-je été plus stupide que vaillant", dis-je.

"Non, je ne voulais pas me moquer", répondit la dame, et ses yeux étaient rosés lorsqu'elle me regardait.

"Le gros vieux doit avoir des éloges pour notre délivrance", dis-je.

"Pas de ma part", sourit la dame.

La gratitude qu'elle m'exprimait ainsi m'a poussé à dire, dans l'espoir de la distraire :

"À ce moment-là, Mat aura amené ton faon."

"Comme c'est gentil à vous de prendre tant de peine ! Mais *mon* faon, ce n'est pas le cas, puisque votre argent l'a acheté aux chasseurs."

"Honneur-moi en l'acceptant, alors."

"Un petit plus à ma vie. Avec plaisir. Je n'ai pas parfaitement compris pourquoi l'homme ne voulait pas prendre ma pièce. N'a-t-il pas dit qu'il s'agissait de sorcellerie ?"

"Seulement un mot inutile. Le voyou a dit avec étonnement que le faon s'était réfugié à vos pieds."

"C'était merveilleux pour moi, d'autant plus que je n'avais jamais vu une telle créature de ma vie. Nous n'avons pas de cerf aux Pays-Bas."

"Vous venez des Pays-Bas ?"

« Mon père » – regardant avec tendresse et fierté le vieil homme plongé dans un livre – « jusqu'à il y a trois ans, n'était pas le professeur le moins célèbre de l'Université de Leyde, l'ami intime du grand Oldenbarneveldt et du le célèbre Van Groot."

"Mon bon vieux précepteur, M. Butharwick, s'empressera de rendre hommage au docteur Goel. Il appelle Grotius le deuxième et le plus grand Erasmus, le porte-lampe du savoir, la gloire de l'Europe, et je ne sais quoi d'autre."

Maîtresse Goel se tourna vers son père et lui parla dans leur propre langue, très heureuse, comme je le devinai, de lui dire qu'un admirateur de son ami habitait si près. Le médecin se redressa sur sa chaise, son visage ridé transfiguré par un sourire radieux. Sa fille continua :

« Les ennemis de mon père, envieux de son savoir et de sa réputation, l'accusèrent d'être au courant du complot visant à assassiner le prince

Maurice. Il fut jeté en prison en même temps que son ami. Pour ne pas prolonger mon récit trop longtemps, il s'est enfui en France. Nous avons quitté Paris il y a trois mois pour Londres, où il a rencontré une vieille connaissance, du nom de Vermuijden, qui est sur le point de commencer de grands travaux de drainage dans cette partie du pays, comme vous le savez probablement.

"Il *était* sur le point de le faire", répondis-je; "Mais le projet n'a abouti à rien. La plus haute cour de justice d'Angleterre a annulé la concession du roi à Vermuijden."

"Un tribunal a annulé un arrêté royal !" s'exclama-t-elle.

"C'est quand même le cas", répondis-je. "Les lois d'Angleterre ne doivent pas être dérogées selon la volonté du roi."

Il s'ensuivit alors de nombreuses conversations entre le père et la fille, dont je compris seulement qu'ils étaient très étonnés et dans le doute, comme si ma nouvelle les avait profondément préoccupés.

Leur colloque terminé, Maîtresse Goel me posa de nombreuses questions, poussées par le docteur, sur les droits des roturiers et leur opposition au drainage de l'île, répétant mes réponses à son père, qui en parut très inquiet. Jusqu'ici, il avait cru que le projet rencontrait la faveur de tous les habitants, à l'exception de quelques-uns des plus bas, et j'ai compris qu'il avait investi de l'argent dans l'achat d'actions dans une entreprise qu'il croyait être d'un intérêt public indiscutable. et susceptible de rapporter un gain considérable aux participants.

Son inquiétude fut quelque peu soulagée lorsqu'il apprit que les roturiers n'avaient aucun droit sur la Chace du Roi à Hatfield, qui faisait partie de la zone visée par le plan de Vermuijden.

Me rappelant soudain que j'avais dépassé les limites du décorum et de la gentillesse, Maîtresse Goel souffrant comme elle devait l'être, je me levai pour prendre congé.

"Tu n'oublieras pas d'amener ton ami voir mon père", dit-elle en rougissant un peu, du moins c'est ce que je pensais.

Tandis que je me retirais dans la salle commune, lord Sheffield entra par la porte d'entrée et ordonna, avec son style impérieux, à l'obséquieuse hôtesse de signifier sa présence au docteur Goel. Lui et moi avons échangé un salut de cérémonie lointain, car il n'y avait aucun amour perdu entre nous deux. Son frère cadet de dix ans, Edmund, et moi avions été de bons camarades jusqu'à la mort d'Edmund ; et, en effet, ma haine pour l'aîné naissait de mon amour pour le plus jeune, envers lequel milord Sheffield se comportait toujours avec amertume et cruauté. Ne voulant pas rester dans la même pièce que « mon Seigneur Arrogance », comme nous avions l'habitude de l'appeler sur l'île, je sortis dans la cour pour demander à Mat d'amener mon cheval et, comme Mat avait beaucoup de questions à poser concernant le traitement du faon, un certain temps s'est écoulé avant que Trueboy ne soit emmené hors de l'écurie. Juste au moment où je levais le pied sur l'étrier, Sa Seigneurie sortit par la porte arrière, jouant avec son épée. C'était un de ses caprices, ou plutôt une partie de sa lâcheté, de ne jamais rester sans armes.

"Vous avez un bon cheval, maître Frank", dit-il.

J'ai hoché la tête, sachant qu'il n'était pas venu faire l'éloge de mon cheval.

"Si vous voulez un acheteur pour lui, je vous ferai une offre", continua-t-il.

"Je n'ai pas pour le moment l'intention de le vendre", répondis-je.

"Pas de but immédiat, mais lorsque votre père aura jeté son patrimoine dans des poursuites judiciaires contre le roi, vous serez peut-être heureux de connaître un acheteur qui vous donnera votre prix."

"Lorsque cet événement se produira, je me souviendrai de la promesse de Votre Seigneurie."

"Faites-le. Mes amis, le docteur Goel et sa belle fille, dites-moi que vous avez été extrêmement gentils en soudoyant une bande de canailles pour qu'ils rappellent leurs chiens à la dame. Veuillez accepter mes remerciements. Cela vous réconfortera de savoir qu'elle ne le fera pas. soyez à nouveau exposé aux ennuis des scélérats du quartier. Demain, ils se rendent dans notre pauvre château de Butterwick.

J'ai salué ses informations, je suis monté à cheval et je suis parti. J'étais un cavalier insouciant, laissant Trueboy choisir la manière de partir. Je ne voyais rien d'autre que, tantôt le visage pâle au regard inébranlable face à la foule menaçante, tantôt le visage rouge de tendre pitié, tantôt la lumière arche dans les yeux bruns alors qu'elle parlait avec moi dans la pièce. Et c'était l'un de nos envahisseurs ! Un envahisseur conquérant, sûrement ! Une Hollandaise ! Non, un ange !

Avec quelle fluidité et avec quelle fluidité elle parlait notre langue anglaise ! Comme elle supportait divinement sa douleur ! Comme elle mêlait délicatement la raillerie et la douceur ! Aucune femme de ce genre n'avait jamais vécu sur terre auparavant. Et un jour, elle pourrait m'appeler Frank et être mienne. J'avais le pressentiment que mon père et moi pourrions être divisés par mon amour, mais néanmoins déterminé qu'elle soit à moi. Ce méchant ricanant, Sheffield, l'avait désignée comme sa proie, mais je n'avais aucune crainte de lui. Elle le connaîtrait pour le libertin et le lâche qu'il était. Pourquoi m'avait-il dit que demain elle serait emmenée chez son père ? Dix contre un, il m'a menti, peut-être pour m'empêcher de retourner au White

Hart. Ha, ha, quel imbécile trois fois détrempé de penser *ça* ! Ou peut-être qu'il avait d'autres méfaits en tête. Quoi qu'il en soit, je serais trop fort pour lui.

Car tout le chemin que j'ai parcouru jusqu'ici a résonné à mes oreilles au son le plus doux : "Tu n'oublieras pas d'amener ton ami voir mon père." Non, je ne devrais pas oublier. Demain, de bonne heure, j'amènerais mon ami.

Combien de temps s'est-il écoulé depuis ce beau jour de mai ? Et je me souviens de tout ce que j'ai ressenti et pensé mieux qu'hier.

CHAPITRE II

Le lendemain, je parus au déjeuner avec des bas de soie, un pourpoint et des bas neufs, des souliers neufs, avec des roses et des ficelles à la dernière mode, une collerette et des revers flamands et un manteau de velours fauve. Mon homme, Luke Barnby, regardait mes vêtements voyants ; et, quand je lui ai dit de ramener Trueboy et la vieille jument blanche à la porte dans une demi-heure, et de m'apporter ma rapière milanaise, il a répondu d'un air maussade :

"C'est la première fois que j'entends parler de chasse à la loutre avec des épées ou en tenue du dimanche."

J'avais complètement oublié la grande chasse à la loutre ! Ce printemps, les loutres étaient plus nombreuses que quiconque ne s'en souvenait, et elles faisaient des ravages parmi les saumons de Trent. C'était le jour fixé pour la réunion au Temple Belwood, où tout Belton et Beltoft devaient se rassembler et faire un grand débarras de la vermine. Et moi, l'hôte et maître de la chasse, j'avais complètement oublié l'affaire ! Ne pas être à mon poste soulèverait un tollé parmi nos voisins et pourrait m'attirer de sévères censures de la part de mon père, mais il ne fallait pas songer à retarder la visite au docteur et à maîtresse Goel. J'avais des doutes quant à savoir si la jeune dame pourrait être renvoyée aussi vite que Sheffield l'avait menacé ; mais il y avait une chance que cela arrive, et alors adieu à l'espoir de la revoir pour Dieu sait combien de temps. C'était insupportable, alors j'écrivis quelques lignes à un voisin, le suppliant de prendre ma place et de ne pas épargner la bière ou la cave à vin du Temple.

« Écoutez, Luc, » dis-je ; « mettez ceci entre les mains de Squire Mell, de Beltoft, en toute hâte. M. Butharwick et moi avons des affaires urgentes à Crowle. »

Lorsque M. Butharwick et moi nous assîmes pour prendre le petit-déjeuner, lui à son habituel plat d'eau d'orge chaude, sucrée avec du sucre et épaissie avec du pain - il n'avait pas l'estomac d'un matin pour le steak et la bière, et le pudding à la moelle qu'il abhorrait - je il voyait qu'il avait quelque chose en tête et qu'il n'était pas d'humeur aussi joviale que la veille au soir, quand il avait été joyeux à la perspective de rencontrer un savant et un ami de son idole Grotius. Enfin, il rompit le silence avec...

"Frank, il serait sage de reporter cette visite à Crowle. La ville est gouvernée par le Scorpion, et dans ton horoscope, le Scorpion était occupé par Mars en affliction. Aujourd'hui, un maléfique transite par la place de Mars."

"Les termes de l'art sont rejetés sur moi", répondis-je. "Qui devrait le savoir aussi bien que toi ?"

"Crowle n'a toujours pas de chance pour vous", a déclaré M. Butharwick.

" En vérité, mon cheval est tombé là une fois, et une fois j'ai été déshonoré pour avoir ronflé sous un sermon de l'oncle Graves ; mais je ne me souviens pas d'un autre malheur. Pourtant j'y suis allé — combien ? disons, mille fois. "

"Ne plaisantez pas avec le ciel, mon garçon", dit sévèrement M. Butharwick.

Et, en effet, à tout autre moment, j'aurais été loin de plaisanter, car mon précepteur était merveilleusement doué en astrologie, mais ce jour-là, le désir de voir le visage brillant de Maîtresse Goel m'a rendu défiant les étoiles. Conscient cependant que mon bon précepteur avait relu mon horoscope et consulté de nouveau le ciel en ma faveur, je répondis :

" Pardonnez-moi, mais la pire chance qui pourrait m'arriver à Crowle aujourd'hui serait de découvrir que le docteur Goel et sa fille avaient quitté les lieux avant notre arrivée. Et nous devons tenir parole, n'est-ce pas, même si les étoiles ne sera-t-il jamais aussi défavorable ?

En fin de compte, M. Butharwick fut persuadé malgré lui d'accepter notre départ, mais pas avant que j'aie mis ma bague de topaze et que je me suis engagé à utiliser la prière désignée pour les temps de guerre et de tumulte. Assurément, aucun prince du sang n'a jamais eu de conseiller plus fidèle que moi parmi mon précepteur, mais je m'irritais beaucoup de son retard et de ses grandes précautions.

La vieille jument était couverte d'écume lorsque nous avons tiré les rênes à la porte de l'auberge, et son cavalier avait hâte de se lever de la selle, car M. Butharwick n'était pas un bon cavalier. L'hôtesse nous conduisit dans sa meilleure chambre, où le docteur nous reçut avec une majesté lointaine, et sa fille avec une douce courtoisie. Après l'introduction de M. Butharwick, je laissai les employés se divertir, ce qu'ils étaient très capables de faire, ayant le latin pour langue commune et, comme il semblait au bruit qu'ils faisaient, avoir une infinité de choses à se dire.

J'avais trouvé Maîtresse Goel charmante lorsqu'elle souffrait et était en désarroi, et sa silhouette en partie cachée par le long manteau qu'elle portait lors de notre première rencontre ; mais maintenant, vêtue d'une robe qui moulait son corps mince jusqu'à la taille, avec ses cheveux bruns brillants soigneusement enroulés et pliés, et dans l'aisance et la gaieté de cœur, comme le montrait son agréable sourire, je pensais... non, je ne pensais pas, J'étais submergé d'amour et je sentais que toutes les paroles et tous les actes fantastiques des amants, dont j'avais ri jusqu'ici, étaient trop apprivoisés pour le comble de ma passion et de mon culte. Quand j'ai retrouvé ma langue, j'ai posé des questions particulièrement sur sa santé.

"Mes blessures sont guéries, ou le seront bientôt", m'a-t-elle assuré. « Leyde est célèbre pour ses sangsues, et mon père y est – ou était – le meilleur médecin. Nous allons aujourd'hui au château Mulgrave.

"Mais tu ne peux pas rouler aussi loin", objectai-je.

"Nous devons être transportés dans une civière que le comte nous envoie."

Le vieux noble possédait, je m'en souvenais alors, une litière dans laquelle il se promenait dans l'île lorsque la goutte lui interdisait l'équitation.

"Vous connaissez le comte ?" J'ai demandé.

"Il nous a fait l'honneur de nous prêter quelques attentions, lorsque nous étions à Londres."

Je me demandais ce qui pouvait bien sous-tendre cela, car le comte était l'un des hommes les plus fiers d'Angleterre et peu susceptible de se soucier des chagrins d'un médecin exilé.

« Avez-vous fait la connaissance de Lord Sheffield en ville ? J'ai demandé.

"Oui; il a eu la condescendance d'être notre cicérone là-bas."

Le ton avec lequel Maîtresse Goel prononçait le mot « condescendance » avait apaisant pour ma jalousie.

« Combien de temps restez-vous au Château Mulgrave ? » J'ai demandé.

"Je ne sais pas; peut-être jusqu'à ce que Mynherr Vermuijden apparaisse. Nous partons parce que Lord Sheffield a alarmé mon père, l'avertissant du danger que nous courons en continuant ici. Et notre hôtesse est soulagée d'un étrange malaise par notre départ."

Mon esprit était rempli d'appréhension que je ne pouvais pas exprimer. Que Sheffield fasse un acte de pure gentillesse était incroyable. Sa quête infâme de la beauté était devenue un mot d'ordre dans l'île, et il y avait des pères, des frères et des amants qui n'étaient retenus d'une vengeance meurtrière que par la terreur du vieux comte, qui avait longtemps été président du Conseil du Nord, et par conséquent détenait une autorité illimitée sur les gens ordinaires d'Axholme. Même cette peur n'en aurait peut-être pas retenu certains, mais Sheffield, comme je l'ai dit, était toujours armé et présentait une foule d'espions à sa solde. Mais comment pourrais-je parler de la bassesse de Sheffield à cette jeune fille rayonnante de pureté ?

La porte s'ouvrit à la volée et Dame Hind annonça : « Sa Seigneurie, mon seigneur Sheffield. Depuis les plumes de son castor, attachées par des pierres scintillantes, jusqu'à ses bottes d'équitation richement doublées de dentelle, il était habillé avec splendeur. La grâce courtoise avec laquelle il ôta son chapeau et s'inclina me remplit d'envie. Après avoir salué maîtresse Goel et son père, il leur dit que la litière attendait leur plaisir, puis il me salua avec une surprise affectée.

"Ma foi, maître Frank, je vous ai pris pour un galant de Londres. On a l'habitude de vous rencontrer prêt pour la chasse. Vavasour est un puissant chasseur, vous devez le savoir", dit-il à maîtresse Goel. "Il n'a pas d'égal dans l'art de trancher la gorge d'un cerf ou de transpercer une loutre."

Constatant le léger frisson de dégoût qu'il avait provoqué en me déconseillant si adroitement, il poursuivit :

« Aux Pays-Bas, vous avez des passe-temps plus raffinés que nos sports anglais. Je dis « nos », même si je n'y prends aucun plaisir.

"Il est vrai que vous n'êtes pas un chasseur, mais vous êtes un habile trappeur, mon seigneur : astucieux dans les appâts, les leurres et les appeaux", répondis-je.

Un coup d'œil au visage de Sheffield, blanc de rage, montra à Maîtresse Goel que l'intention était plus grande que ce que l'oreille croyait. Elle se rapprocha des deux vieillards, qui étaient si plongés dans quelque question d'instruction qu'ils étaient réticents à se séparer et inconscients de tout sauf de leur dispute.

" Espèce de lâche, " dit Sheffield. "Vous savez que vous êtes à l'abri des coups de fouet en cette présence."

« À l'abri du fouet partout dans votre main, à moins que vous n'en ayez quatre ou cinq pour vous aider. »

La menace et le défi passaient presque à voix basse, mais nos regards étaient assez féroces, car nous nous tenions proches l'un de l'autre, les yeux presque au même niveau, car Sheffield n'avait pas plus d'un pouce d'avance sur mes cinq pieds dix. Il fut le premier à se reprendre en disant :

"Vos plaisanteries intempestives provoqueraient un stoïcien."

Puis il se tourna vers le docteur Goel, qui s'était soudain rendu compte qu'il retenait inconvenablement Monseigneur et sa suite, et un mouvement se fit. Ce n'est que lorsque la dame et son père furent dans la litière, portés sur les épaules de quatre gros gaillards en livrée Mulgrave, et que l'escorte fut montée et prête à partir, que j'ai parlé avec Maîtresse Goel, et ce n'est qu'une permission formelle… prenant, sauf que lorsque sa petite main reposa un instant dans ma grosse patte, je la touchai légèrement avec mes lèvres. Elle le retira rapidement, mais je ne vis aucun mécontentement dans ses yeux. Sheffield chargea son blackamoor de la litière et de ses accompagnateurs, et, promettant de rattraper rapidement le groupe, partit avec deux de ses hommes dans la direction opposée.

M. Butharwick et moi sommes rentrés dans l'auberge, un trou terne maintenant, qui avait été si lumineux ces derniers temps, et avons demandé une coupe de vin que Dame Hind nous a apportée et, mettant les mains sur les hanches, a laissé exprimer ses sentiments.

« Je pense que c'est facile qu'ils soient partis, personne ne le sait. Plus de moines et de madames étrangers pour le Cerf Blanc. Ils n'auraient pas de bonne viande anglaise ; mais elle fait des dégâts avec des œufs et des restes – du pudding, vous pourriez le faire. Je ne l'appelle pas. Et il cueille du pissenlit, du cresson et du chénopode, et ainsi de suite, et elle les fait cuire, ou il les mélange avec de l'huile et les mange crus. . Et leurs manières n'étaient pas anglaises à moitié. « S'il vous plaît » et « Puis-je vous déranger ? et 'Voudriez-vous être si bon ?' Chaque fois qu'elle voulait quelque chose, elle ne se plaignait pas et ne faisait pas d'histoires à propos du calcul - c'est ce que je dirai pour elle. Alors, leur bavardage entre eux, ça me donne la chair de poule de les entendre. de la terre, des pierres, des mauvaises herbes et des détritus, ce que le maître d'école dit que les sorciers et les sorcières font toujours ; et il avait un gros livre plein de marques gitane, que la jeune madame appelait sa Bible brassante et, croyez-moi ou non, il ; lisez-le à l'envers, comme il est bien connu que les sorcières lisent le Notre Père, ainsi, quand elles veulent élever le diable, il dit qu'elles sont toutes deux plongées dans la sorcellerie et que la jeune madame est pire que la vieille voyante, pour tout. sa joliesse et ses manières douces. Et il est certain qu'elle a donné à Mat quelque chose à boire qui l'a guéri de la fièvre plus rapidement que jamais auparavant.

Dès que Dame Hind reprit son souffle, M. Butharwick la réprimanda. Le docteur Goel, lui assura-t-il, était un homme d'une grande érudition, d'une parfaite intégrité et l'ami intime du meilleur et du plus grand homme du monde.

J'intervins, vivement indigné que maîtresse Goel soit accusée d'un crime aussi ignoble. Nous aurions pu économiser notre souffle, car l'hôtesse répondit en secouant tristement la tête et en déclarant qu'elle assurait que nous étions tous deux ensorcelés. En disant cela, elle sortit de la pièce et nous laissa à notre vin. J'avais essayé de dissiper les soupçons de cette femme, si grossière et ignorante qu'elle fût, craignant que sa langue ne fasse du mal, et je commençais maintenant à tirer un certain réconfort du transfert de ma dame au château Mulgrave, où elle serait en sécurité. de la fureur des gens toujours impitoyables contre celui qu'on croit coupable de sorcellerie.

Il n'est pas étonnant que le peuple soit féroce contre ceux qui s'allient aux ennemis de l'humanité, mais leur terreur les aveugle souvent aux signes évidents de leur innocence, et je ne peux que craindre que de nombreuses personnes aient souffert de torture et de mort alors qu'elles étaient faussement accusé de la méchanceté monstrueuse. Peut-être ai-je été amené à le penser uniquement parce que le crime a été imputé à une personne aussi pure et aimable que Maîtresse Goel.

Avant le jour de ma majorité, l'île était en grande agitation, car une flotte importante avait remonté le Don, amenant une armée de Wallons et de Hollandais avec des réserves de bois, d'outils, d'armes et de machines inconnues de nous, Isloniens. Les envahisseurs avaient leur quartier général à Sandtoft, où Vermuijden entreprit la construction de maisons et l'érection de fortifications, occupant jour et nuit des relais d'ouvriers. Comment concilier ces faits avec la lettre reçue de mon père, je ne parvenais pas du tout à comprendre, mais je m'attribuais le mérite d'avoir gardé le silence sur la décision du tribunal en faveur de mon père. C'était loin d'être l'avis de mon père, lorsqu'il arriva le vendredi soir et apprit que Vermuijden avait déjà commencé ses opérations.

"Espèce de garçon insensé !" il a éclaté. "J'aurais dû parcourir toute l'île à cheval et allumer chaque hameau avec des feux de joie et des cris de joie. Et je l'aurais fait sans avoir fait connaissance avec ce vieux coquin et sa fille au Cerf Blanc. J'ai perdu tes cinq Quel diable t'a pris de rater la chasse à la loutre, d'ennuyer nos voisins et de faire honte à ton père ? Te lier d'amitié avec le réfugié, le conspirateur, l'assassin, alors que tu aurais dû encourager notre peuple ! faites vos valises hors de chez moi. »

Cette explosion m'a étonné, car mon père, bien que d'un caractère chaleureux en privé (en public aucun homme n'avait plus de maîtrise de soi), ne me parlait pas souvent avec un langage aussi enflammé ; mais j'ai répondu d'un air boudeur :

"Je suis désolé de vous avoir mis en colère, monsieur, par ce que je supposais être de la discrétion."

"Discrétion!" il a presque crié. Est-ce que c'est discret, pensez-vous, de discuter avec l'ennemi de votre père et de votre pays, en trahissant Dieu sait quoi au vieux Hollandais rusé ?

"Un vieux monsieur des plus inoffensifs", répondis-je. "Un simple érudit, trompé par Vermuijden."

Mon père rit amèrement. "Espèce d'idiot ! Est-ce que Mulgrave fait grand cas des 'simples érudits' et les divertit ?"

Comme je le pensais, Earl Mulgrave ne se souciait pas ou peu du docteur Goel, tandis que Sheffield, j'en étais sûr, se souciait beaucoup de la fille du médecin, mais ce n'était pas le moment de proposer à mon père une explication qui ferait intervenir le nom de Maîtresse Goel. , alors je l'ai laissé digérer sa colère et j'ai cherché M. Butharwick. Je le trouvai dans une grande affliction, car blesser ou offenser son ami et patron lui était très pénible. Il se blâmait seul pour tous les méfaits, et il me rappela que mon père avait eu un séjour pénible à Londres et qu'après des ennuis et des douleurs infinies, il avait gagné sa cause, pour découvrir à son retour chez lui que tout son travail et ses dépenses avaient été dépensés. rendu nul et non avenu.

« Qu'est-il étonnant, Frank, dit la bonne vieille âme, que ton père soit en colère, même si ce n'est pas à juste titre, que rien n'ait été rendu public de son triomphe devant les tribunaux ? Quelle merveille qu'il soit irrité contre notre se lier d'amitié avec ceux qui, croit-il, sont dans le conseil de ses ennemis, et qu'il a vu caresser par le rusé comte. Nous sommes en faute, ou plutôt, j'ai en faute, car j'aurais dû te guider plus sagement ? . Moi, au moins, j'aurais dû être sûr que les étoiles du ciel ne peuvent pas mentir.

Ce bavardage féminin n'a pas apaisé mon caractère énervé, comme je l'ai dit assez grossièrement à M. Butharwick. Mon père m'avait traité avec indignité et injustice, et j'avais bien fait d'être en colère. Je suis donc allé me promener dans le parc, cherchant une consolation dans la communion solitaire avec la nature, là où elle m'a rarement fait défaut. Cela ne m'a pas non plus manqué maintenant. Déambulant sous les ombres denses des vieux arbres, ou dehors dans le silence obscur de la pelouse ouverte, des bêtes effrayantes broutant ou somnolentes, qui apparaissaient sous forme de formes sombres pendant un moment, puis disparaissaient dans l'obscurité, je me calmai ; et lorsque j'atteignis le point le plus élevé et que je vis la lune basse et son long reflet sur la vaste étendue d'eau, j'étais rempli de confiance que ma propre perspective était aussi brillante et illimitée que la scène sur laquelle je regardais.

Je me retournai au bruit des pas et reconnus mon père.

"L'air frais de la nuit est bon pour les têtes brûlées, jeunes ou vieux", a-t-il déclaré. Et nous sommes rentrés ensemble à la maison.

CHAPITRE III

Mon bon camarade, Dick Portington, fut le premier de nos invités à arriver à Temple le 28 mai, et il m'apporta comme cadeau d'anniversaire un fusil comme je n'en avais jamais vu auparavant, le coq contenant un silex qui, comme il se doit, tomba, fit jaillir des étincelles du couvercle de la casserole, et en même temps repoussa le couvercle de sorte que les étincelles volèrent sur l'amorçage. L'action était beaucoup plus rapide que celle du fusil à mèche, et beaucoup plus sûre que celle des fusils à molette que j'avais manipulés jusqu'ici, et j'y prenais un grand plaisir, ainsi qu'une paire de pistolets fabriqués selon le même modèle.

"C'est le cadeau le plus rare, Dick," dis-je, "mais tu me fais honte. Un autre cadeau ! Et je ne t'ai jamais rien donné."

"Ne dis rien de ça, mec", répondit-il. "Je suis plus âgé que toi, et le châtelain est libre de son argent. J'ai ce que je veux pour ce que je demande. D'ailleurs, aujourd'hui, tu es riche, et tu peux dépenser et donner comme tu veux."

L'allusion de Dick était à un accord entre mon père et moi, selon lequel, lorsque je serai majeur, certaines propriétés de Beltoft, qui faisaient partie du dot de ma mère, me seraient cédées. J'en avais librement parlé à mon ami et, en vérité, j'attendais avec impatience de jouir de mes propres moyens, car mon père m'avait accordé moins d'argent que les hommes de son rang étaient habitués à accorder à leurs fils. Il n'était pas avare en me fournissant des choses convenables à notre condition, mais je n'avais jamais beaucoup d'argent dans mon sac, de sorte que je me tenais à l'écart de la compagnie d'autres jeunes gens, à l'exception de Dick, qui connaissait ma situation et écoutait souvent mes discussions sur le sujet. actes courageux qui devaient suivre ma possession d'un domaine de quelque quatre-vingt-dix livres sterling par an. Aujourd'hui, nous n'avons eu que peu d'occasions de discuter, car nos voisins les plus humbles sont arrivés de bonne heure, avec la pleine intention de profiter de joyeux passe-temps et de la bonne chère ; la noblesse et les agriculteurs n'étaient pas non plus en retard, car tous attendaient avec impatience des nouvelles et des conseils de leur « solliciteur ». Mesdames et messieurs à cheval, quelques dames qui préféraient la dignité dans un carrosse cahoteux plutôt que de se mettre en selle, les femmes de fermiers en selle derrière leurs maris, les ouvriers, les marais et les oiseleurs, avec leurs femmes à pied, formaient le parc spacieux. une scène animée. Nos écuries furent bientôt remplies et de nombreux chevaux durent être attachés dans le paddock. Par chance, la journée était sans nuages et le vent doux, presque calme.

Nos invités les ont emmenés pratiquer divers sports jusqu'à l'heure du dîner. Le grand terrain de boules était rempli de quilleurs qui se bousculaient et riaient ; le terrain de tir à l'arc a amusé de nombreux concurrents, car nos Isloniens sont habiles dans le maniement de l'arc long et de l'arbalète ; des fêtes étaient organisées pour le cricket, le ballon, les palet, les neuf quilles et le saut du bar. Quelques-uns des garçons et des filles se mirent aussitôt à jouer du violon, de la flûte et du tabou. Beaucoup de gens plus âgés se contentaient de rester debout ou assis et d'observer un groupe de danseurs Morris, ou remplissaient la cabine où une compagnie de joueurs ambulants jouait une tragédie à glacer le sang et une farce déchirante en moins d'une heure. Un groupe entourait Bet Boswell, une gitane que nos Beltoniens connaissaient par le long séjour que sa tribu avait fait chez nous, et plus d'un jeune fermier était tombé amoureux d'elle jusqu'aux oreilles. C'était une créature grande et souple, d'une beauté audacieuse, avec cet air espiègle dans ses yeux sombres qui disparaît avec l'arrivée de l'Amour. Aujourd'hui, elle prédisait l'avenir avec la paume et avec le cristal. Alors que Dick et moi rejoignions le groupe, les regards stupéfaits de certains campagnards prouvèrent que Bet faisait ses affaires avec compétence.

"Voici le jeune écuyer", dit l'un d'eux. "Dites-lui sa fortune."

Les autres firent écho à cet homme, et, me joignant à leur humour, je dis :

« Viens alors, Bess. Laisse-moi entendre mon sort ; » lui offrant six pence.

"Pas maintenant," répondit-elle, refusant la pièce d'un geste de la main. "Votre destin tremble aujourd'hui."

"Comment ça, Sybille oraculaire ?" Ai-je demandé en riant, mais un peu impressionné par la gravité de son regard et de son ton.

"Avant de dormir, vous perdrez une fortune et on vous en proposera une autre", a-t-elle déclaré.

"Comment puis-je perdre ce que je n'ai pas, je ne comprends pas", répondis-je; "mais j'en prendrai certainement un, si on me l'offre."

"Si vous êtes sage, vous le ferez", dit Bess en se détournant de moi comme n'ayant plus rien à dire.

A l'instant, la sonnerie d'une cloche et le coup de cor appelèrent à dîner ceux de nos convives qui devaient prendre leur repas sous des tentes et des auvents dans le parc, et je rejoignis mon père pour faire le tour des tables, où d'énormes les morceaux de bœuf et de mouton, les tas de saumon de Trente et de chapons au lardé, et autres aliments substantiels, disparaissaient rapidement, arrosés de copieuses boissons d'octobre fort, auxquelles étaient ajoutés pour les fermiers yeomen de l'eau-de-vie, du vin, de l'hydromel et de l'eau de vie. .

Lorsque nous avons vu que tout le monde se comportait joyeusement, et que nous avons hoché la tête et souri en signe de reconnaissance pour les acclamations du « Solicitor » et de « l'héritier du Temple Belwood », nous avons rejoint la compagnie rassemblée dans la salle, et de là, avec la cérémonie appropriée, l'ancienne salle à manger. Là, on parlait beaucoup plus de Vermuijden et de ses actions que du héros légitime du jour, et les voix s'élevaient et les langues remuaient de plus en plus vite à mesure que les verres des hommes étaient remplis de vin de Bourgogne, ou de Bourdeaux, ou de Champagne, et que les femmes sirotaient. jarret et Bacharach et sherris.

Ma voisine de gauche à table était Maîtresse Emma Ryther, une fille plantureuse, avec de grands yeux de bœuf qui ne changèrent jamais. Elle était considérée comme l'une des beautés de l'île et, en effet, comme morceau de chair et de sang, elle était assez jolie. Je savais à peine si je l'aimais ou non, car ses manières me semblaient indiquer qu'elle s'attendait à ce que je siffle et qu'elle était prête à venir. Peut-être n'y aurait-il eu qu'un échange entre aimer et ne pas aimer, puisque j'avais cette vanité en tête, si je n'avais jamais vu la beauté divine qui brille de l'âme. Ayant vu cela, Maîtresse Ryther n'était pour moi qu'une figure en porcelaine bien peinte. Tandis qu'elle me babillait, je me demandais si j'aurais pu penser à elle autrement qu'aujourd'hui. Elle montra une certaine perception de mon état d'esprit en disant d'un ton acerbe : "Ta tête est aussi pleine de Hollandais que celle de tout le monde."

Lorsque le dessert fut servi, à mon grand étonnement, M. Ryther se leva pour proposer le toast du jour. Ce n'était pas un vieil ami, ni une personne de considération. Il y a une douzaine d'années, il avait eu la chance d'hériter d'une richesse inattendue et, depuis lors, il s'était consacré à accroître sa richesse, principalement en prêtant de l'argent sur hypothèque et en profitant de tous les avantages légaux de l'emprunteur nécessiteux. C'était un garçon assez grand, avec une voix forte, des manières pompeuses, et un grand nez crochu que mes doigts avaient envie de tirer pour son impudence. Mon impatience grandissait à mesure qu'il continuait à parler, louant le civisme et la générosité de mon père, prenant un ton comme s'il était l'égal de Thomas Vavasour. Quand il a commencé à parler de moi, mon sang a bouilli, car il a énuméré mes qualités comme si j'avais été un cheval, et il a eu la vente de moi. Il termina en disant qu'il attendait avec impatience les festivités à venir, lorsque l'héritier de Temple Belwood amènerait une belle et bien dotée épouse dans cette ancienne maison. J'aurais pu lancer une carafe sur le front graisseux qu'il essuyait avec une infinie complaisance. J'ai balbutié autant que je me souvenais du petit discours que j'avais escroqué pour l'occasion, en disant le moins possible de celui qui l'avait proposé. Les dames se retirèrent et les véritables affaires de la journée commencèrent. Mon père se leva pour rendre compte de ses démarches à Londres, qu'il n'est pas nécessaire de raconter ici, puisque je l'ai consigné ailleurs. Il termine en disant : « La plus haute cour de justice de ce pays a rendu un jugement contre Vermuijden, mais il continue son action illégale. Des personnes proches de Sa Majesté ont assuré le Néerlandais de la protection royale et osent mettre la prérogative du Roi au-dessus de la loi. . - Cette affirmation de prérogative est sans fondement et j'espère qu'elle sera bientôt retirée. Le Parlement prend actuellement, comme vous le savez, des mesures pour retirer un conseiller préjudiciable de la position d'autorité dont il a abusé sans vergogne. du duc de Buckingham des conseils de Sa Majesté, il y aura sans aucun doute un changement de politique de la part d'un noble, notre voisin, qui a jusqu'ici soutenu les Hollandais dans leur invasion de notre île, et la loi prévaudra. Il ne faut pas oublier que Vermuijden estime qu'il a raison, ni qu'il a payé une très grosse somme d'argent pour ses prétendus droits sur notre sol. Nous devons procéder dans la plus stricte légalité, sinon nous nous mettrons en tort. Permettez-moi de lancer un appel personnel à chaque gentleman présent dans cette salle. J'ai consacré gratuitement mon temps, mes forces et mes moyens à votre service, et je vous prie de veiller à ce que mes efforts ne soient pas contrecarrés par le recours à la violence, quelle qu'elle soit. Adhérons à la voie légale, et nous finirons certainement par réussir. »

Tandis que mon père s'asseyait, il y eut quelques applaudissements et quelques messieurs crièrent : « Longue vie à notre notaire ! » mais des murmures se firent entendre de plusieurs côtés, et Squire Portington, de Thorne, se leva pour prendre la parole.

"Messieurs," dit-il, "la loi et l'ordre, c'est très bien, mais qu'en est-il de notre propriété ? Cent acres de ma meilleure terre sont maintenant sous l'eau à cause des bêtises de ces maudits Hollandais. S'ils continuent, ils se noieront. moi et mes voisins les plus proches. Ce sera une bien petite consolation pour nous, si un beau jour ce Vermuijden doit se plier à la loi, cela ne nous rendra pas nos fermes et nos maisons. , mais la force a le dessus sur la loi. Quant au Parlement qui met fin à Buckingham, d'après ce que je peux voir, il est tout aussi susceptible de mettre fin au Parlement. Savez-vous que le Néerlandais jure qu'il a les pleins pouvoirs pour le faire. pendre quiconque lui résiste et a dressé une potence à Sandtoft ? C'est un fait, messieurs, nous avons goûté à la prérogative en exigeant de l'argent que le Parlement a refusé de voter...

Les messieurs de chaque côté du squire Portington le traînèrent jusqu'à son siège, mais le squire se libéra et se remit sur ses jambes.

"Mes voisins ici ont peur que je sois traduit devant le Conseil du Nord pour avoir parlé de trahison et que je leur cause des ennuis pour l'avoir écouté. Je ne pensais pas qu'il y avait ici de foutus espions et informateurs. Je disais que la loi ne peut rien faire pour nous sauver de la ruine. Tant pis pour la loi. Mais je ne vais pas rester tranquille pendant que les Hollandais nous noient, moi et ma terre. Ma devise est « Liberté et propriété ». Si ces messieurs ici, ou la moitié d'entre eux, veulent me rejoindre, nous enverrons à Vermuijden un préavis de trois jours pour qu'il quitte nos terres. Bien sûr, il ne l'acceptera pas, mais c'est son affaire une fois les trois jours expirés. , nous irons avec cinq cents vaillants gars, chasserons les mendiants, tuerons tous ceux qui résistent, pendrons Vermuijden à sa propre potence et balayerons l'île des envahisseurs. C'est ma manière. Nous parlerons de loi et d'ordre. quand nous serons assurés de notre liberté et de nos biens. »

Tous les jeunes gens présents, ainsi qu'un certain nombre de leurs aînés, se levèrent et crièrent : « C'est logique ! Liberté et propriété ! Bravo à Squire Portington ! Envoyez les Hollandais au diable ! Pendez Vermuijden à sa propre potence ! Écriture pour cela. Hourra ! »

Ces cris et d'autres semblables provoquèrent un brouhaha assourdissant. Remplis de vin et agités par la harangue de Portington, nos invités ont complètement oublié le décorum et ont fait un tel tumulte qu'il a encouragé les gens ordinaires à se rassembler autour de la porte et à ajouter leurs voix aux acclamations de « Liberté et propriété » et au cri de « A bas les Néerlandais. »

Parmi les intrus se remarquait Boswell, le père de la jeune fille mentionnée ci-dessus, un braconnier notoire, et pire encore. Il s'était avancé loin dans la pièce et m'avait semblé n'être que des yeux et des oreilles. Je me levai d'un bond et ordonnai à la populace de partir, ce qu'elle fit assez rapidement. Mon père profita de la légère accalmie qui suivit pour dissuader ses amis de recourir à la violence ; déclarant que s'il n'y avait pas de bonnes chances d'obtenir réparation par des moyens légaux dans un délai de trois mois, il mènerait lui-même la défense de nos droits justes et légaux par la main forte.

Cet engagement fut salué par de forts cris d'approbation et de nombreux verres servis en son honneur ; mais il s'ensuivit un grand brouhaha de conversation, pendant lequel les hommes quittèrent leur siège pour être à portée de voix de tel ou tel orateur, de sorte que la société se divisa en nœuds séparés, les uns écoutant celui qu'ils prenaient pour un oracle, les autres parlant tous à voix basse. une fois, et n'écoutant que le son de leur propre voix. Ce fut la fin de tout conseil ordonné à cette époque.

Tard dans la soirée, une fois les festivités terminées et les invités partis, mon père m'expliqua que la raison pour laquelle il ne m'avait pas remis les titres de propriété du terrain de Beltoft était qu'il avait été contraint de l'hypothéquer, en raison de ses dépenses pour la défense. des droits des Isle Commoners. Je répondis que je trouvais difficile que mes petits biens fussent choisis pour supporter les frais d'un procès ; une autre partie de la succession aurait pu les supporter. Sur quoi mon père m'étonna et me confondit en disant que plus de la moitié des terres de Temple Belwood étaient déjà hypothéquées. Pendant un moment, je restai muet d'étonnement et je restai là à regarder fixement. Enfin, j'éclatai :

"Pourquoi notre succession devrait-elle supporter tous les frais de cette procédure ? Il est certain que chaque roturier devrait payer sa part."

"Tu es quelque peu pressé, Frank", répondit mon père, "d'appeler Temple Belwood *notre* domaine. Si j'ai choisi de dépenser pour la défense des droits des Isloniens, mon fils n'a aucune autorité pour me demander des comptes."

« Est-ce que cela vous plaît, » demandai-je, « que j'aille à la charrue demain ?

"Ne parle pas comme un imbécile, mon garçon."

"Je suis devenu un homme aujourd'hui, monsieur."

"La discrétion boite derrière le vieux Father Time, semble-t-il."

Je réprimai la réplique facile, et mon père continua :

« Si vous n'avez pas l'esprit public de votre père, je suis désolé ; mais vos intérêts privés sont assez sûrs, et Temple Belwood sera à vous sans aucune charge sur un seul acre.

Encore une fois, j'étais étonné et muet.

"Ryther s'est engagé à vous restituer les actes le jour où vous épouserez sa fille."

Maintenant, je comprenais les mystères ; L'insolence de Ryther au dîner, d'une part, et les manières de sa fille, d'autre part. Mon père avait dilapidé de l'argent dans une affaire qui n'était pas plus la sienne que celle de n'importe quel gentilhomme de l'île, assuré que tous les dommages causés à la succession seraient réparés par cette absurde alliance de mariage. Le patrimoine Vavasour était perdu, et toutes les cérémonies et réjouissances de la journée avaient été en l'honneur de l'héritier de... Rien.

L'état des choses était à la fois exaspérant et risible, et le rire ferait son chemin. J'ai tremblé avec ça.

"De quoi diable y a-t-il de quoi rire ?" a crié mon père.

"Dieu sait, je ne le sais pas," répondis-je, toujours en riant.

Ce fut au tour de mon père de s'étonner. Il m'a regardé d'un air dubitatif jusqu'à ce que ma crise soit terminée. Il a ensuite dit-

"Tu as bu trop de vin. Nous parlerons de cette affaire quand le sommeil t'aura dégrisé." Et il s'en alla se coucher.

J'étais assez lâche pour me réjouir de ce répit, prévoyant que le chagrin et la colère de mon père seraient difficiles à supporter, lorsqu'il savait que je n'épouserais aucune autre femme sur terre qu'Anna Goel.

CHAPITRE IV

Je ne pouvais pas maintenant rapporter tout ce qui s'était passé entre mon père et moi sur le mariage qu'il me proposait ; Je ne le ferais pas non plus, si je le pouvais, car j'ai dit beaucoup de choses qui, aujourd'hui encore, me brûlent les oreilles de me souvenir, et il y a des choses qu'il vaut mieux oublier. Je crois qu'il était d'autant plus chaud avec moi qu'il n'aimait pas dans son cœur l'alliance qu'il me proposait, et qu'il était obligé de faire violence à ses propres sentiments en me la poussant. Nous avons fini dans la colère et avons été séparés l'un de l'autre. Pendant quelque temps, nous n'en ressentions pas toute la pénibilité, en raison de l'occupation de mon père par les affaires de l'île, qui l'amenait beaucoup à l'étranger et amenait de nombreux visiteurs et messagers au Temple Belwood lorsqu'il était chez lui.

Pendant qu'il s'occupait de ces affaires, je hantais les environs du Château Mulgrave dans l'espoir de rencontrer par hasard Maîtresse Goel. La distance entre les deux maisons n'excédait pas beaucoup plus de trois milles. Parfois, je descendais à la rame le Nolffdyke, et ainsi de suite jusqu'à Trent, lorsque je hissais les voiles, et je remontais et descendais la rivière à la recherche de la barge de plaisance du comte. D'autres fois, je passais par la chaussée qui traversait le marais s'étendant de Beltoft au ferry de Butterwick, et parcourais les routes et les ruelles de l'autre côté de la rivière. Ma quête ne m'a apporté qu'un seul aperçu de ma dame. Un jour, alors que j'atteignais une légère éminence sur la rive orientale, je la vis avec un groupe entrer dans la cour du château... à cheval ! Elle avait appris à monter à cheval depuis la dernière fois que je lui avais parlé, et je grinçai des dents en pensant à qui lui avait appris, et à la montée et à la descente, et à toutes les occasions où le précepteur devait toucher les mains et les pieds, même s'il s'agissait d'un cheval. pour la prendre dans ses bras. Comme je détestais Sheffield ! Et, pour l'époque, je détestais presque Maîtresse Goel aussi.

Le lendemain de ce spectacle exaspérant, Dick Portington vint à Temple avec une nouvelle qui, à un autre moment, m'aurait puissamment ému. Hatfield Chace devait être abandonné. Les cerfs devaient être chassés et capturés, puis emmenés et distribués dans d'autres forêts royales. Une fois le Chace dégagé, Vermuijden pouvait abattre du bois, drainer les eaux et attribuer les terres.

"Plus de remontage du cor, plus de poursuite du cerf, mon garçon", dit Dick. "Nous devrions assister à la dernière chasse au cerf à Hatfield. Et il y a peut-être d'autres sports que la conduite des cerfs. Alors venez."

"Quelle manière de faire du sport ?" J'ai demandé.

"Vous savez combien de nos camarades de Thorne et Crowle considèrent les Chace comme leur domaine autant que celui du roi. Ils ne sont pas très heureux de perdre leur venaison ou leur passe-temps. Les nuits au clair de lune seront ennuyeuses quand il n'y aura plus de traque. le jeu du roi, ou l'occasion de se réchauffer le sang dans un combat avec ses gardiens.

"Vous parlez avec émotion, Dick", dis-je en riant.

"Oui, c'est vrai," répondit-il. "Mais les oiseleurs et les pêcheurs le prennent plus mal que moi. Un gros dollar de temps en temps vaut beaucoup pour un homme pauvre. Il y aura des visages maussades qui nous regarderont aujourd'hui."

"Mais les forestiers seront trop forts pour un assaut", répondis-je.

"Peut-être. Mais écoute, mon garçon, Vermuijden et certains de ses gens doivent rencontrer aujourd'hui une fête du vieux Mulligrub à la Couronne, plus ils sont idiots."

Cette nouvelle a fait battre mon pouls. Quoi de plus probable que le docteur Goel et sa fille soient présents à une réunion entre le comte (que Dick a mal nommé Mulligrubs) et le dirigeant hollandais ? Et si des problèmes se préparent, c'est une raison de plus pour qu'un ami soit à portée de main. Alors j'ai répondu...

"Ayez avec vous, alors!"

Mais il n'y avait pas un seul cheval dans l'écurie à ce moment-là, à l'exception de la vieille jument blanche. Luke avait accompagné Trueboy jusqu'à Haxey, et les autres galopaient pour faire les courses de mon père. Quand je l'ai dit à Dick, il a répondu :

"Pourquoi attendre un cheval ? Procurez-vous des échasses pour nous deux, et nous traverserons le marais jusqu'à Messic Mere, et nous prendrons l'un des bateaux de Holmes. Avec ce vent, nous pouvons voler jusqu'à Idle aussi vite que nous pourrions faire le tour."

C'est ce que nous avons fait. En marchant vers Belshaw, nous y avons monté nos échasses et avons rapidement traversé le marais. Le temps long et sec l'avait rendu praticable pour ceux qui connaissaient les bas-fonds et la configuration des crêtes, s'ils étaient habiles avec les échasses, et peu d'Isloniens en possédaient plus que Portington et moi. Nous avons pris le bateau chez Holmes, puis avons accéléré. la rivière joyeusement, Dick avec le drap à la main, je barre. C'était une navigation très agréable, avec le vent bruissant et sifflant parmi les roseaux des deux rives, l'eau sifflant et ondulant depuis la proue, tandis que nous serpentions le long d'étroits couloirs d'eau et sortions dans de larges espaces où les oiseaux, surpris par notre arrivée, , s'enfuyaient en battant des ailes et en criant, ou se précipitaient parmi les carex et les joncs. On n'a jamais le sentiment d'être à l'écart et à l'écart du reste du monde, je pense, autant ailleurs que dans des cours d'eau solitaires, et nous sommes restés tous les deux assis en silence, profitant du calme de la scène pendant un moment. Enfin Dick parla :

"Sais-tu, Frank, que cela fait partie du plan de Vermuijden pour arrêter le ralenti ?"

"Je ne prends pas", répondis-je.

"Il envisage de couper la rivière à la frontière de Nottingham et a commencé à couper le drain qui doit transformer l'eau en Trent."

"Est-il habilité à démolir des églises afin de pouvoir utiliser les pierres pour remblayer ses canalisations ?" J'ai demandé; car il me paraissait un sacrilège d'assécher nos rivières et nos ruisseaux.

« Sans aucun doute, il pourrait le faire, s'il voulait verser suffisamment d'argent dans un trésor vide », répondit Dick ; " et pour un peu plus, il pourrait avoir l'autorité royale pour déterrer les ossements de nos ancêtres et les brûler pour la chaux qu'il pourrait en extraire. "

Avant que nous atteignions Tudworth, chez Squire Portington, un bruit au loin nous apprit que la chasse aux cerfs avait commencé ; et, aussitôt que possible, nous étions en selle et en route vers la forêt, guidés par le bruit des cris des hommes et des aboiements des chiens. Pendant quelque temps, nous avons continué notre route sans rencontrer ni voir personne. La course des pilotes semblait s'éloigner de nous. Soudain, alors que nous sortions de l'ombre d'un bosquet assez épais, nous aperçumes à découvert devant nous une biche et son faon debout dans un ruisseau, en train de boire. Derrière eux se trouvaient quelques-uns des plus beaux chênes du Chace, magnifiques dans la splendeur de leur feuillage de la mi-juin. Mon ami a tiré les rênes et a maudit tous les Hollandais avec une véhémence qui aurait pu provoquer le rire d'un compagnon plus cool.

"Pensez-y, Frank," dit-il. "Il ne reste plus un dollar ! Ces arbres à abattre ! Plus de musique de chien et de cor !"

Combien de temps Dick aurait-il pu maudire et se lamenter, je ne le sais, sans l'arrivée d'un verderer, qui nous a dit que les batteurs avaient reçu l'ordre de se diriger vers Thorne Mere, et que nous ferions mieux de rouler dans cette direction, si nous désirions voir la prise du cerf. Nous nous hâtâmes donc vers le nord, au lieu de suivre l'armée des gardiens, et nous nous dirigâmes vers les hauteurs au-dessus de la mer, où nous trouvâmes déjà rassemblée une grande foule de gentils et simples.

En peu de temps, un immense troupeau surgit du couvert du bois, suivi d'une multitude d'hommes et de chiens. Presque tous les cerfs prirent l'eau, puis furent poursuivis par une centaine de bateaux ou plus. Quelques-uns se réfugiaient ici et là sur des îlots, et quelques-uns traversaient la mer à la nage, mais de loin, la plupart se blottissaient les uns contre les autres, terrifiés et épuisés, dans l'eau jusqu'au cou. Les gens dans les bateaux entouraient la petite forêt de cornes, et certains s'aventuraient parmi eux, et attachant une longue et solide corde à leur tête, les traînaient jusqu'à terre et les mettaient dans des charrettes, ou les attachaient pour faciliter leur conduite. à remettre aux gardiens d'autres forêts. C'était pour moi un spectacle désolant, et dont je me suis vite lassé. Alors, laissant Dick avec quelques-uns de ses amis et la promesse de me rencontrer à la Couronne dans quelques heures, je me dirigeai immédiatement vers l'auberge, dans l'espoir d'apprendre aux gens là-bas quelques informations sur la société attendue. .

En tournant assez rapidement dans un virage serré, j'ai failli renverser une dame venant le long de la chaussée dans la direction opposée. En m'approchant, je m'aperçus que c'était Maîtresse Goel. Il y eut un peu de difficulté à forcer mon cheval dans le large fossé ; mais cela fait, je descendis de cheval et fis mon salut, en lui disant quelque chose de mon plaisir de la rencontrer.

"Mon plaisir a été un peu anéanti par la peur d'être renversé", dit-elle. "Est-il d'usage dans ce pays que les cavaliers gardent le chemin et conduisent les piétons dans le fossé ?"

"Votre maître d'équitation a dû vous apprendre beaucoup de choses", répondis-je.

"Et comment sais-tu que j'ai eu des leçons ?"

"En voyant à quel point tu roules bien."

La dame m'a fait un petit salut. Je crus lire une question dans ses yeux, mais elle ne sortit pas de ses lèvres.

"Puis-je vous accompagner partout où vous allez ?" J'ai demandé.

"Je serai heureux de vos conseils. Je suis sorti pour respirer l'air seulement. Il reste une heure avant notre départ, et l'auberge est bondée et bruyante."

Durant cette heure, j'ai appris plusieurs choses que je vais exposer brièvement. On avait rapporté à Castle Mulgrave que mon père avait juré d'expulser les Hollandais par la force, qu'une quantité de nouvelles armes à feu avait été achetées et stockées à Temple à cet effet, et qu'une attaque contre la colonie devait avoir lieu immédiatement. Le comte avait informé le roi de cet (supposé) état de choses et avait reçu la promesse d'une indemnité pour toute action qu'il jugerait bon d'entreprendre pour défendre les étrangers, et avait été habilité à arrêter, emprisonner ou interroger les personnes suspectes. Le docteur Goel avait été prévenu du danger d'être transféré à Sandtoft, mais il avait préféré, pour une raison que je ne m'expliquais pas, courir le risque plutôt que de prolonger son séjour au château. Le médecin s'étant montré inébranlable sur ce point, le comte avait ordonné qu'une escorte armée les accompagne, lui et sa fille, jusqu'à Thorne, et avait conseillé à Vermuijden d'amener une forte compagnie à leur rencontre.

Il y avait là matière à réflexion, mais l'essentiel était d'éviter les méfaits ici et maintenant. Était-ce purement par oubli, me demandai-je, que le comte avait fixé aujourd'hui, alors que des centaines d'Isloniens étaient présents pour chasser les cerfs, et qu'ils pourraient être provoqués à l'émeute en voyant un groupe d'étrangers portant les armes.

Sur le chemin du retour à la Couronne, Maîtresse Goel demanda :

" Pourriez-vous persuader votre père de rencontrer Mynherr Vermuijden ? Ils pourraient sûrement s'entendre tous les deux, ne désirant que ce qui est juste et juste. Il y a ceux qui cherchent à attiser les troubles, je le sais, et je tremble à l'idée de ce qui se passe. " peut venir. Pourriez-vous persuader M. Vavasour ? »

J'ai ri, plutôt amèrement. "Malheureusement, mon père ne m'a pas écouté."

"J'ai déduit de ce que tu m'as dit que tu étais aussi heureux qu'un père et son fils peuvent l'être."

"C'était le cas, mais il y a une division entre nous maintenant."

"Pas à cause de nous, j'espère !"

"Non, ce n'est qu'une querelle de famille d'un modèle ancien."

Plus rien ne s'est passé, car nous étions à l'auberge ; une maison longue et basse, avec un green devant, où des dizaines d'hommes étaient assis ou affalés, buvant de la bière et bavardant fort, mais gardant un œil vigilant sur ce qui se passait à la taverne. Deux douzaines d'hommes, environ, aux couleurs de Mulgrave, armés de mousquets et de coutelas, se tenaient près du porche ; un nombre égal de Hollandais, pistolets au ceinturon et fusil à la main, étaient assis sur des tonneaux vides, des seaux tournés de bas en haut, des poulaillers, n'importe quoi. Les Isloniens sur le green n'étaient pour la plupart pas armés, à l'exception du bâton et du grand couteau, sans lesquels nos hommes ne bougent jamais de chez eux, mais on voyait çà et là une arbalète. Dans la maison, à l'une des fenêtres ouvertes, étaient assis plusieurs jeunes gens de ma connaissance, parmi eux Dick Portington, joyeux autour de leur vin. Aucune probabilité de troubles, pensai-je, la foule étant de bonne humeur, et la suite de Mulgrave et les Hollandais ayant un tel avantage en matière d'armes. Mais alors que Maîtresse Goel disparaissait dans l'embrasure de la porte et que je me retournais pour conduire mon cheval à l'écurie, deux des hommes du comte posèrent par hasard leurs armes, les appuyant contre le mur. En un clin d'œil, Dick tendit la main par la fenêtre et les saisit. "Bière ou vin, messieurs ?" » demanda-t-il comme s'il était un marchand de vin. Et, à la vue de la foule, il vida une chope dans les bouches et distribua de nouveau les armes. « Un autre gentleman veut-il un baril ? » » s'enquit-il. Un éclat de rire vint du green. L'un des deux hommes tira le pistolet de sa ceinture et fit mine de tirer sur Dick, mais moi, étant juste derrière lui, je lui heurtai le coude, et le pistolet s'envola de sa main sans se blesser. Un autre rugissement des spectateurs remplit l'air. Certains hommes de Mulgrave se jetèrent sur moi, me saisissant par les bras, et l'un d'eux me frappa au visage. Alors moi, qui avais été si soucieux de prudence et de paix, j'ai perdu la raison, je me suis libéré de mes ravisseurs et j'ai renversé l'homme qui m'avait frappé. Une jolie bagarre s'ensuit. Dick et d'autres se sont précipités par la fenêtre et sont venus à mon aide sans armes, mais les poings serrés et un ou deux fouets. Pendant environ une minute, la lutte se poursuivit au corps à corps, de sorte que les hommes du comte ne purent utiliser leurs armes avec effet, et que leurs camarades, en dehors du mellay, ne purent frapper ou tirer sans risquer de tuer ou de mutiler leurs propres hommes ; mais aux mots : « Tirez, imbéciles, tirez », prononcés par quelqu'un que je n'ai pas vu, plusieurs pièces furent déchargées. Will Staniforth, qui était près de moi, est tombé, le sang coulant de son cou. Je me suis agenouillé pour le soutenir, mais il n'avait plus aucune aide. La balle avait creusé une horrible entaille vers le haut et pénétrait dans le cerveau. Il y eut un gargouillis dans sa gorge, un frisson parcourut tout son corps et il était mort. Lorsque je me relevai, trois de mes amis avaient des mousquets à la main, parmi lesquels Dick Portington. Les serviteurs du comte avaient formé un demi-cercle devant nous, leurs pièces étant à niveau.

« Rendez-vous, prisonniers, dit leur chef, ou nous tirons. Dick répondit par un coup de feu qui fit tomber l'orateur, et une sorte de folie m'envahit. Je voyais tout à travers une brume rouge et je ne me souciais que de venger notre compagnon mort. Je me précipitai sur l'ennemi le plus proche, lui arrachai son fusil et le frappai de toutes mes forces. Alors qu'il tombait, j'ai crié « Un » et je me suis dirigé vers le suivant, qui a cédé un peu et a tiré sauvagement. "Deux", criai-je alors que mes fesses s'écrasaient sur sa tête. Le troisième homme vers lequel je me précipitai, jeta son fusil et courut. Je jetai un coup d'œil autour de moi et vis que chacun des membres de notre groupe possédait un mousquet et s'en servait de la même manière. L'ennemi n'a pas eu le temps de recharger ; six de leurs camarades étaient handicapés, dont leur chef ; ils n'avaient pas le courage de se battre davantage au corps à corps, et ainsi, même s'ils étaient plus de deux contre un, ils tournèrent la queue et coururent pour sauver leur vie. Mais étant des coquins maladroits, ils avaient peu de chance de nous échapper par ce moyen, et étaient heureux d'obéir à l'ordre que Dick hurlait pendant que nous les poursuivions, de jeter leurs armes. Armes à feu, pistolets, coutelas, tout a été jeté. Même alors, j'ai continué jusqu'à ce que Portington me rattrape.

"Les pauvres diables ne sont pas armés, Frank. Laisse-les partir", dit-il.

Sur ce, j'ai repris mes esprits et je suis reparti avec les autres. Nous rencontrâmes un certain nombre d'hommes venus du vert pour ramasser le butin de guerre.

« Vous êtes de bons gars, dit Dick à certains d'entre eux, pour rester debout et regarder pendant que vos voisins sont maltraités. »

" D'après ce que je vois, écuyer, " répondit un gros garçon (le même mentionné dans le premier chapitre), " vous avez pu prendre soin de vous-mêmes, et vous devez excuser les pauvres gens qui ne veulent pas aller à la potence ou les plantations de Virginie. Pour nous comme nous, c'est une affaire de suspense. Malgré tout, certains des jassups se seraient passés le cou dans un licol, si je ne les avais pas sentis.

"Un grand merci à vous", répondit Dick, riant de l'impudence froide de l'homme.

— D'ailleurs, Votre Honneur, dit l'homme à voix basse, il fallait que quelqu'un surveille les Hollandais.

" Ah ! les Hollandais. Ma foi, je les avais oubliés. Et qu'est-il arrivé de ta montre, mon homme ? "

"Presque aussitôt que la bagarre a commencé, la jolie Hollandaise est venue à la fenêtre derrière eux et a parlé avec le grand gaillard, qui semble commander. Je me suis approché, mais ils ont bavardé dans leur propre langue. Tout ce que j'ai pu dire Ce qui ressortait, c'est qu'elle répétait « Fermoyden » trois ou quatre fois et semblait faire la loi au grand type. Puis elle s'envola, comme un oiseau, et milord Sheffield sortit précipitamment de la maison (c'était à ce moment-là). le jeune écuyer Vavasour cassait des crânes comme des noix) et il ordonna aux Hollandais d'aller au secours de ses hommes, mais le grand capitaine secoua la tête, et soit ne comprit pas, soit feignit de ne pas comprendre. Monseigneur trépignait de rage. et il exprima clairement sa pensée par des signes ; mais l'autre ne bougea pas et répéta « Fermoyden ». Fermoyden n'est pas encore venu et ils l'attendent.

" Qu'en penses-tu, Frank ? Tu es venu à la taverne avec la dame. "

"Que la dame a eu l'esprit de charger le capitaine hollandais de ne pas aider les hommes de Mulgrave, mais de refuser sous prétexte qu'il devait avoir l'autorité de Vermuijden pour s'immiscer dans une querelle qui n'était pas la sienne."

" Par Jupiter, cela ressemble inhabituellement à cela ; et si c'est le cas, certains d'entre nous doivent remercier la dame que nous sommes en vie. "

Je n'en avais aucun doute. Tandis que la plaisanterie inopportune de Dick et ma fureur impétueuse face à un coup avaient provoqué une polémique qui avait coûté la vie à Staniforth et à quelques autres, Maîtresse Goel avait empêché un conflit entre les Hollandais et notre foule islonienne. Alors que nous tournions au coin de la taverne (la poursuite nous avait conduits le long d'un chemin de bruyère à l'arrière de celle-ci), nous rencontrâmes Sheffield et son blackamoor, à cheval et se dirigeant apparemment vers le château de Mulgrave. Il tira les rênes et gronda :

"La trahison et le meurtre sont sans doute un joyeux sport, mais ils se terminent par la pendaison, la dégaine et l'écartèlement."

Maintenant, je savais à qui appartenait la voix qui disait : « Tirez, imbéciles, tirez » ; et le sentiment que cette connaissance a suscité en moi a dû être clair sur mon visage, car Dick a lié son bras au mien et m'a entraîné en disant assez fort pour que Sheffield l'entende :

"Laissez le chien battu crier."

Nous demandâmes au cabaretier, qui nous accueillit à sa porte, de nous fournir à manger et à boire, car certains d'entre nous n'avaient pas mangé depuis le petit matin ; et je suis parti à la recherche d'eau pour me purifier du sang et de la poussière, ne souhaitant pas que Maîtresse Goel me voie dans ma sale situation. En vérité, j'avais peur de la rencontrer, car maintenant que ma fureur et mes forces étaient épuisées, j'avais honte de ma rage fanfaronne. Mais il se trouva que, tandis que j'allais à la pompe, Maîtresse Goel me rattrapa et se dirigea vers la grange avec un panier. Au bruit de son pas léger et glissant, je me retournai et elle pâlit à ma vue.

« Vous êtes gravement blessé, je le crains, » dit-elle. "Viens chez mon père qui est dans la grange."

"Je n'ai rien de pire que quelques bleus et égratignures", répondis-je. "Pour cela, je dois vous remercier ; votre vivacité d'esprit et votre gentillesse ont sauvé plusieurs vies aujourd'hui."

"Je n'ai fait qu'empêcher mon propre peuple de se mêler de conflits qui ne le concernaient pas ; mais comment vous en savez cela dépasse ma compréhension."

J'ai expliqué, puis j'ai demandé ce que son père faisait dans la grange.

"Il est occupé à réparer les têtes que vous avez endommagées", répondit-elle.

"Deux au moins sont irréparables, même par son habileté", dis-je.

"Pas du tout", rit-elle. "Soit votre bras n'est pas aussi fort qu'il y paraît, soit les crânes du Lincolnshire sont plus épais que d'habitude, car mon père a de bons espoirs dans les deux hommes que vous avez abattus."

"Dieu merci!" Dis-je avec dévotion. "Ma rage brutale n'a pas tué les coquins."

" Oh ! mais ce n'était pas bête, " s'écria maîtresse Goel avec des yeux pétillants ; "Vous avez cherché à éviter la violence. Et le fait que vous ayez été plongé dans une grande et terrible colère en voyant votre ami abattu de manière honteuse et traîtresse n'est pas stupide. Oh non, il faut utiliser un autre mot pour cela."

Comme je connaissais peu les manières des femmes ! J'avais craint de m'abaisser à jamais dans l'estime de cette dame, et elle se tenait là, me regardant avec des yeux rosés et parlant comme si j'avais accompli quelque noble action.

Cela m'aurait bien plu si notre conversation avait pu se poursuivre, mais maîtresse Goel dut se précipiter au secours de son père, et je retournai vers mes camarades, après avoir enlevé les taches de bataille, autant que le pouvait le lavage. Nous n'étions pas joyeux de manger et de boire, car dans une pièce voisine gisait le corps de notre ami. Il fut convenu que quatre d'entre nous accompagneraient les hommes qui porteraient les restes jusqu'à Staniforth Hall, et que les quatre autres accompagneraient les Hollandais jusqu'à Newflete, où ils avaient laissé leur barge. Il m'appartenait de faire partie de cette dernière société, mais cela ne m'a apporté qu'un petit bien. Le docteur Goel marchait d'un côté du cheval que montait sa fille, et le grand Hollandais de l'autre, aussi j'avais peu de conversation avec elle. Au moment de se séparer, sa main est restée dans la mienne pendant une seconde, et j'ai trouvé un certain réconfort dans la gentillesse de ses yeux lorsqu'elle m'a dit bonne nuit.

Quand je suis arrivé à Durkness Crooke, avec l'intention de traverser la rivière là-bas, aucun bateau n'était trouvé, et j'ai dû monter sur la rive du fleuve jusqu'au Crowle Ferry. J'y allai lentement, car mon bourrin était un triste destrier, loué à la Couronne, le cheval de Portington s'étant enfui vers sa propre écurie pendant le tumulte. Au moment où je passai devant Beggar's Tree, la soirée était tombée au crépuscule et je fus surpris par un gémissement de quelqu'un à moitié caché sous un champ de bouleau. C'était Bess Boswell, qui s'était foulé la cheville et qui m'avait supplié d'envoyer des membres de sa tribu, dont le campement se trouvait sur ma route vers Temple Belwood, pour la ramener chez elle. Je descendis de cheval et l'aidai à monter sur ma selle, où elle s'assit comme un homme.

Nous restâmes quelque temps en silence, que la bohémienne rompit en disant :

"Mon avertissement s'est réalisé le jour de ton anniversaire."

"Garde ton mystère de divination pour les rustres de la prochaine foire, Bess."

« De toute façon, je savais ce que vous ignoriez : les hypothèques et le contrat entre le châtelain et Ryther.

"Vrai."

"Et je peux vous en dire bien plus que vous ne savez pas. Vous risquez votre vie. Lord Sheffield ne reculera devant rien pour vous faire disparaître. De faux jurons, ou du poison, ou un coup de couteau dans le dos, ou un coup de feu tiré de les roseaux, tout ne fait qu'un pour lui et ses créatures. La limace qui a tué votre ami aujourd'hui vous était destinée.

« Êtes-vous dans les conseils de Lord Sheffield, Bess ? J'ai demandé.

"J'en sais autant que si je l'étais, et même plus", répondit-elle. "Est-ce que tu pourrais être persuadé pour ton bien."

"Comment alors?"

"Partir pendant deux ou trois mois, n'importe où en dehors de l'Île."

"Et en quoi cela me serait-il avantageux ?"

"Si vous restez, vous perdrez votre héritage, votre liberté et peut-être votre vie. Si vous partez, vous les sauverez tous."

"Tu parles par énigmes, Bess."

"Je dis tout ce que j'ose. Très probablement, je serai battu ce soir pour avoir parlé avec toi."

"Battu?"

"Oui, car j'ai eu la chance de te préserver du mal. Un homme était caché dans les roseaux pour te tirer dessus, et il ne pouvait pas être sûr de s'en tirer sans être vu, parce que j'étais avec toi. D'ailleurs, le cheval a été entre toi et lui. »

« Besse ! »

Elle sauta légèrement à terre. "Il n'y a rien de mal avec ma cheville", a-t-elle déclaré. "Mais je savais que je pourrais obtenir une audience si je vous trompais en me faisant monter sur votre cheval. Maintenant, continuez aussi vite que vous le pouvez et écoutez les conseils. Partez bientôt et, jusqu'à ce que vous quittiez l'île, ayez un pistolet à la main. un étui, et une épée à ton côté, et un homme de confiance derrière toi. »

Elle se glissa par une ouverture dans la haie et courut à travers champs en direction du campement de ses gens.

CHAPITRE V

En arrivant à Temple, je me suis dépêché de me coucher et j'ai dormi pendant deux heures ou plus du lourd sommeil d'une extrême lassitude, mais je me suis ensuite réveillé dans la douleur et avec une soif brûlante. En sortant du lit, je me suis retrouvé raide et endolori, et quelque peu étourdi ; alors, après avoir bu une gorgée d'eau, je me remis au lit pour guetter le matin avec beaucoup d'inquiétude et d'impatience. Enfin l'aube parut, et peu de temps après, Luke entra dans ma chambre et fit beaucoup de bruit sur mon état et celui de mes vêtements, déchirés par endroits et raidis par le sang, qu'il supposait naturellement être le mien. Sa voix élevée a réveillé M. Butharwick, qui est venu dans ma chambre, et j'ai été obligé de me soumettre à un examen, qui a révélé plus d'ecchymoses et de blessures légères que je ne l'avais imaginé. Comme j'avais de la fièvre, mon précepteur et mon domestique prirent un ton haut et puissant, déclarant que je devais garder mon lit et boire des fébrifuges ; et je n'ai échappé à la saignée que parce que Luke avait compris que j'avais déjà perdu au moins un gallon. Une fois que Luke avait quelque chose en tête, aucun autre homme ne pouvait plus le sortir. En me levant pour me prouver que leur sollicitude était inutile, un étourdissement me provoqua sur le dos, après quoi ils se débrouillèrent avec moi, eux et la gouvernante, qui se vantait d'une grande habileté dans la préparation de bouillons d'herbes amères et avait rarement l'occasion de le faire. chance d'exercer son art dans notre maison saine.

J'ai donc passé cette journée au lit, avec mon tuteur pour compagnie, mon père étant absent pour quelques affaires liées à son avocat, et n'ayant (pour une fois) laissé aucune tâche de commis à M. Butharwick. Mon vieil ami n'était nullement surpris des choses que j'avais entendues de Maîtresse Goel.

"Votre père sait ce qui a été rapporté au comte et est informé à l'avance de chaque mesure prise par Sa Seigneurie. Le "Solicitor" a des espions fidèles dans la propre maison du comte. Par exemple, il sait qu'une troupe de soldats aurait été ordonné ici avant maintenant de rechercher des armes, mais qu'ils ne pourraient pas atteindre Temple, ni depuis Hull ni Doncaster, sans que nous soyons annoncés par les marais.

Pour ma part, je n'avais aucune confiance dans les « espions », qui pouvaient jouer leur propre jeu, mais je me taisais. M. Butharwick avait une confiance infinie dans les capacités de mon père, et il ne m'appartenait pas de l'ébranler.

M. Butharwick avait une grande appréhension quant aux conséquences possibles de l'escarmouche de Thorne, craignant que je sois convoqué devant le président du Conseil sous l'accusation d'avoir agressé ceux qui étaient, en quelque sorte, les officiers de Sa Majesté. , mais s'étant réfugié dans la certitude que nous connaissions les desseins du comte à temps pour que je puisse me cacher jusqu'au retour de mon père, je pensais que ses craintes à ce sujet étaient sans fondement. Un Vavasour ne pouvait être condamné sans procès, et un procès public serait dangereux pour Sheffield. Dans l'état actuel des choses, la mort de Will Staniforth pourrait lui être imputée.

Trois jours plus tard, je reçus une lettre du père de Staniforth, me suppliant de venir le voir. Même si je redoutais d'assister au chagrin d'un vieillard infirme et désormais privé de son unique enfant, je me mis en route. L'eau était montée dans le marais depuis que Dick et moi avions traversé, et j'avais l'intention de me rendre en barque de Belshaw à Messic Mere, d'où un voilier me transporterait à Staniforth en deux ou tout au plus trois heures. Et Sandtoft me gênait.

J'ai emmené Luke avec moi, ou, comme je devrais plutôt dire, Luke est venu avec moi, car il m'a fait comprendre qu'à l'avenir il n'avait pas l'intention que je me promène seul, ce à quoi il a été fortement soutenu par M. Butharwick. Non que je m'oppose à son départ, car les paroles de la bohémienne ont eu une influence sur moi, et j'avais même un fusil et un pistolet, même s'il y avait peu de chances que nous rencontrions un ennemi au cours de notre voyage.

Ici, un critique (le plus aimable du monde) me fait penser qu'Axholme est très changé par rapport à ce qu'il était à l'époque où j'écris, et que je devrais, pour la meilleure compréhension de mes lecteurs, donner une explication plus détaillée. Je rends compte plus particulièrement que je ne l'ai fait jusqu'ici de la nature du pays dans ma jeunesse. Le défaut est évident, mais ce n'est pas le remède, car je ne suis pas habile à le décrire. Le mieux que je puisse faire est de préfixer une carte, un simple coup d'œil en montrera plus que les pages de mes écrits ne pourraient le faire. Quant au voyage jusqu'à Staniforth, je peux dire que l'espace entre Belshaw et Messic Mere était tantôt de terre, tantôt d'eau, et le plus souvent un mélange des deux. Pendant les saisons sèches, les porcs pouvaient y chercher de la nourriture et, de temps en temps, un propriétaire de chalet aventureux y amenait une vache, surveillant de peur qu'elle ne s'enlise. En hiver, on y pêchait des anguilles et on y tirait des canards. Des touffes de bouleaux, de petits chênes, de peupliers et d'aulnes poussaient ici et là sur des « holmes » de gravier ou de sable. De longues rangées de roseaux marquaient des canaux toujours remplis d'eau ; les lingues et les ajoncs, par endroits, prospéraient sur les monticules et les crêtes les plus secs.

Ce jour-là, comme je l'ai dit, il y avait de l'eau abondante (même si c'était juin et l'été avait été presque sans pluie), ce que nous supposions être dû à de fortes averses plus au sud, gonflant les rivières Trent et Idle.

Luke prit la perche et poussa rapidement jusqu'à la mer, où nous nous transformâmes en voilier et nous dirigeâmes gaiement vers Sandtoft, alors une île oblongue d'environ quatre stades sur deux, soit environ quatre-vingts acres de superficie, entourée par les eaux. Inactif. Laissant Luke dans le bateau, je gravis la berge, qui était en forte pente et dont le sommet était palissadé jusqu'à une hauteur de six pieds. Je me suis relevé et j'ai regardé, et à peine l'avais-je fait qu'une balle a sifflé au-dessus de ma tête, et j'ai vu l'homme qui avait tiré recharger alors qu'il s'approchait de la clôture, et d'autres sortir d'un hangar comme des abeilles en colère. d'une ruche. Pensant qu'il pouvait être aussi dangereux de reculer que d'avancer, je me redressai et tombai, plutôt que de sauter, à l'intérieur de la palissade, et me dirigeai vers la sentinelle en criant : « Un ami », ce qui ne l'empêcha pas de tirer une seconde. temps. Heureusement, il n'était pas un tireur d'élite. Ne parlant pas du tout le néerlandais, j'ai continué à me présenter comme un ami en anglais, en allemand et en français. Lorsque nous sommes arrivés à bout de bras, deux des hommes m'ont attrapé et l'un d'eux m'a demandé dans une sorte de français quelle était mon affaire. Ma réponse les satisfit au point qu'ils lâchèrent prise et me conduisirent chez le docteur Goel.

En chemin, j'admirai la diligence et l'habileté qui avaient élevé une ville hollandaise en si peu de temps. Une large rue de maisons substantielles, construites pour la plupart en bois, il est vrai, s'étendait d'ouest en est, et à chaque extrémité de la rue il y avait des ateliers, des entrepôts et ce que je prenais pour un arsenal. Comme je l'ai appris par la suite, une grande partie du matériel avait été apporté tout prêt et n'avait plus qu'à être assemblé sur place. Quelques acres de terrain étaient couverts de pompes, de moulins à vent, d'écluses, de charrettes, en sections ou complètes, et de machines et parties de machines dont je ne pouvais deviner l'usage ou le but. Une chose que j'ai certainement vue. Les hommes qui s'étaient lancés dans cette entreprise ne l'abandonneraient pas à la légère. Ils avaient des plans précis et précis et ils avaient dépensé d'énormes sommes d'argent. La colonie était fortifiée comme pour un siège et il y avait plusieurs pièces d'artillerie. Dans un espace ouvert se dressait la potence, et à proximité un mât d'où flottait le drapeau hollandais, surmonté de l'étendard royal d'Angleterre. Pour chasser ces gens de l'île, il faudrait une armée et un général. Quant aux peines judiciaires, je me suis souvenu que c'était une maxime juridique selon laquelle la possession relevait de neuf points de la loi. En regardant autour de moi les preuves de l'autorité du roi, de la richesse dont disposait Vermuijden et de la détermination des colons, je me suis rendu compte que mon père perdait son travail et dépensait de l'argent en vain. Et pourtant, je me réjouissais à l'idée que Maîtresse Goel allait probablement rester sur l'Île. Il ne m'est pas venu à l'esprit que je pourrais en être banni.

Mes gardes me conduisirent chez le docteur, où nous le trouvâmes assis à une table sur laquelle étaient étalés une poignée de plumes, un morceau de poisson qui sentait le rassis, des morceaux de bois de touche et d'autres détritus. Lorsque nous sommes entrés dans la pièce, il a déposé une lentille de forme étrange, à travers laquelle il avait regardé certaines de ces choses, et m'a salué cordialement. Lui et les hommes eurent une brève discussion, et ils se retournèrent pour partir, quand je suppliai le médecin (dans un très mauvais français) de les assurer de l'innocuité de mon homme Luke, de peur qu'ils ne se mettent en tête de tirer sur le pauvre garçon. . Après avoir discuté avec eux, le médecin m'a informé que l'un des hommes parlait un peu anglais et avait promis de certifier à Luke que tout allait bien pour moi. Le médecin et moi avons discuté d'une manière intense, mauvais français de mon côté, anglais approximatif du sien, pendant quelques minutes, lorsque Maîtresse Goel est apparue. Elle n'avait pas tardé à revêtir ses plus beaux vêtements, comme c'est l'habitude de tant de demoiselles, mais elle était venue en tenue de ménage, ses bras ronds et blancs nus jusqu'au coude, la tête couverte par une sorte de capuche, qu'elle jetait cependant. elle revint en entrant dans la pièce, son visage blond rougi comme par son travail, mais un sourire de bienvenue dans ses yeux – plus beau que jamais dans sa propreté chaleureuse. Au cours de notre conversation, elle m'a dit que les sentinelles étaient aux aguets, car la nuit dernière, des gaillards audacieux avaient escaladé la palissade, cassé de coûteuses machines et tenté d'incendier les bâtiments. Le lieutenant de Vermuijden avait donné l'ordre strict de tirer sur tout intrus qui n'entrerait pas par les portes, qui semblaient être au nombre de deux.

« Est-ce parce que vous portez une cotte de mailles sous vos vêtements, ou un scapulaire béni du Pape ou un charme de sorcière, demanda-t-elle, que vous courez le danger comme si vous l'aimiez ?

J'étais beaucoup trop lent d'esprit pour donner la bonne réponse, et j'avais commis une erreur en étant préoccupé par le plaisir de la voir. Mais *Ay di mi* ! J'oublie que ce dont je me souviens avec délice n'intéressera pas le lecteur.

Lorsque je me levai pour prendre congé et que Maîtresse Goel apprit où j'allais, elle demanda si nous avions de la nourriture avec nous dans le bateau. Apprenant que nous n'en avions pas, elle insista pour nous en fournir : « Car le pauvre père sera accablé de chagrin et ne pensera jamais à votre faim », dit-elle. Comme je ne voulais pas rester pour prendre un repas avec eux, elle se retira dans la cuisine et revint vêtue, le panier à la main, suivie de sa servante qui en portait un autre. Déclarant qu'elle me montrerait la porte, afin que je n'aie pas besoin de me précipiter sur les balles la prochaine fois que j'arriverais, elle m'a ouvert la voie jusqu'à un point situé à environ cent mètres plus loin du méandre de la rivière. J'ai salué Luke, qui s'est approché et a reçu les paniers avec un air émerveillé. Maîtresse Goel a attiré notre attention sur la pâtisserie de Martha et avec "Bon voyage!" elle nous a quitté.

Tandis que nous déjeunions, je demandai à Luke ce qui s'était passé entre lui et le Hollandais qui s'était engagé à l'assurer de ma sécurité.

"'A s'est penché par-dessus la clôture et 'a a dit : 'Icy Ingliss ! Allride. Gottam'. Je l'ai regardé comme un cochon coincé, et 'a a répété : 'Allride, Gottam' et j'ai souri de d'une oreille à l'autre, donc je savais qu'il le pensait amicalement."

Lorsque nous eûmes terminé notre repas, Luke dit : « Maître Frank, j'ai entendu un cuisinier dire que les étrangers ne savent pas faire de pâtisserie.

"J'ose dire ; qu'en est-il de cela ?"

"Eh bien, c'est un mensonge tonitruant ; c'est ça, un mensonge tonitruant ! Je n'ai jamais mangé une telle tarte à l'anguille de toute ma vie. Et elle ne donne pas une fessée ?"

"Qui donne la fessée ? Cuisinier ?"

"Non, non, cette Martha. C'est un nom joli et confortable. Et quelle tarte c'était !"

Les yeux de Luke étaient à moitié fermés, comme s'il était plongé dans une méditation. A Staniforth, oubliant le devoir qu'il s'était imposé de me surveiller, il serait resté à rêver dans le bateau si je ne lui avais rappelé son devoir.

Le domestique qui m'a admis murmura : « Maître va très mal aujourd'hui, monsieur, mais il vous verra.

Le vieil homme était assis penché en avant sur un feu de gazon, même si la journée était chaude. La pièce était presque insupportablement proche de moi. Je ne l'avais vu que deux ou trois fois auparavant, car il hésitait à exposer sa décrépitude au grand public. Il y a quelques années, il avait été renversé par-dessus la tête de son cheval et, selon notre expression campagnarde, il avait le dos cassé, c'est-à-dire qu'il avait subi une blessure à la colonne vertébrale, qui l'avait privé de l'usage de ses membres inférieurs. C'était un objet pitoyable, recroquevillé, presque courbé en deux, devant le feu ; ses longs cheveux blancs tombant sur ses épaules, sa barbe arrivant presque jusqu'aux genoux, son visage jaune plissé de mille rides. Mais il y avait une lueur féroce dans ses yeux alors qu'il se tournait vers moi et dit :

"J'ai bien fait de venir, jeune Vavasour. Regarde sa tombe."

Il m'a montré la fenêtre d'où j'ai vu un monticule nouvellement formé au milieu d'un champ d'herbe. Puis, comme s'il répondait à une question, il dit :

"Non, le pasteur n'a pas bavardé de mensonges sur lui. Nous avons mis son corps dans le sol sans les mensonges du pasteur." Alors le vieil homme répéta avec mépris : « Nous te remercions chaleureusement, car il t'a plu de délivrer notre frère des misères de ce monde pécheur. » On pourrait le dire pour moi, mais pas pour lui, mon fort et beau garçon, qui aurait dû vivre soixante ans.

Mais j'ai prié, jeune Vavasour, j'ai prié pour la mort et la damnation de son meurtrier.

La force et le feu avec lesquels le faible vieillard lança les derniers mots étaient terribles. Puis son ton changea.

"Il était le meilleur fils qui ait jamais vécu. Il se promenait partout dans la ferme avant le petit-déjeuner, prenant rarement son plaisir avec ses compagnons. Doux comme une femme ! Aucune femme n'aurait été à moitié aussi douce avec un vieil homme maussade, souvent fou de douleur. Pourquoi le Seigneur devrait-il prendre l'appui de mon âge, la seule joie d'un infirme au dos brisé, vous direz non, mais il a laissé le diable le faire. Je ne pouvais qu'avoir son meurtrier ici ! Oh, pour pouvoir le saisir à la gorge !"

Le père étendit les bras, les mains tremblantes serrées, comme si elles saisissaient le cou de l'homme qu'il détestait. Pourtant, je n'ai rien dit. Qu'est-ce que je pourrais dire?

"Il t'aimait, Frank. Il me rendait parfois jaloux en parlant de toi. Il disait combien tu étais courageux, combien chaleureux, quel bon sportif, quel vaillant gentleman, quel véritable et fidèle ami ! Et tu as dirigé C'est lui qui est mort. C'est dans ta querelle qu'il est mort. Ce n'était pas un bagarreur.

«C'est vrai», dis-je; "il a perdu la vie en venant à mon secours."

« Il n'a pas perdu la vie », criait le vieil homme ; "Sa vie a été prise - lâchement, traîtreusement prise, et son sang crie vengeance. Veux-tu être un homme et le venger?" Ses yeux brillèrent lorsqu'il posa la question.

"Vous ne pouvez pas penser à me demander de m'engager à commettre un meurtre", répondis-je.

"Meurtre ! qui parle de meurtre ?" il a répondu. "S'il s'agissait d'un autre homme que le fils de mon Lord Président, je pourrais le faire pendre. Mais quel pauvre homme oserait témoigner contre lui ? Maudit soit-le. Quel avocat de l'île ou du comté se chargera de mon affaire ? Quand la justice n'est pas rendue. que la loi nous donne, nous avons le droit de le prendre. Si Dieu ou le diable me donnait l'usage de mes membres, mais pour un seul jour, je le prendrais.

La passion du vieillard lui donna de la force, et il se redressa presque debout, d'un spectacle effrayant.

Mais au bout d'un moment, il s'affaissa de nouveau et gémit, et je restai assis, silencieux, à côté de lui.

Puis, se réveillant, il dit : « As-tu du lait dans les veines au lieu du sang ? Ne peux-tu pas haïr l'homme qui a tué ton ami, non pas d'homme à homme dans un combat honnête, mais par un mot ignoble adressé à ses méchants ?

"Dieu sait que je le déteste trop bien," répondis-je.

"Est-ce que c'est vrai, Frank ? Que Dieu te bénisse pour cela. Rencontre-le, nargue-le, fais-le attirer sur toi, te tirer dessus ; force-lui une querelle d'une manière ou d'une autre, et tue-le ! tue-le ! — tue-le aussi lentement que toi. je ne peux pas, alors sois-en sûr."

Il posa sa main tremblante sur mon genou et approcha son visage du mien, ses yeux flamboyants sous leurs touffes de cheveux d'un blanc mort.

"Jure-le, Frank," supplia-t-il. "Jure-le et je mourrai heureux. Heureux!" » gémit-il, se moquant de sa propre parole. "Non, ne parle pas encore", dit-il. " Écoute-moi. Ton père gaspille son patrimoine en droit et en avocats. Cela ne servira à rien. Quand a-t-il jamais été bon de dépenser de l'argent ainsi ? Mais que cela ne te dérange pas. Si tu veux être un fils pour moi jusqu'à rendre justice à l'homme qui a assassiné Will, la Grange sera à toi, et de plus, de nombreuses bonnes hypothèques seront un homme riche, jeune Vavasour.

Jusqu'ici, j'avoue que le vieillard avait été si près de prendre l'ascendant sur moi, que j'aurais pu lui faire une sorte de promesse de vengeance sur son ennemi, mais cette offre brisa la fascination.

"Votre chagrin vous a rendu fou, M. Staniforth, sinon vous ne m'auriez pas soudoyé pour commettre un meurtre."

Il arracha ses longs cheveux de rage et gémit :

"C'est insensé de ne pas me souvenir de ton orgueil et de ta vanité de race Vavasour. Certains hommes sont vains et d'autres fiers, mais les Vavasours sont les deux. Tu ne vengeras pas le meurtre de ton ami, qui est mort pour toi - pour toi, Tu n'entends pas ? Tu n'aideras pas son vieux père au cœur brisé, parce qu'il a parlé de te laisser son pays ? Alors va et le diable t'accompagnera.

Il tremblait de rage et parlait d'une voix étranglée, l'écume aux lèvres, de sorte que je craignais qu'il ne tombe dans une crise et ne meure. Je sortis précipitamment de la chambre et priai la servante qui me rencontrait dans le couloir de se hâter d'aider son maître. Appelant Luke à me suivre, j'ai filé vers la rivière. Quel changement d'être en plein air, sous le ciel bleu, d'entendre le gazouillis des hirondelles bien au-dessus, de voir les champs verts où paissent les bovins et la rivière onduler au soleil ! Et quelle misère de sentir que moi, qui avais la liberté de la belle terre et la vie abondante en moi, je ne pouvais rien faire pour le père fou de chagrin de mon ami décédé !

CHAPITRE VI

Les affaires agricoles m'ont empêché de me rendre à Sandtoft pendant plusieurs jours. Une grande partie de notre terre était trop riche pour la culture du maïs, qui était susceptible de se gâter à cause de sa propre dureté, et était semée en ligne année après année. Cette saison, il m'appartenait de rencontrer les marchands venus acheter nos récoltes sur pied et de leur témoigner l'hospitalité. Ayant eu l'occasion d'aller voir Crowle pour cette affaire, les marchés conclus, je rendis hommage à mes proches au presbytère, sans penser à la récompense qui attendait mon comportement respectueux. Alors que je franchissais la porte, j'ai entendu ma tante crier : « Frank ! Je connais ton pas. Viens par ici. La voix venait du débarras, où je trouvais la remarquable ménagère, parmi les bacs, les bocaux et les boîtes, à partir desquels elle avait si souvent confectionné de délicats gâteaux et des fruits en conserve pour le plus grand plaisir de mon palais juvénile.

"Tu te souviens enfin que tu as une tante !" dit-elle en levant son visage vers moi. "Je suis occupé maintenant, mais je te parlerai après le dîner. J'ai de la compagnie aujourd'hui."

"Quelle compagnie?" J'ai demandé.

"Des gens que vous connaissez, Maîtresse Goel et son père. Qu'y a-t-il là-dedans pour vous faire ouvrir si grand les yeux ?"

"Je ne savais pas que vous les connaissiez, c'est tout."

Ma tante m'a fait comprendre que le vicaire avait rendu visite aux étrangers lorsqu'ils logeaient au White Hart et les avait invités au presbytère. Elle-même avait pris pour la fille un violent attachement, et pour le père un mépris superbe.

"Cet homme est idiot, sinon il n'emmènerait pas une fille vivre dans un trou comme Sandtoft, où il n'y a pas d'autre femme que sa servante et les épouses des mécaniciens et des ouvriers, et où les hommes sont tous des rustres et des sauvages. La seule excuse pour Une telle barbarie est que cet homme a perdu la raison. Mais il y a une Providence là-haut, et la pauvre et chère enfant aura sa récompense. Il y a une couronne à ses pieds, ou elle l'aura bientôt.

"Dieu au ciel ! Vous ne pouvez pas dire que vous favorisez cette bête, Sheffield !"

"Pas de langage grossier ici, Frank. Lord Sheffield est un homme changé." Rien ne pouvait dépasser la complaisance de ma tante lorsqu'elle me donna cette assurance.

"A-t-il fait une demande en mariage ?" J'ai demandé.

"Pas encore directement; mais il est tout à fait ouvert avec moi", et la bonne femme sourit haut.

"Alors il vient ici ?"

" Il est venu plusieurs fois entendre parler votre oncle, qui est convaincu qu'une œuvre de grâce a commencé dans l'âme de Sa Seigneurie. Mais, bénissez-moi ! Je serai en retard pour le dîner. " Et elle commença à s'affairer dans ses magasins.

"Quand arrivent vos invités ?" J'ai demandé.

"Ils sont ici depuis avant-hier. Vous les trouverez dans le jardin." En disant cela, elle se précipita vers la cuisine.

Quel pourrait être le jeu de Sheffield, je ne pouvais pas le deviner ; mais qu'il ait eu quelque mauvais dessein en prétendant être édifié par les homélies du simple ecclésiastique, et en flattant sa femme encore plus simple, cela ne pouvait faire aucun doute.

La vue de maîtresse Goel assise sur une chaise sur la pelouse, à l'ombre d'un vieux poirier, chassa mes sombres soupçons. Elle se leva pour me saluer avec sa jolie courtoisie formelle, et lorsqu'elle reprit sa place, je me jetai sur l'herbe près d'elle, et trouvai son visage brillant plus beau que jamais vu de cette position.

"Ça fait combien de temps que je ne t'ai pas vu !" dis-je. "J'ai été plein d'affaires que je ne pourrais pas quitter, ou j'aurais dû être à Sandtoft avant cela."

"C'est bien que ce ne soit pas le cas", répondit-elle. "Nos hommes sont furieux. Presque chaque nuit, une machine est cassée, ou quelque chose est volé, ou une tentative d'incendie des bâtiments est faite. Il y a quatre jours, une barge descendait la rivière trop tard pour être déchargée, et l'homme qui gardait Le guetteur à bord fut saisi, bâillonné et attaché, et le bateau fut sabordé, avec l'homme à bord. Cela se fit avec une telle furtivité que nos hommes n'en savaient rien jusqu'au matin, bien que les sentinelles aient été à leur poste tout au long du voyage. nuit."

"Mais je n'ai rien à voir avec les maraudeurs de minuit," grognai-je.

"Nos hommes ne le savent pas. Ils ont entendu dire que vous étiez l'un des instigateurs de ces agissements."

« Ma… ma connaissance avec vous n'est-elle pas une garantie que je ne suis pas un ennemi ?

"Non. Je suis désolé d'avouer que notre connaissance conduit à notre suspicion plutôt qu'à votre absolution."

"Mon Dieu ! Nos Isloniens n'ont pas le monopole de la barbarie, semble-t-il."

"Rappelez-vous que nos hommes sont des étrangers dans un pays étranger. Ils sont pillés, harcelés, menacés. Certains de leurs camarades ont été tués. Les attaques nocturnes sont si habilement menées qu'elles laissent penser qu'il doit y avoir un traître à l'intérieur du camp. Mon père a l'habitude de marcher et de surveiller tard la nuit, et j'ai parlé avec l'un des ennemis. Malheureusement, Vermuijden est absent et on ne sait pas quand il reviendra. J'étais en effet heureux de quitter la colonie. quelques jours, et tu ferais bien de ne pas venir maintenant.

"Je n'ai aucune raison de visiter la colonie pendant que vous êtes au presbytère, qui est une demeure bien plus appropriée pour vous qu'une cabane à Sandtoft."

" Ainsi Mme Graves l'aura, et dans sa bonté me retiendra ici je ne sais combien de temps ; mais ma place est avec mon père, et il est par accord médecin des colons. Vous ne devez pas penser que mon père a amené moi sans réfléchir à Sandtoft.

Comme elle était belle lorsqu'elle se penchait en avant, son visage brillant d'amour et de fierté !

"Il n'est pas tellement absorbé par la science qu'il oublie ses soins pour sa fille. Oh non, en effet ! Il m'aurait fait rester à Leyde, quand il s'est enfui. Il m'a supplié, m'a presque ordonné d'aller chez des amis à Amsterdam, quand il a quitté Paris, et d'y rester jusqu'à ce qu'il ait une maison convenable pour moi en Angleterre. Mais qu'est-ce que la maison est pour moi, c'est là que vit mon père dans ma septième année ? année, et mon père a fait tout son possible pour compenser ma perte. Son chagrin a fait de lui un vieil homme avant l'heure : ses journées étaient remplies de travail, et la société la plus savante et la plus polie d'Europe réclamait ses loisirs, mais rien n'était. autorisé à interférer avec ses tendres soins envers sa petite fille. Il a continué son grand amour pour sa femme dans son amour pour son enfant sans mère. Pardonnez-moi de dire tout cela, mais je ne pouvais pas supporter que vous interprétiez mal mon père.

J'ai oublié de répondre, levant avec un pur délice les yeux rayonnants. Sûrement, elle tenait à moi, malgré mon indignité, puisqu'elle souhaitait que je respecte son père comme il le méritait. Enfin, je répondis doucement :

"Je considère comme un grand honneur que vous me l'ayez dit."

Mais ma nouvelle révérence pour le docteur Goel fut aussitôt en danger, car il s'approcha de nous, une feuille de chou dans une main et sa loupe dans l'autre, et montra quelque chose à sa fille avec une grande excitation. Il s'est tourné vers moi pendant qu'elle la regardait et s'est plongé dans l'anglais, dont je reproduis le sens, pas les mots exacts :

" Votre grand Bacon pensait que les chenilles étaient engendrées par la rosée et les feuilles par putréfaction. Mais il n'en est rien. Elles proviennent d'œufs pondus par le papillon. C'est un exemple de plus pour confirmer la théorie selon laquelle tout être vivant tire son être d'un parent."

Et le vieux monsieur se frottait les mains et souriait, comme s'il avait trouvé un diamant. C'était tout ce que je pouvais faire pour ne pas rire de ce bruit à propos de petites chenilles sur une feuille de chou, mais maîtresse Goel parut entrer dans le plaisir de son père et, à mon grand étonnement, lui dit quelque chose en latin, comme pour citer un livre, auquel il répondit par une longue phrase dans la même langue. Puis il revint à la sellerie, emportant avec lui sa précieuse feuille de chou.

Heureusement, le tintement de la cloche du dîner nous fit entrer dans la maison et m'empêcha d'exprimer mon opinion sur la valeur de l'étude des larves. Après le dîner, au cours duquel rien ne fut dit qui doive être consigné ici, le vicaire se retira dans son bureau, le médecin dans la sellerie, où il fumait sa pipe, ma tante dans sa chambre pour sa sieste habituelle, alors Maîtresse Goel et moi nous promenâmes. autour du jardin. D'une manière ou d'une autre, j'ai été amené à parler de moi, un sujet que je maîtrisais couramment, pour ne pas dire vapoter. Je confiai à la dame l'état douteux de la fortune des Vavasour, et parlai de la récupérer par l'épée. J'ai fait plus d'une allusion au projet de mon père concernant le soulagement de notre succession et au différend qui l'existait entre lui et moi à ce sujet. Enfin, j'étais autobiographique, sentimental, fanfaron. L'ouïe patiente, le regard doux, le doux sourire sur les lèvres de mon compagnon m'ont incité à parler comme je n'avais jamais parlé auparavant. Je ne pensais pas que j'éprouvais mes crudités enfantines à l'une des femmes les plus accomplies des Pays-Bas, l'amie intime de Tesselschade Visscher, un membre distingué du cercle brillant qui a rendu le *salon Visscher* célèbre dans toute l'Europe. Heureux de mon ignorance, en jeune rustre que j'étais, je bavardais, et elle écoutait et répondait aussi simplement qu'une demoiselle rustique. J'avais envie de lui dire combien je l'aimais, mais je me retenais, me rappelant que je pourrais être déshérité demain et quel pauvre héritage était, au mieux, le mien. Désiré! J'avais mal de désir. Et quand je pensais à Sheffield, c'était comme si ma tête et mon cœur allaient éclater, tellement j'étais plein de jalousie et de rage. Ce que j'aurais pu dire si nous avions été laissés seuls un peu plus longtemps, je ne le sais pas, mais ma tante est sortie pour nous rejoindre et elle s'est coincée comme une sangsue. Je me dirigeai vers la salle des harnais, où le docteur était assis, fumant sa pipe, et j'entamai une conversation avec lui. Son anglais s'est amélioré au fil de nos conversations et j'ai eu l'impression qu'il avait autrefois utilisé sa langue avec liberté. Il posait des questions sur notre agriculture, les arbres et les herbes du sol, les oiseaux et les bêtes de nos bois et de nos marais. Il me raconta des choses curieuses sur les mauvaises herbes répandues devant lui sur une table rugueuse, certaines trop merveilleuses pour qu'on puisse y croire, mais je gardai mon air. Il cherchait des vers luisants et je lui ai dit où ils se trouvaient. Je lui ai posé des questions sur certaines choses qui m'avaient intrigué et j'ai reçu des réponses complètes et claires. Il devint très amical et notre conversation dura jusqu'à l'heure du dîner.

Ce souper aurait été un repas très agréable sans une chose. La pièce était pleine de feuilles de vigne, de branches vertes et de bouquets de roses dans des bocaux et des vases. Jamais je ne l'avais vu avec autant de grâce, et je savais de qui il s'agissait. Ma tante avait l'habileté de fournir, comme en témoigne la table, des volailles bien cuites, de la tanche, du saumon, des œufs de pluvier, des tartelettes délicates, de la bière ambrée et du vin français et espagnol, mais la décoration de la table et la chambre était neuve et étrange. Lorsque le médecin et moi sommes entrés dans la pièce, "Mon Lord Arrogance" se tenait à l'autre bout, se penchant avec révérence pour écouter le discours du vicaire. Il s'est incliné devant le médecin et nous avons pris nos places - Sheffield à la droite de Mme Graves. D'un côté, Maîtresse Goel à côté de lui, le docteur et moi de l'autre côté de la table.

Sheffield a parlé avec les Goels de la *Farce de la vache de Brederoo* et d'une tragédie de Vondel. Il applaudit le génie et l'entreprise du docteur Samuel Coster et porta aux nues les sœurs Roemer Visscher. C'est en écoutant cette conversation que j'ai découvert combien Maîtresse Goel était intime avec ces belles et savantes dames. Les dramaturges et les poètes d'Amsterdam et de Leyde m'étaient tout à fait inconnus, ainsi que du vicaire et de ma tante ; mais Sheffield parvint à intéresser Mme Graves en condescendant à lui expliquer et en faisant appel à son goût et à son jugement, et il plut à son hôte par une phrase de temps en temps dans laquelle il laissait entendre que ces sujets étaient bien en dessous de l'altitude de son savoir sacré. . J'imaginais que Sheffield avait pour objectif de dénoncer mon ignorance clownesque en contraste avec sa connaissance de la littérature néerlandaise ; mais son souci évident de garder la direction de la conversation entre ses mains, et un échange de regards entre le père et la fille, comme si une de ses remarques les chatouillait au point de rire, me fit comprendre que Sa Seigneurie ne faisait que répéter une phrase. leçon dont il avait été bourré pour l'occasion. En peu de temps il eut bu beaucoup de vin, et alors il me fit l'honneur de prendre conscience de ma présence.

"Ma foi," dit-il, "il n'est pas courtois envers Vavasour de ne parler que de poésie divine. Est-ce que la ligne se vend à bon prix cette année ?"

La demande m'était adressée, mais avant que je puisse répondre, Maîtresse Goel m'a lancé une question :

« Selon vous, quelle était la devise de Sir William Vavasour ?

Je n'avais rien dit d'une devise particulière à mon ancêtre, et je ne pouvais pas comprendre tout de suite le sens de la question. Alors je compris que c'était pour calmer la colère qui m'avait envoyé le sang chaud au visage, et je lui répondis avec le premier tintement dont je me souvenais.

Peu après le coucher du soleil, d'épais nuages se sont rassemblés, coupant court au crépuscule, et des bougies ont été apportées. Alors ma tante a prié Maîtresse Goel de chanter, et j'ai appris quel plaisir ineffable peut être dans la musique, car le chanteur avait l'art de dissimuler l'art et chantait. comme le font les grives et les rossignols. La vieille épinette devenait un autre instrument sous le contact de ses doigts. J'étais assis, fasciné, écoutant chanson après chanson, regardant le chant avec des yeux dévorants. À mon grand étonnement, les chansons étaient principalement anglaises, et certaines d'entre elles étaient de simples ballades chères aux paysans. Peu à peu, Mme Graves demanda « ce duetto espagnol », qu'elle avait entendu Sheffield chanter avec son invité, et il daignait la gratifier. C'était un concert de corbeaux et de rossignols, mais l'homme tirait sur son col, relevait le menton et se tortillait, comme si sa performance avait été la plus belle du monde.

Au cours de la dernière heure, le grondement sourd d'un tonnerre lointain avait été entendu, et juste au moment où la chanson espagnole se terminait, un éclair se produisit, et un énorme coup de tonnerre suivit immédiatement, assez fort pour être le coup de malheur. Ma tante commença à faire grand bruit parce qu'elle n'avait pas de lit à m'offrir, et la nécessité de rentrer chez moi avant la tempête s'aggrava, et je fus en quelque sorte forcé de quitter la maison. J'ai donc fait mes adieux, promettant au médecin des vers luisants dans un jour ou deux. En souhaitant une bonne nuit à Maîtresse Goel, j'ai cru que sa petite main tremblait et il y avait un regard dans les yeux bruns que j'ai choisi d'interpréter comme un souci pour ma sécurité.

Au premier départ, Trueboy était inquiet, les éclairs devenant fréquents et le tonnerre presque continu, mais une rêne ferme et un peu d'apaisement le ramenèrent à son calme.

Je n'ai jamais vu d'éclairs plus splendides. À chaque éclair, un feu semblait courir sur le sol devant moi, et l'eau de chaque côté brillait d'un rouge brillant, tandis que des arbres assez éloignés montraient, ou semblaient montrer, chacune de leurs feuilles. Près du prieuré de Hirst, des bovins et des chevaux, qui avaient franchi les clôtures dans leur panique, galopaient de long en large sur la chaussée comme des créatures folles, courant de grands risques de s'enliser dans les bords marécageux de la route. Il aurait été inconvenant de laisser le bestial du Fermier Brewer à son sort, alors j'ai ouvert la porte de la dérive, puis j'ai rassemblé et conduit tout ce que je pouvais voir dans le terrain de leur propriétaire. C'était un travail lent et difficile, les bêtes étant si folles de peur, et la seule lumière était celle des éclairs qui se succédaient pendant quelques secondes sans interruption, l'obscurité qui suivit m'arrêtant ; mais enfin ce fut fait. Puis j'ai frappé et braillé à la porte de la cabane des biches. Il s'ouvrit au bout de quelques minutes et resta debout, tremblant et tremblant comme un homme en crise de fièvre.

"O Seigneur ! Que ce soit vous, Maître Frank ? Je pensais que c'était le diable venu me chercher. Le Tout-Puissant est terriblement en colère, c'est sûr."

J'ai demandé à l'homme de planter des buissons sur le portail et sur les clôtures à proximité, restant pour veiller à ce qu'il obéisse, le plaisantant pendant ce temps sur sa peur ridicule que ses péchés aient mis les éléments en agitation. Quand il eut fini le travail, je poursuivis ma route lentement, réfléchissant à un fait que j'avais remarqué en ramassant le bétail, à savoir que les eaux du marais étaient montées et empiétaient ici et là sur la chaussée, bien qu'aucune pluie ne soit encore tombée. . Tout à coup, Trueboy a démarré à un rythme soutenu et j'ai pris conscience des battements de sabots derrière moi. Je l'ai relevé et il a fait quelques cabrioles, car il ne voulait jamais se laisser dépasser sur la route.

"Écartez-vous, là", a crié une voix que j'ai reconnue comme étant celle de Sheffield.

Je me tournai en selle et demandai : « Monseigneur est-il assez ivre au point d'avoir besoin de parcourir toute la largeur de la chaussée ?

"Oh, c'est toi !" répondit Sheffield. "Tu aurais aussi bien pu rester pour voir mon leman me donner le baiser d'adieu, accroché à mon cou, pressant ses douces lèvres contre les miennes."

À ce moment-là, nous roulions côte à côte.

"Menteur!" dis-je en lui donnant un coup de fouet au visage.

J'ai tiré les rênes, m'attendant à ce qu'il se vengeait instantanément avec une épée ou un pistolet, et suffisamment prêt pour la rencontre, même si je n'avais d'autre arme que celle que j'avais utilisée. Mais il n'a pas frappé. Il a dit quelque chose que je n'ai pas compris et j'ai reçu un coup violent sur la tête. Je me souviens avoir pensé que j'avais été frappé par la foudre. La prochaine chose que je savais, c'est que j'étais allongé sur la cause, étourdi et malade. Peu à peu, je constatai que mes vêtements étaient trempés et je supposai que la pluie était venue me tremper pendant que j'étais inconscient. Puis je m'aperçus que la biche de Brewer était penchée sur moi et qu'il était trempé. Peu de temps après, je revins complètement à moi-même et j'entendis le récit de l'homme sur ce qui m'était arrivé. En bref, voici ce qui se passait : il s'était attardé à la porte une minute ou deux après mon départ et avait vu deux cavaliers me suivre. Pensant qu'il s'agissait peut-être de bandits de grands chemins, il avait trouvé le courage de courir après eux et s'était approché suffisamment pour reconnaître à un éclair que l'un des hommes était le gigantesque serviteur noir de Sheffield. Pensant que je ne courais aucun danger ni de lui ni de son maître, l'homme s'était retourné vers sa chaumière, lorsqu'il entendit un grand clapotis, et une succession d'éclairs lui montra deux hommes en route, et mon cheval sans cavalier. Il se dépêcha et trouva Trueboy, jusqu'à la poitrine dans l'eau, tremblant. L'homme a eu l'intelligence de deviner que le cheval essayait d'atteindre son maître, alors il a pataugé prudemment en avant et m'a trouvé gisant à deux pieds sous la surface. Mon ennemi avait assurément fait preuve de promptitude et d'intelligence. Sans la présence d'un seul spectateur, je me serais noyé tranquillement, et on aurait supposé que la mort était accidentelle.

"Maintenant, Stubbs," dis-je, "vous avez fait de moi votre ami et débiteur pour la vie ; mais vous devez vous rappeler que si vous dites un mot à ce sujet, vous deviendrez une autre sorte de débiteur, qui vous paiera rapidement."

Stubbs a juré un silence perpétuel et nous nous sommes séparés et je suis rentré chez moi, me sentant extrêmement étrange. Les éclairs brillaient encore, mais à des intervalles plus longs, et avant que j'eusse parcouru cent mètres, il y eut une rafale qui souleva les branches des arbres et abattit les roseaux, et la pluie tomba à torrents. Cela ne m'importait pas, car j'étais aussi mouillé qu'un homme pouvait l'être, mais Trueboy n'aimait pas ça, alors nous avons volé le reste de notre chemin.

CHAPITRE VII

Luke a fait irruption dans ma chambre tôt le lendemain matin pour me dire que les eaux étaient à une hauteur dont personne ne se souvenait. Le Don, qui avait été transformé par les Hollandais en un canal le reliant à l'Aire, avait repris avec fureur son ancien cours, inondant le côté ouest de Crowle comme d'un second déluge. Je sautai du lit, oubliant presque les douleurs de ma tête et la raideur de mes membres, car, si ce récit était vrai, les habitants du presbytère de Crowle étaient en danger. Luke m'a assuré que « cela ne servait à rien d'essayer d'atteindre Crowle à cheval, car la cause était sous l'eau » ; ainsi, après avoir rompu le jeûne avec une croûte et une tasse de petite bière, j'ai sorti mon bateau et, emmenant Luke avec moi, j'ai mis le cap vers le nord. Le marais était devenu un lac profond, et les champs bas de notre voisinage étaient inondés, et çà et là nous tombions sur la carcasse d'un mouton ou d'un cochon ; mais lorsque nous approchâmes de Crowle, ce fut vraiment un triste spectacle. Les champs de maïs sur les pentes de Totlets avaient disparu sous l'eau boueuse et plusieurs chaumières construites en terre cuite s'étaient effondrées et effondrées. Certains des locataires récents se promenaient dans des barques, ramassant ce qu'ils pouvaient de leurs meubles. D'eux nous avons appris qu'aucune vie n'y avait été perdue. Les gens avaient été réveillés par les aboiements et les gémissements d'un chien, et s'étaient réfugiés sur un terrain plus élevé, avant que les vieux murs ne s'effondrent. À mesure que nous nous rapprochions de la ville, l'eau était si encombrée de décombres que nous laissâmes tomber le bateau. nous naviguâmes et priâmes les rames, de peur de nous salir parmi les fagots de roseaux, les pailles, les tonneaux vides, les moutons et les porcs morts, les râteaux à foin, les seaux et autres choses innombrables qui étaient jonchés à la surface de l'eau. Certaines des maisons les plus à l'ouest étaient entourées d'eau jusqu'aux fenêtres inférieures, et à notre vue, les habitants, qui se trouvaient aux fenêtres supérieures, lancèrent un grand appel au secours. Nous avons crié que nous viendrions ou les enverrions le plus tôt possible, notre premier souci étant le presbytère. En passant devant le fermier Dowson sur notre droite, nous l'avons vu, lui et ses hommes, dans l'eau jusqu'à la taille, titubant sous des sacs de maïs, portant des cochons dans leurs bras, luttant contre des chevaux effrayés, les conduisant vers les hauteurs derrière la ferme. Le fermier nous héla, mais seulement pour soulager son âme en criant une malédiction aux Hollandais. L'eau devenait moins profonde à mesure que nous approchions de l'église, car (comme nous l'avons découvert plus tard) le premier courant de la rivière avait entraîné une immense quantité de limon, qui s'était déposé dans un lit en pente depuis le mur du cimetière. À notre grande surprise, nous avons constaté que la profondeur à la porte du presbytère ne dépassait pas deux pieds. Nous avons amarré notre bateau au vieux chêne et, avec quelques difficultés, car le fond était mou, nous nous sommes dirigés vers la maison, où nous avons trouvé les détenus en sécurité à l'étage supérieur. Ma tante se lamentait bruyamment sur ses biens, ses biens et sa réserve de nourriture. Le souci le plus urgent du vicaire semblait être les funérailles, fixées pour ce jour. Le docteur Goel étudiait un plan de drainage, recommençait des calculs qui prouvaient à sa satisfaction que le canal creusé pour le Don était assez profond et assez large pour évacuer en tout cas son eau dans l'Aire, et que le remblai doit résister infailliblement à toutes les pressions qui pourraient être exercées à son encontre. Il était si parfaitement sûr que ce qui s'était passé ne pouvait en aucun cas se produire, que je fus obligé de lui rire au nez et de l'offenser profondément.

« Vous ne pouvez pas supposer, docteur, dis-je, que les Isloniens aient démoli le remblai pour le plaisir de se noyer.

"Je ne le sais pas", a-t-il lancé. "Ils sont assez stupides."

Me rappelant comment l'eau s'était progressivement accumulée avant l'arrivée de la grande pluie, je pensais que ni le drain pour le retournement du Don, ni celui pour le transport des eaux de surface n'étaient assez grands pour leur usage, mais je n'ai pas proposé ma sagesse au médecin à ce moment-là.

Maîtresse Goel posait beaucoup de questions, pleurait et se tordait les mains en entendant parler de la détresse des gens, mais elle retrouva bientôt son calme et commença à parler de ce qu'il y avait de mieux à faire pour eux. Ma première idée avait été de rassembler autant de bateaux que possible et d'aller amener les gens des fermes et des cottages éloignés à Crowle.

"Mais vous n'êtes pas obligé de faire cela", dit-elle, "à moins qu'il n'y ait un risque qu'une maison s'effondre. L'eau diminue."

"Comment savez-vous?" J'ai demandé.

"Par une marque que j'ai faite sur le mur de l'escalier à cinq heures ce matin. Depuis, l'eau a coulé de trois pouces."

J'ai dit quelque chose pour faire l'éloge de son sang-froid dans une période d'inquiétude, mais elle m'a poussé à poursuivre le travail actuel.

" Les pauvres gens dans le déluge, " dit-elle, " n'auront que peu ou rien à manger. Leur nourriture sera gâtée et ils n'auront aucun moyen de se procurer de nouvelles provisions. C'est la première chose à laquelle il faut penser. Et la simple vue d'un visage amical leur fera beaucoup de bien. Ne vaudrait-il pas mieux charger votre bateau d'un stock des provisions que l'on peut avoir, et envoyer quelqu'un d'influent autour de la ville pour inciter les autres à vous suivre. ?"

J'acquiesçai et, après quelques discussions supplémentaires, je me tournai pour partir. Alors que j'entrais dans l'eau au pied des escaliers, elle m'appela depuis le palier :

"Oh, Frank, n'oublie pas le lait pour les enfants."

J'ai levé les yeux et j'ai vu son visage brûlant. "Je n'oublierai pas", répondis-je, et je sortis à grands pas avec la musique persistante dans mes oreilles.

Les vieillards et les femmes racontent encore l'histoire du grand déluge, et une partie de l'histoire raconte comment le « jeune écuyer » de Temple a accompli des exploits en ramant, en soulevant et en transportant pour aider les gens. Si j'ai été audacieux et actif au-delà de l'ordinaire ce jour-là, et je pense que je l'étais, le secret est que j'avais entendu mon nom pour la première fois sur les lèvres de mon amour et que je l'avais vue rougir de l'utiliser.

Il ne m'appartient pas de répéter l'histoire du coin de la cheminée. Il suffit de dire que moi, Luke et une douzaine de camarades volontaires avons travaillé de notre mieux jusqu'à la nuit tombée, visitant chaque ferme et chaque masure qui restait debout aux niveaux inférieurs.

Une vingtaine de chaumières situées directement au bord de la rivière, occupées par des ouvriers, des marais et leurs familles, avaient été balayées, sans qu'on puisse alors savoir avec quelle destruction de vies. Les pertes des agriculteurs furent terriblement lourdes. Les dégâts causés parmi les chevaux et le bétail étaient considérables, et des centaines de porcs et des milliers de moutons avaient été noyés. Les meules furent renversées et gâtées, et les récoltes sur pied furent détruites.

Comme les hommes maudissaient les Hollandais ! Leurs menaces de vengeance m'ont fait souhaiter que Maîtresse Goel et son père soient en sécurité hors de Crowle. Car nos Isloniens ne sont pas des gens qui apaisent leur esprit avec une malédiction, puis n'y pensent plus, mais de cette espèce lente et têtue, qui couve d'abord et ne s'enflamme qu'à la fin. Je leur ai assuré que leur « avocat » exigerait une compensation pour leurs pertes. J'affirmai que ce désastre pouvait avoir tellement de bien qu'il justifiait la résistance de mon père au projet Vermuijden et obligeait le roi et ses conseillers à entendre raison. Mais j'ai eu pour la plupart des rires amers et méprisants.

Un homme a dit : « Cela ne sert à rien de parler ainsi, Mestre Frank. Votre père est un vrai gentleman, mais il n'est pas à la hauteur des diables hollandais. Nous n'aurions pas dû écouter son genre de discours paisible. Squire Portington's est la meilleure façon de s'occuper des voleurs et des meurtriers comme Vermuijden et sa bande. »

Presque tous étaient du même avis, et je revins au presbytère découragé et inquiet, et si las, épuisé et lourd de sommeil, que je m'éloignai en rampant et tombai dans mon lit, trop fatigué même pour parler avec Maîtresse Goel.

De façon très inattendue, le curé m'a demandé de rester quelques jours chez lui. Jusqu'à présent, nous n'avions pas eu grand-chose à nous dire ; il n'avait jamais grand-chose à dire à personne. Je ne l'aimais pas depuis ma petite enfance, quand j'avais l'impression qu'il était relié en parchemin comme un de ses in-folios, et que l'arrière de sa tête avait été coupé. Ses journées se passaient parmi ces in-folios, et M. Butharwick parlait avec respect de son savoir, mais je n'ai jamais su à quoi cela servait. Il prêchait des sermons d'une longueur démesurée et totalement incompréhensibles pour moi et, à mon avis, pour ses paroissiens en général, qui se préparaient à dormir en entendant le texte. Ma tante s'occupait de toutes les affaires de la paroisse et inspectait toujours le curé avant de quitter la maison, pour s'assurer qu'il était décemment vêtu et qu'il avait son mouchoir dans sa poche.

L'inondation catastrophique l'a réveillé dans la vie quotidienne qui l'entourait, pas d'un seul coup, mais lentement. Il entra surtout dans la douleur de ses paroissiens endeuillés, qui étaient nombreux. Un certain Coggan, un petit agriculteur, avait été retrouvé mort dans l'eau au pied d'une échelle descendant de sa chambre. Un autre homme, un peu ivre, avait été rattrapé par l'inondation, alors qu'il dormait sur le sol de la cuisine. Un vieil homme, que les gens l'avaient laissé seul pour la nuit, avait apparemment été surpris et écrasé en train d'ouvrir sa porte. L'enfant de Ducker, le forgeron, était malade depuis un jour ou deux, mais la nuit de l'inondation, il s'était endormi sur un canapé et avait dormi si paisiblement que la mère ne voulait pas déranger son sommeil, mais l'avait couvert pendant qu'il dormait. s'allonger et se coucher. Elle l'a retrouvé noyé le matin. Outre ces cas dans la ville même, de nombreux corps ont été retrouvés aux alentours des chaumières au bord du Don et ailleurs. Dans ces circonstances, de nombreux appels furent lancés au vicaire pour obtenir conseil, aide et consolation. Le sacristain a perdu la raison, le pauvre homme, et il y a eu des difficultés à préparer l'inhumation décente de tant de corps, ainsi que des difficultés à savoir qui garantirait le paiement de ceci et de cela. Nous avions du mal à trouver un messager pour aller chercher le coroner, tant les mains de chacun étaient occupées des siennes ou des affaires de son maître. En conséquence, le vicaire m'a poussé à le servir et m'a tout confié. Je dois lui rendre justice de reconnaître qu'il était diligent dans l'accomplissement de ses devoirs spirituels et généreux avec sa bourse. Les détails douloureux et quelque peu horribles ne font pas nécessairement partie de mon récit, c'est pourquoi je les laisse ; mais, comme on peut le supposer, j'étais pleinement occupé pendant plusieurs jours.

Il y avait chaque soir une heure qui compensait, et plus que compensait, toute la lassitude et les ennuis de la journée, pendant laquelle maîtresse Goel me causait un moment ou me chantait. Notre conversation portait principalement sur un sujet captivant, et il ne pouvait y avoir de conversation calme et privée à un tel moment ; mais la voir et entendre sa voix suffisait à me rendre heureux pour le moment.

Luke m'a quelque peu inquiété en me racontant qu'il avait entendu une conversation au White Hart et ailleurs, selon laquelle le Docteur et Maîtresse Goel étaient venus à Crowle « pour charmer l'eau ». Dame Hind avait beaucoup à dire sur la certitude qu'ils faisaient affaire avec le diable, et certains de ses invités juraient d'en finir avec les sorcières à la première occasion. Bien que je ne considérais pas ces menaces comme très sérieuses et que j'avais une parfaite confiance en ma propre capacité à protéger mes amis, étant en grande faveur auprès des gens de Crowle, je parvins à les empêcher de sortir du presbytère, sauf lorsque je pouvais les accompagner. . Luke avait extrêmement peur, mais comme il avait toujours le flair du danger, ses craintes n'excitaient pas les miennes.

Le troisième soir de mon séjour, Sheffield fut annoncée. Il m'a rencontré sans aucune trace de confusion.

"Ha, Vavasour !" il a dit. "Donnez-vous la joie de revivre."

"Merci, beaucoup merci," répondis-je.

"Revenir à la vie !" s'écria ma tante. « Que voulez-vous dire, monseigneur ?

"Il ne vous a rien dit ? La dernière fois que je l'ai vu, la nuit de l'orage, il a été frappé par la foudre."

"Frappé par la foudre!" ma tante a fait écho.

"Oui, je l'ai rattrapé sur la route, et nous nous sommes disputés, sur ce dont je ne me souviens pas, car, à vrai dire, j'étais trop ivre. Nous roulions côte à côte, bavardant avec colère, quand J'ai vu une boule de feu jaillir. Elle a frappé Vavasour, et il est tombé de son cheval. J'ai honte de dire que j'étais si abasourdi et terrifié que je suis parti aussi vite que j'ai pu et je l'ai abandonné à son sort.

Pressé de rendre compte, je dis : « Je n'ai pas vu l'éclair qui m'a renversé, et je ne peux pas vous en dire davantage, sinon que je me suis retrouvé au lit le lendemain matin, peu pis.

Ma tante m'a réprimandé (les larmes aux yeux) pour ma réticence et a été d'une gratitude touchante envers Sheffield de l'avoir informé du péril dans lequel j'avais couru. Le docteur Goel s'intéressait au météore et il posait tant de questions sur le météore. sa taille, sa forme et sa couleur, le degré de sa luminosité, la durée pendant laquelle il était visible, et ainsi de suite, que Sheffield s'est plongé dans un tourbillon de contradictions, puis les a excusés sous prétexte qu'il était très ivre à la temps.

" Par Bacchus, " dit le docteur, " vous devez l'être. "

Une personne a gardé le silence, mais ses yeux brillants observaient Sheffield et moi. Le docteur Goel se tourna vers moi et essaya de me faire part de mes sentiments, mais je persistai à ne rien dire de plus. Sheffield s'en alla, déclinant l'invitation de ma tante à rester dîner.

Maîtresse Goel a laissé entendre qu'elle avait envie de se promener, et moi, assez impatient, je me suis tenu prêt à l'accompagner. Pendant qu'elle mettait son chapeau et son écharpe, j'attendais dans le couloir, et Luke, qui n'était jamais loin de mon coude à ce moment-là, vint vers moi avec mes pistolets.

"Vous en aurez peut-être besoin", dit-il à voix basse. "J'ai vu des gars laids ce soir."

Je ris, mais je les pris, ainsi que la ceinture que Luke n'avait pas oubliée, et je m'armai en outre d'un solide bâton de cendre, que je considérais comme la meilleure arme qu'un homme puisse porter.

Nous avons pris le chemin qui serpentait à travers les bois jusqu'à Crown Hill, la lune, maintenant presque pleine, brillant par intermittence à travers les nuages qui nous éclairaient au visage.

"Je veux vous poser des questions sur l'attentat contre votre vie l'autre soir", dit brusquement mon compagnon. "Oh!" " Elle a continué : " Je sais que l'histoire d'un coup de foudre est totalement fausse. Vous avez été frappé par derrière et laissé pour mort. Votre agresseur ne peut pas comprendre comment vous êtes en vie, alors il invente une histoire pour se défendre : peut-être, ou, plus probablement, pour vous inciter à dire quelque chose qui pourrait éclaircir ce qui lui est mystérieux. Et vous avez vu le dessein et vous n'avez pas trahi le secret.

"C'est de la magie !" Dis-je en regardant.

" Oh mon Dieu, non ! c'est l'esprit d'une femme ordinaire, éclairé par les regards échangés entre vous et votre ennemi. "

J'accordai qu'elle avait raison de discerner, mais je ne dis rien de ce qui suivit le coup renversé.

"Vous êtes déterminé à garder secret les modalités de votre sauvetage ?" elle a demandé.

"À l'heure actuelle, oui", répondis-je.

" Vous avez sans doute de bonnes raisons. Mais il y a un autre sujet dont je voulais vous parler. Admettez-vous qu'il existe une vertu comme la prudence ? Si oui, est-il prudent de s'exposer à un ennemi, un ennemi puissant et rusé ? " , ennemi sans scrupules ?

Puis j'ai éclaté : « Est-ce que vous m'ordonnez de le fuir ? Parce que... »

"Reste un instant", dit-elle. "Il est certain qu'un évitement prudent et une fuite lâche ne sont pas la même chose."

"Il y a trop de ressemblances familiales pour que je puisse les distinguer", dis-je.

"Alors j'avais peur", répondit-elle. "Quel est le bruit que nous entendons ?"

C'était le bruit d'une foule : des pas pressés, des cris rauques. Il s'approcha rapidement. La foule montait la colline. Maintenant, j'entendais distinctement « sorcière étrangère », « diable hollandais » et d'autres cris plus immondes. Il est évident que nous avons été poursuivis. Sur la crête de la colline se dressait un vieux moulin à vent qui pourrait nous abriter, et j'y précipitai Maîtresse Goel. La porte était cadenassée, mais un coup de pied violent l'a ouverte. Poussant mon compagnon à l'intérieur, je pris la porte, la posai en travers de l'entrée, y traînai quelques sacs de blé et fis une barricade passable ; pas trop tôt, car la foule était sur nous, poussant un cri de rage déçue à la vue de l'obstacle sur leur chemin.

"Pouvez-vous charger un pistolet ?" J'ai demandé à Maîtresse Goel.

"Oui," répondit-elle.

J'ai détaché la corne à poudre et le sac à plomb de ma ceinture et je les lui ai passés.

"Je jetterai mon pistolet sur vos genoux, s'il faut tirer; rechargez-le et donnez-le-moi en me tenant bien derrière moi", ordonnai-je.

A ce moment-là, la foule s'était rassemblée devant le moulin. Heureusement, nous étions dans l'ombre et le clair de lune était plein sur eux. Pendant une demi-minute, ils s'arrêtèrent, et le seul bruit était un murmure de conversation parmi les dirigeants. Puis l'un d'eux s'est avancé.

"Un pas de plus et je tire", dis-je doucement.

"Personne ne veut vous faire de mal, Maître Frank", dit l'homme. "Abandonnez la sorcière, c'est tout ce que nous demandons."

"Il n'y a pas de sorcière ici," répondis-je. " Il y a une dame, l'invitée de votre vicaire ; malheur à vous si elle vient à être blessée par vos mains ! Mais vous devrez m'assassiner avant de mettre le doigt sur elle. "

"Elle était une sorcière et elle nous a apporté de l'eau; Nancy Isle le sait avec certitude", a répondu le porte-parole.

(Cette Nancy Isle était une pauvre créature dans son enfance, mais elle avait toujours la réputation d'être une « femme sage ».)

"Elle a donné à Mat, valet, des trucs qui ont guéri sa fièvre en un rien de temps", cria une voix. "A le charme d'apprivoiser les choses sauvages", s'écria un autre. "Il se lave partout à l'eau froide tous les matins, ce qui tuerait n'importe quel chrétien ; Lisabeth, servante du presbytère, me l'a dit elle-même", braillait un autre. "Elle fait un bouillon d'enfer avec des galles, des champignons vénéneux et des chenilles. J'ai vu le vieux diable les rassembler pour elle", a déclaré un autre. « Continuez, lâches », cria une voix féminine. "Avez-vous peur d'un homme et l'avez-vous ensorcelé ? Elle a tué mon bébé innocent et je lui arracherai les yeux." Et la femme de Ducker s'avança précipitamment, trois hommes la suivirent.

J'ai tiré une balle dans l'épaule du premier d'entre eux, et il est tombé ; J'ai abaissé lourdement la crosse du pistolet sur une main de la femme, qui griffait la barrière comme un chat sauvage, ce qui la faisait hurler. Les deux autres hommes arrivèrent assez lentement pour me laisser le temps de lancer le pistolet sur les genoux de mon compagnon et de me recroqueviller pour un coup de poing vers le haut. J'en frappai un sous le menton, et il recula, insensible ; mais le second a franchi la moitié de la porte avant que je puisse m'occuper de lui. Avec une certaine honte, même si je me battais pour plus que la vie, je lui ai donné un coup de pied dans le « vent », qui l'a calmé pour un moment. Jusqu'à présent, j'ai eu une chance extraordinaire et l'ennemi était un peu intimidé, mais s'ils arrivaient en masse, je devais être submergé par le poids. Leur courage n'était pas suffisant pour cela pour le moment ; ils commencèrent à jeter des pierres, ce qui n'était pas une mauvaise chose, puisque je devais garder la porte. J'ai reçu un énorme coup à la mâchoire. Puis il y a eu une accalmie, qui s'est terminée par l'un des membres de la foule qui m'a appelé :

"Nous ne voulons pas te tuer, jeune écuyer."

"Merci," répondis-je. "Je n'ai pas été beaucoup tué jusqu'à présent."

"Nous ne voulons pas te tuer. Abandonne la sorcière et nous la nagerons. Si elle coule, nous partirons. Si elle flotte, tu la quitteras. Nous ne pouvons pas dire plus juste ni cela." ".

"Maintenant, écoute-moi," répondis-je. "Vous pouvez faire juger n'importe qui pour sorcellerie selon les règles de la loi. Si vous faites justice vous-même, je tuerai certains d'entre vous, et les autres seront pendus pour m'avoir tué."

Ils répondirent par une volée de pierres et une course furieuse. Une pierre frappa Maîtresse Goel et elle tomba au sol. Je ne pouvais rien faire pour elle, sinon la pousser avec mon pied aussi loin que possible de la porte, car les hommes étaient sur moi, criant et brandissant des bâtons et des couteaux. Je reculai, comptant sur eux pour se serrer les coudes dans l'ouverture, ce qu'ils firent en arrivant pêle-mêle. N'essayant aucune sorte de garde, je me levai pour casser les têtes des intrus. Un couteau a été lancé et planté dans mon épaule gauche, que ce soit dans du tissu ou de la chair, je ne le savais pas. Mon bon frêne a frappé trois têtes, et ma botte a fracassé un visage dans un coin. Alors les gaillards s'éloignèrent un peu, entraînant avec eux leurs camarades tombés au combat, mais toujours face à la porte ; alors j'ai sorti un pistolet et j'ai tiré sur l'un d'eux dans la jambe. Cela les a mis hors de portée.

"Donnez-moi le pistolet", dit mon compagnon assez faiblement.

"Dieu merci!" J'ai éjaculé, mais je ne pouvais pas quitter mon poste pour la voir.

Certains hommes parlaient fort et pointaient du doigt ; d'autres s'enfuirent dans diverses directions. Peu après, ils revinrent, portant des branches mortes et des tas de paille. Ils se dirigèrent vers l'autre côté du moulin, se gardant bien à l'écart des coups de pistolet. Manifestement, ils voulaient mettre le feu au moulin et nous brûler. Il s'enflammerait rapidement, car il était de construction légère, et les bois étaient vieux et secs, et je craignais que l'endroit ne soit trop chaud pour nous longtemps avant qu'un grand nombre de personnes ne soient attirés par cet endroit ; mais notre meilleur plan était de rester là où nous étions aussi longtemps que possible. La majeure partie de nos ennemis restait désormais assise à terre, attendant le résultat de l'incendie. J'aurais peut-être percé un trou dans le mur du moulin, mais notre sécurité, telle qu'elle était, dépendait de la présence d'une seule ouverture à surveiller. Alors, gardant un œil sur l'ennemi, j'ai regardé la blessure de Maîtresse Goel. Il s'agissait d'une entaille au-dessus de l'œil et il saignait abondamment, mais le saignement avait cessé. Elle a insisté pour ouvrir ma manche, d'où le couteau était tombé, après y être restée quelque temps, et a trouvé une coupure assez profonde et ma manche trempée de sang. Elle a pansé la blessure avec une bande de sa robe. Maintenant, nous avons entendu un grand crépitement et un grand rugissement dehors. Le feu s'était installé.

"Frank", a déclaré Maîtresse Goel, et mon cœur s'est emballé au mot et au ton. "Frank, promets-moi que tu me tueras plutôt que de me laisser tomber entre leurs mains. Je demanderais un pistolet pour le faire moi-même, mais tu en auras peut-être besoin. Promets-moi, par tout ce qui t'est le plus sacré."

"Je te promets que tu ne seras pas pris vivant, par la chose la plus sacrée pour moi : mon amour pour toi."

La chaleur du moulin devint étouffanté. Des flammes serpentines traversaient les fissures et les crevasses et sifflaient vers le haut.

"Nous devons essayer de survivre", dis-je en retirant les sacs et la porte.

L'ennemi nous attendait. Tout à coup, ils se tournèrent dans l'autre sens et le chef de la police apparut, suivi d'un groupe de jeunes hommes, certains à cheval, d'autres à pied. Puis la foule s'est enfuie d'une douzaine de manières et j'ai porté ma dame évanouie au milieu d'un groupe d'amis applaudissant et riant.

CHAPITRE VIII

La tâche de répondre aux cent et une questions de nos sauveteurs incombait à Maîtresse Goel, car je ne pouvais pas parler distinctement, tant ma joue et mes lèvres étaient enflées. Deux de mes amis me hissèrent sur leurs épaules, malgré mes grognements de résistance, tandis que deux autres lui fabriquèrent « une chaise » avec leurs bras et leurs bâtons, et nous fûmes transportés en criant jusqu'au presbytère, terrifiant les bonnes gens là-bas. par le bruit. Lorsque ma tante vit le visage taché de sang et ma joue gonflée de Maîtresse Goel, elle se mit à rire et à pleurer dans un souffle, et s'écria que j'étais l'homme le plus téméraire du monde et qu'on ne pouvait pas lui confier les soins d'une dame. . Le médecin serra sa fille contre son sein, puis la retint pour examiner sa blessure et se tourna vers moi pour me lancer un regard furieux, comme si j'avais fait le mal. Curieusement, c'est le vicaire qui a demandé une éponge et de l'eau, des bandages, du pansement, etc. il recommanda au médecin de ne pas perdre de temps à soigner nos blessures ; imposait le silence à la douzaine qui babillait en même temps, et, en un mot, nous remettait à l'ordre.

Luc a raconté comment il nous avait suivis, craignant que nous puissions être attaqués, mais il avait été étonné par le nombre de la foule, qui s'était rassemblée si rapidement et semblait être sous la direction d'un homme qui était un étranger pour lui. Il nous vit nous réfugier dans le vieux moulin, et jugea alors préférable d'appeler un groupe à notre aide plutôt que de venir seul. En conséquence, il était parti donner l'alarme aux jeunes gens qui avaient travaillé avec nous le lendemain de l'inondation, et, par grande chance, il trouva le chef de la police du wapentake en train de souper dans une des maisons où il appelé. Le reste de l'histoire peut être compris sans l'ennui de mots supplémentaires de ma part. Pendant le récit de Luke, le docteur Goel avait soigné les blessures de sa fille et me prodiguait désormais ses soins. Il a déclaré ma coupure à l'épaule sans importance, mais il a secoué la tête en raison de la blessure à ma mâchoire. Pour le moment, il ne pouvait rien faire d'autre que d'enrouler un chiffon humide autour de mon visage et de me laver la bouche, en prenant soin de ne rien avaler. Pendant ce temps, mes amis, sur le rapport de Maîtresse Goel, me faisaient passer pour un héros, et j'étais là, le visage tuméfié, roulant dans ma bouche un liquide qui me faisait grimacer, et incapable de dire un mot. Cela m'a paru comme une situation si étrange pour un héros que j'ai ri, jetant quelques affaires de médecin et en avalant une partie, mais la quinte de toux et la douleur qui a suivi m'ont effectivement guéri de l'envie de rire davantage. .

Le chef de la police jugea opportun de surveiller le presbytère pendant la nuit, restant lui-même aux commandes.

« On ne sait pas jusqu'où peut aller la populace, quand elle a dans la tête des soupçons de sorcellerie », dit-il ; "et, à mon avis, il serait sage que le Docteur et Maîtresse Goel se réfugient parmi les leurs à Sandtoft dès que possible."

Nous ne fûmes pas dérangés pendant la nuit, et cela arriva le lendemain, ce qui, pour un temps au moins, mit nos affaires dans l'ombre. Nous avons reçu la visite d'un commissaire royal, qui a fait proclamer publiquement, au rythme du tambour, que toutes les personnes bien disposées et tous les bons sujets devaient l'attendre au cours des trois prochains jours dans la salle d'audience de White Hart. , où se tenait habituellement la Cour du Manoir, pour prouver leur loyauté au trône par des prêts, des faveurs, des dons d'argent gratuits et des offres de service à Sa Majesté. Ce personnage se présenta au presbytère de bonne heure, accompagné d'une file de mousquetaires. Je me trouvais avec le vicaire dans une pièce où il s'occupait de telles affaires paroissiales qu'il ne pouvait pas confier à ma tante, lorsqu'un homme ventru se pavana. à l'intérieur, avec ce qu'il entendait par un air de dignité, mais qui en réalité était une conscience des mousquetaires à l'extérieur. Après un bref salut, il s'assit et commença en disant :

"Vous avez reçu des instructions de l'archevêque pour prêcher à vos ouailles le devoir de contribuer aux finances royales, les préparant ainsi à ma visite. Vous avez jugé suffisant de lire la lettre en chaire. Expliquez votre désobéissance."

Quelque chose du vieil Adam vivait encore dans le pasteur et brillait dans ses yeux.

« Par quelle autorité… » commença-t-il.

Mais l'autre éclata…

"Autorité ! autorité, dita ! Autorité suffisante pour envoyer un évêque en prison, s'il m'en donnait l'occasion."

À ce stade, j'ai fait un geste extrêmement prudent. Le commissaire lui tenait le cou de travers et mes mains me démangeaient de le tourner complètement, alors je suis sorti de la pièce et j'ai été tenté par une tentation qui pourrait devenir trop forte pour moi. De la prudence à la politique, il n'y a qu'un pas. La prochaine chose que j'ai faite a été d'envoyer Luke chez les mousquetaires avec de la bière forte, en lui demandant de rester pour savoir comment ils aimaient la bière et tout ce qu'ils choisiraient de lui dire. Ils lui ont dit beaucoup de choses. Le commissaire avait une liste de la noblesse et des agriculteurs du quartier, et pour chaque nom le montant à exiger. Il avait une autre liste de gens plus pauvres, comprenant les noms de jeunes hommes qui pourraient être impressionnés pour servir dans l'armée ou la marine, à moins qu'eux-mêmes, ou leurs proches, ne soient prêts à acheter une décharge. Il ne semblait y avoir aucune limite aux pouvoirs de ce pacha. Avant son entrée dans l'île, il avait envoyé en prison plusieurs messieurs pour avoir refusé de payer intégralement sa demande. Quelques avares réputés de bas degré, qui avaient plaidé la pauvreté, il les avait ligotés par les pouces. Des sommes incroyables avaient été extorquées aux pauvres vieilles femmes en menaçant de leur enlever leurs fils.

Les boursiers qui s'étaient montrés « insolents » envers le représentant de Sa Majesté avaient été expédiés vers les plantations. Le caporal avait favorisé Luke en estimant que le roi obtiendrait tellement d'argent grâce à cette collecte qu'il n'aurait pas besoin de demander un autre shilling au Parlement.

L'homme ventru quitta le presbytère peu après que j'ai reçu ce récit, emportant avec lui cinquante livres, et le vicaire se retira dans son bureau, peut-être pour prier.

Au cours de la matinée, M. Butharwick est venu me voir, apportant une convocation du commissaire, exigeant la présence de mon père au White Hart, aussi vers une heure j'ai rejoint la compagnie rassemblée là-bas. Le commissaire, nommé Tunstall, comme nous l'avons appris par la lecture de son mandat sous le grand sceau, qu'il laissa inspecter quelques-uns de ces messieurs, était assis à une table, avec un scribe à sa gauche, quatre ou cinq de ses mousquetaires. debout derrière lui. Il y avait des sièges pour les hommes de rang et de condition, mais les deux tiers de la salle étaient remplis par une foule debout. Après la lecture du mandat, Tunstall prononça un long discours pompeux, exposant les nécessités du roi, le devoir de ses sujets et les troubles causés dans le royaume par des factieux et des traîtres, qui avaient abusé de leurs privilèges et de la clémence de Sa Majesté. en s'arrangeant pour retarder le vote des subsides, nécessaires d'urgence à la défense du royaume et à la dignité de la couronne. En bref, le roi avait vraiment besoin d'argent, et nous devions le trouver, sinon les conséquences seraient désagréables. Le commissaire regarda ses papiers, puis dit que le premier nom sur sa liste était celui de George Stovin de Totlets, évalué à cinq cents livres. L'écuyer Stovin se leva et parla :

« Il ne m'appartient pas de juger des exigences de Sa Majesté, ni de donner une opinion quant à l'opportunité de cette manière inhabituelle d'y répondre, mais seulement de dire que la demande faite à la noblesse et aux agriculteurs de Crowle — et à la noblesse et les agriculteurs d'Axholme en général - est tout à fait inopportun. Des centaines d'acres dans diverses parties de l'île, qui ont donné de fortes récoltes l'année dernière, sont réduits en marécages par l'action des envahisseurs étrangers, qui sont sous la protection de Sa Majesté. Dans cette partie de l'île, beaucoup d'entre nous ont été amenés à la mendicité. J'ai moi-même fait balayer les chaumières dans lesquelles vivaient mes ouvriers, et la plupart de mes granges et dépendances ont été noyées. les récoltes sont perdues. C'est monstrueux de me demander de donner de l'argent au Roi. Je veux une compensation du Roi.

S'ensuivit un grand grondement d'assentiment au discours de Squire Stovin. Dès que cela cessa, le commissaire donna à voix basse quelques ordres au caporal, puis dit :

"Ce discours de trahison te coûtera plus de cinq cents livres, rebelle impudent. Je t'accorde une heure pour envoyer et obtenir ce qui pourrait être nécessaire pour un séjour au château de Lincoln."

A ce mot, un mousquetaire saisit l'écuyer et lui lia les mains derrière lui. Un grondement de voix en colère se fit entendre dans toute la salle, et un tumulte aurait pu se produire, mais, à un signal que je n'aperçus pas, une vingtaine de mousquetaires entrèrent par la porte derrière l'assemblée.

L'écuyer Stovin cria : « Est-ce qu'un ami aura la gentillesse d'aller dire à Mme Stovin que je pars en voyage et que je veux mon portemanteau ?

"Personne ne quitte la pièce sans ma permission", brailla le commissaire, alors qu'un certain nombre de messieurs se tournaient pour faire la commission du châtelain.

Daft Jack, l'idiot de la ville, s'avança d'un pas traînant jusqu'à la table.

« Peut-être que Votre Honneur me donnera la permission de partir, » dit-il ; "mais je voudrais donner neuf pence au pauvre roi." Et sur ce, l'imbécile posa la pièce sur la table.

Le commissaire, conscient des rires gloussants, jeta la pièce au pauvre Jack, lui ordonnant de se retirer de ses affaires.

Le type fit un geste d'étonnement, puis rempocha son argent et partit d'un pas traînant jusqu'à l'autre bout de la pièce, se parlant tout seul de sa voix de fausset aiguë :

"C'est un long chemin jusqu'à Lincoln, et des ferries à traverser, et des bouts de route désagréables, et des piétons et des bandits de grand chemin. J'aimerais que le châtelain puisse y arriver en toute sécurité, pauvre homme."

Un léger sourire face à l'inquiétude de Daft Jack quant à l'arrivée du prisonnier en toute sécurité, traversa le visage du commissaire. Il ne soupçonnait visiblement pas les véritables intentions de Daft Jack. Puis il a crié :

« À bientôt, apporte-moi directement la valise du prisonnier, tu entends, imbécile ?

"Oui, oui, votre honneur", répondit Jack.

"James Tankersley, charron", lut le commis, et le charron s'avança, bien connu comme un homme pauvre mais travailleur, seul soutien d'une mère âgée et de ses sœurs, deux femmes maladives.

"Avez-vous l'honneur d'être choisi pour servir Sa Majesté, Tankersley", sourit le commissaire.

"Je ne demanderais rien de mieux, Votre Honneur, mais ma pauvre vieille mère et mes messieurs dépendent de moi pour leur pain."

"Cela ne me regarde pas, mec. Après-demain, tu marches avec moi. Si tu te caches, tu seras fusillé comme déserteur, c'est tout."

Le grand gaillard tremblait comme une feuille au vent.

« Oh ! Votre Honneur, s'écria-t-il d'une voix étouffée, ayez pitié de nous. Cela tuera ma mère.

"Arrête de pleurnicher !" cria le commissaire, ou je vous ferai attacher et fouetter. Si vous êtes un foutu lâche, payez-moi dix livres pour une libération.

"£ 10!" s'écria le pauvre garçon ; "Je n'ai pas une livre au monde et la moitié du bois dans la cour n'est pas payée."

Le fermier Brewer est venu au front et a déclaré : « J'achèterai sa libération.

"Que Dieu vous bénisse, M. Brewer", dit le charron.

"Brasseur ? Avons-nous ce nom sur la liste ?" demanda le commissaire à son greffier.

Puis tous deux fouillèrent dans leurs papiers, mais ne semblaient avoir aucune trace de l'existence du fermier. Finalement, le commissaire leva les yeux et dit :

"Un homme qui a dix livres à revendre pour un autre doit être en mesure de le laisser, M. Brewer. Cinquante livres pour le roi ne seront pas une exigence onéreuse."

Un murmure parcourut la pièce, car le fermier avait beaucoup perdu dans l'inondation, et tout le monde savait qu'il n'avait jamais beaucoup prospéré. Quelque chose dans ce sens, Brewer a commencé à plaider, mais a été interrompu.

"Je ne suis pas ici pour discuter, mon homme, mais pour collecter de l'argent. Si vous êtes obstiné, j'ai les moyens de vous persuader avec émotion. Apportez les soixante livres à trois heures, ou vous saurez ce que c'est. Caporal, faites sortir cet homme.

Ainsi les choses ont continué, homme après homme étant harcelé et menacé, et envoyé pour récupérer de l'argent selon l'évaluation du commissaire. Les débats étaient assez passionnants à l'époque, mais ils seraient fastidieux à raconter. Ils furent interrompus par le retour de Daft Jack, moins de l'heure impartie, avec le portemanteau du châtelain, qu'il laissa tomber avec fracas juste à l'intérieur de la pièce, en disant en s'asseyant par terre, le dos contre la porte, en s'essuyant le visage. , "Je ne peux pas aller plus loin ; portez-le en son honneur, l'un de vous." Sur un signe du caporal, un de ses hommes s'avança avec l'objet et le posa sur la table. Le commis l'ouvrit pour l'inspection de son chef, quand, avec un bourdonnement et un bourdonnement qui remplit la pièce, un essaim de guêpes en colère en sortit. Ce qui s'est passé alors, je ne peux pas le décrire. J'ai vu le commissaire et son commis frapper, danser, avec frénésie, à travers une brume d'insectes furieux.

En regardant de l'autre côté, j'ai vu une masse de dos voûtés et de têtes penchées, pêle-mêle vers la porte. La sortie était donc trop lente à mon goût, avec un nuage de guêpes autour de la tête, alors je sautai par la seule fenêtre qui s'ouvrait dans le sens de la porte. Ce fut une longue chute jusqu'au sol, mais plusieurs hommes actifs me suivirent. Nous trouvâmes le squire Stovin en selle devant l'auberge, les pieds attachés sous le ventre du cheval, ses gardes montés de chaque côté, et une grande foule rassemblée autour d'eux, se bousculant et se bousculant d'une manière qui n'augurait rien de bon pour les cavaliers. , la plupart des hommes ayant leurs bâtons à la main. Les méfaits auraient commencé plus tôt, sans l'autorité de M. Stovin auprès des camarades. Bientôt, le caporal sortit pour dire que le commissaire, étant incapable de donner les instructions que les hommes attendaient, il prendrait la responsabilité de libérer le châtelain sur parole. M. Stovin le donna volontiers ; ses liens ont été retirés et une foule l'a escorté chez lui, huzza jusqu'à ce qu'ils soient enroués. L'hôte Hind m'a dit que Tunstall et son employé avaient été terriblement piqués et couraient un grand danger. "Sa tête est presque aussi grosse que son ventre", a déclaré Hind à propos du commissaire. Je ne m'inquiétais pas de lui, mais beaucoup du pauvre Jack, qui serait sans doute horriblement puni s'il était attrapé. Et en plus, j'éprouvais une certaine curiosité. J'ai trouvé Jack dans sa masure d'une seule pièce à l'extrémité sud de la ville, avec une quantité d'articles étalés sur le sol en terre battue : une paire de planches à taquets, une bouteille en cuir, un couteau, des bobines de fil et de ruban, une balle. de la ficelle peignée, des hameçons, des bouchons, une arbalète, quelques galettes de pain noir et d'autres choses dont il était en train de transférer une partie dans ses nombreuses et vastes poches.

"Je vais à mon pavillon de chasse sur les landes de Thorne", dit-il avec une parfaite gravité.

"Un peu d'argent peut être utile", dis-je en en offrant.

"Non, merci, Maître Frank," répondit-il. "Je n'en ai probablement pas envie. Il y a beaucoup de lièvres, de lapins, de poules des landes, de poissons et d'œufs sur mon domaine."

La confiance de Jack était bien fondée, je le savais, car il avait la plus grande habileté à placer un piège pour un lapin, à ricaner un brochet ou à attirer un oiseau à portée de main.

"Pourriez-vous me raconter comment vous en êtes arrivé à mettre un nid de guêpes dans le portemanteau du châtelain, Jack ?"

"C'est une erreur d'être plongé dans ses pensées, Maître Frank."

"Comment ça?"

"En descendant l'allée, je vois un trou de guêpe dans la berge. Et je voulais de la larve de guêpe comme appât. Alors j'ai bouché le trou et j'ai retiré le nid, vous voyez."

"Mais tu ne voulais pas de guêpes vivantes, Jack."

" Les guêpes vivantes sont très bonnes pour creuser, Maître Frank, si vous savez comment les manipuler. Mais, plongé dans mes pensées, j'ai mis le nid dans le porc de Squire au lieu de dans mon mouchoir. Et j'ai oublié le nid quand j'ai mis le abaissez-vous et secouez-le, en étant si plongé dans vos pensées.

"Mais à quoi pensais-tu si profondément ?"

"J'essaie de comprendre pourquoi cet homme ventru m'a traité d'imbécile."

Et Jack semblait toujours perplexe face à cette question.

"Imbécile, ou pas idiot, Jack, tu as fait ce qu'aucun d'entre nous n'avait l'esprit ou le courage de faire. Mais il te tuera, si jamais il se rétablit suffisamment pour le faire."

"Si je vis jusqu'à ce qu'il me tue, je serai un très vieil homme", répondit Jack avec un immense mépris.

Il avait maintenant rangé ses affaires, certaines dans ses poches, d'autres dans un sac qu'il jeta sur son épaule, et se tenait prêt à s'enfuir. Nous nous sommes serrés la main et il a dit :

"Luke Barnby connaît le chemin jusqu'à ma loge."

Malgré mon désir de retourner au presbytère, il me fallut beaucoup de temps pour le faire, car tout le monde était dans la rue principale, discutant et riant de la brusque interruption de la réunion convoquée par le commissaire. Ici, j'ai rencontré quelqu'un qui n'était pas présent et qui souhaitait entendre mon récit de l'affaire ; là, un autre, qui était présent, voulait y revenir. Un groupe de jeunes gens m'a entraîné au White Hart, où ils ont bu à la santé de Daft Jack et à la santé de l'homme qui l'avait « mis au piège ». Sans aucune raison, ils m'avaient accordé le crédit de l'appareil, et mon simple déni n'a pas complètement fait disparaître leur conviction que j'avais une main dans l'entreprise. Finalement, je m'éloignai d'eux et trouvai tout calme au presbytère.

Il avait été convenu d'agir le lendemain sur la suggestion du chef de la police, et celui-ci s'était engagé à protéger la maison pendant la nuit. Anna, comme je l'avais appelé pour moi-même, s'était remise du choc de la veille et était charmante même avec une croix de plâtre sur le front. Après que j'eus raconté l'histoire vraie et complète de l'exploit de Daft Jack, le médecin et le curé prospérèrent alternativement, celui décrivant tous les insectes venimeux connus de l'homme, je pense ; l'autre donne des exemples historiques, sacrés et profanes, de leur intervention dans les affaires humaines, et semble prendre plaisir à raconter les tortures infligées à un malheureux, dont j'oublie le nom, par un ennemi qui le fit enduit de miel et exposa. aux piqûres d'abeilles et de guêpes. Le vicaire était trop bon chrétien pour se réjouir des souffrances du commissaire, mais je suis sûr qu'il trouva une sorte de consolation dans la description très particulière qu'il fit des tourments de l'autre homme.

Anna était inhabituellement silencieuse, ce qui, j'espérais, était dû à la même pensée qui me maintenait ainsi, celle de la séparation du lendemain. Je constatais avec une secrète joie que les chansons qu'elle choisissait, lorsqu'elle se rendait à l'épinette à ma demande, étaient teintées d'une douce mélancolie, qui pourrait être celle de l'amour.

CHAPITRE IX

"Je t'ai demandé de venir avec moi parce qu'il y a quelque chose que je dois dire avant que tu retournes à Sandtoft." Ainsi commençai-je faiblement, tandis que nous arpentions le jardin, maintenant un peu débarrassé de la fange et des détritus apportés par l'inondation, quelques fleurs levant la tête vers le soleil de juillet. "Je t'ai dit l'autre soir que je t'aimais. Je n'aurais peut-être jamais osé le dire, sans la crainte de ne pas avoir une autre chance. Maîtresse Goel, Anna, est-ce que tu peux m'aimer ?"

Elle releva un peu son noble visage, me lança un regard que je ne comprenais pas, puis les paupières tombèrent, tandis qu'elle répondait avec des lèvres tremblantes :

"Il ne serait que trop facile de t'aimer, Frank, mais je suis déjà lié, fiancé. Aie de la patience avec moi, pendant que je te raconte ma misérable histoire." Elle s'est assise et moi à côté d'elle, le cœur lourd.

"Il y a des années, mon père et son plus cher ami, Cornelius Vliet, se sont mis d'accord sur un mariage entre moi et le fils unique de son ami. J'ai reculé devant cette idée et j'ai supplié mon père de me permettre de refuser ; mais il a ri de ce qu'il avait dit. il ne pouvait pas croire que j'avais de la répugnance contre un jeune homme qui passait pour beau, bien élevé, courageux, héritier d'une grande fortune. Et, en effet, je ne pouvais rien dire contre Sébastien, mais seulement. que j'avais la plus forte aversion à l'idée d'être mariée avec lui, ou avec n'importe quel autre homme. Mon père a cédé jusqu'à différer l'affaire pendant un certain temps. Puis il a été arrêté et jeté en prison, et nous savions que sa condamnation serait la mort ou l'emprisonnement à vie. Sébastien est venu vers moi et m'a proposé d'assurer l'évasion de mon père - à une condition, je lui ai donné ma promesse, et il a tenu la sienne en versant des pots-de-vin somptueux et, je dois l'admettre, au risque de sa propre liberté, peut-être de sa vie. Il nous accompagna à Paris. Là, j'ai vu et entendu beaucoup plus de sa manière de vivre que je n'en avais connue chez moi, et cela m'a été effrayant et répugnant. Mon père m'a assuré que les jeunes hommes n'étaient pas pires pour ce qui m'offensait tant. Je ne peux pas vous dire à quel point je ressentais terriblement de manquer à mon devoir et à mon amour envers mon père, et d'être si ingrat envers Sébastien pour la vie et la liberté de mon père, mais je ne pouvais pas tenir ma parole. J'ai juré de ne pas me marier tant que Sebastian n'aurait pas changé de cap. Il ne m'a pas réprimandé, ni nargué, ni discuté avec moi, mais a disparu. Depuis quelques mois, nous n'avons plus aucune nouvelle de lui. Je supposais qu'il avait été dégoûté de ce qu'il devait penser de mon ingratitude et de mon inconstance ; mais hier, mon père a reçu de lui une lettre disant qu'il avait renoncé à boire, à jouer aux dés et à toutes les mauvaises voies, et qu'il venait réclamer son épouse. Il a décidé de rejoindre Vermuijden, et de partager notre exil, et suivra rapidement sa lettre. Mon père est ravi. Pardonne-moi, Frank, de ne pas t'avoir évité. Je suis coupable, je sais. Pardonne-moi."

J'avais été sur le point d'interrompre le récit une douzaine de fois ; mais vu à quel point Anna avait du mal à le raconter, je ne rendrais pas la tâche plus difficile. Maintenant, j'éclate. "Pardonnez-lui ! Pardonnez au soleil de briller, aux fleurs de s'épanouir !" Je lui ai dit à quel point mon cœur me faisait mal pour elle, mais elle doit encore tenir courageusement. Je n'entendrais pas parler de devoir envers son père concernant ce mariage. Je déclarai qu'une promesse ainsi extorquée ne pouvait l'engager. Vouloir le garder, ce serait pécher contre elle-même, contre l'homme, contre son père, qui finira par en être malheureux, contre moi, contre l'amour, contre Dieu. Je lui ai dit que j'étais sûr qu'elle m'aimait un peu et que je ne l'abandonnerais jamais. Elle était *à moi* et devrait l'être aussi longtemps qu'elle ou moi vivrions. D'où venaient ces mots, je ne le savais pas, car je suis généralement lent à parler, mais ils sont venus chauds et rapides, et Anna m'a regardé alors que je me tenais au-dessus d'elle (mes sentiments m'avaient soulevé) souriant en nageant. yeux, et dit en tremblant :

"Espèce de magistral Frank ! Je pourrais presque te croire ; mais oh ! ça ne peut pas être le cas."

Elle se leva dans une soudaine agitation. "Voici Sébastien !" s'exclama-t-elle, et je me retournai et le vis, accompagné du docteur Goel, s'approcher de nous. Après que Anna et lui se soient salués, le docteur a dit quelque chose en guise d'introduction, et Vliet et moi nous sommes inclinés, il avait l'air aussi noir qu'un nuage d'orage, et moi sans doute également. Je pense qu'il me considérait comme son rival au premier coup d'œil et qu'il me détestait en conséquence. Combien je le détestais de tout mon cœur, il n'y a pas de mots pour l'exprimer.

C'était un homme assez bien fait, deux ou trois pouces au-dessous de ma taille, avec des yeux froids, gris bleuâtre, assez rapprochés, une grande bouche aux lèvres épaisses, un front bas et des joues un peu gonflées. Qu'il soit devenu sobre et propre, je ne le croyais pas, ni qu'il le ferait un jour, et mon incrédulité réchauffait le cœur. N'ayant aucune part à la conversation hollandaise, je quittai les trois et retournai à la maison, où j'appris que Vermuijden était de nouveau à Sandtoft et qu'il avait envoyé Sébastien Vliet à la tête de six de ses hommes pour y escorter le docteur Goel et sa fille. en leur demandant de venir rapidement.

Une heure plus tard, le groupe était prêt à partir, deux des Hollandais portant les bagages (à l'exception de certaines petites caisses que le médecin ne voulait pas confier à d'autres mains), et les trois autres hommes avec des mousquets, des coutelas et des pistolets, entrant dans devant. Puis sont arrivés le médecin et Vliet, Anna et moi en dernier. Comme le lieu de débarquement, où ils avaient laissé leur bateau à la charge de l'un des leurs, n'était qu'à un demi-mille de distance, je m'empressai de reprendre le fil de notre conversation précédente, mais je rechignai à mon intention. À un endroit où trois routes se croisent, nous rencontrons une foule « chevauchant le stang ». En tête du cortège marchait un individu soufflant du cor ; puis une douzaine d'autres, battant des casseroles et des bouilloires avec des tisonniers et des cuillères en fer ; un joueur de cornemuse faisait un bruit comme celui des cochons dans la tempête ; un coquin en haillons, assis sur un âne, portait une perche sur laquelle pendait une blouse de femme. Après ce porte-étendard suivait un vieux cheval, monté par une femme grimaçante, qui tenait une énorme louche avec laquelle elle harcelait joyeusement son mari, qui montait derrière elle, la face tournée vers la queue du cheval, feignant de travailler à une quenouille. Deux garçons marchaient derrière le couple à cheval, portant une perche sur laquelle montait un troisième, frappant une poêle et répétant :

"Avec un bronzage, un bronzage,
Sur ma vieille boîte de conserve, Mme Mooley et son brave homme, Elle l'a frappé, elle l'a frappé, Pour avoir dépensé un sou alors qu'il était dans le besoin. Elle s'est levée avec un tabouret à trois pieds ; Elle l'a frappé si fort et l'a coupé si profondément, que le sang a coulé comme un mouton fraîchement coincé.

Une populace criante et moqueuse accompagnait la cavalcade, faisant du tumulte avec des os à moelle, des couperets, des pinces, des grils et des bouilloires, et « une demi-douzaine de chiens aboyant et jappant gonflaient le vacarme ». L'une des figures marquantes de cette déroute était la femme de Ducker, devenue folle à cause de la perte de son enfant. Elle sautillait, criait et riait, tantôt ici, tantôt là, presque autant l'objet d'amusement de la foule que le mari picoré et sa mégère d'épouse.

Si la folle apercevait Anna, il y aurait des ennuis, j'en étais sûr ; alors j'ai continué, espérant éviter tout contact avec la foule, qui tournerait très probablement par la route par laquelle nous étions venus, pour faire le tour de la ville. Mais le spectacle avait quelque attrait pour Vliet, qui se leva pour voir passer la foule, disant en riant : « Ah ! justitia de los cornudos ! d'où j'ai supposé qu'il avait vu monter le stang en Espagne.

Je demandai à Anna de pousser les cinq Hollandais vers l'avant, le bateau étant encore à quatre cents mètres environ. Comme je le craignais, une partie de la foule s'est arrêtée pour regarder Vliet dans son costume étranger, ce qui a amené la femme de Ducker à apercevoir Anna et moi. Elle poussa le cri : « Sorcières ! sorcières ! et la foule l'a immédiatement adopté. Je vis la renarde sauter de son coursier pour rejoindre la femme du forgeron à la tête de la bande qui nous suivit pêle-mêle. Puis j'ai couru vers le bateau, portant à moitié Anna, qui est d'abord restée en retrait, me suppliant d'aller au secours de son père. Comme il avait six hommes bien armés pour le défendre, car les Hollandais avaient fait face et s'étaient comportés vaillamment, les deux qui avaient porté le bagage le jetant dans la roselière qui bordait la route et prenant leurs armes, je ne m'occupai de rien. mais la sécurité d'Anna. Je l'avais mise dans le bateau et j'avais fait comprendre à l'homme qu'il devait s'avancer dans le ruisseau et s'abriter sous les roseaux, lorsque le reste de notre groupe arriva, la foule à leurs trousses, brandissant leurs tisonniers, leurs grils, des couperets, et que sais-je encore, s'encourageant les uns les autres en criant : « La sorcière ! Déchirez-la en scotticks ! et des malédictions sauvages.

Avec beaucoup de sang-froid et de rapidité, les Néerlandais ont compris l'état des choses et ont fait face à la populace en colère, et deux d'entre eux ont tiré. Je ne pouvais pas savoir si quelqu'un avait été blessé, mais la foule qui hurlait n'a même pas été arrêtée. Ils avançaient furieusement, et pendant quelques minutes nous étions engagés dans un corps à corps confus, qui aurait abouti, très probablement, à nous forcer à entrer dans la rivière par le simple poids du nombre, sans un coup de pistolet tiré. à l'arrière de la foule, qui les surprit et les dispersa un peu. Cela donna aux Hollandais l'occasion d'utiliser leurs mousquets, et lorsque l'un des chefs de la foule tomba, les autres furent quelque peu intimidés et s'éloignèrent de quelques mètres. Puis Luke a couru derrière eux et s'est placé à côté de moi. C'est lui qui avait tiré le coup de feu qui nous sauva, après m'avoir suivi avec mes pistolets. Dans cette accalmie de la tempête, j'essayai de persuader les gens de s'en aller ; mais j'avais à peine commencé à parler, qu'un des hommes fit un pas en avant et me lança un gril à la tête, qui vola joyeusement large, car je sautai sur lui au passage, l'attrapai et le jetai dans le roseau. lit. Mais il avait donné aux autres une piste qu'ils ne tardèrent pas à suivre ; toutes sortes de projectiles se précipitèrent autour de nous, et un des mousquetaires fut touché et tomba à la renverse dans la rivière. Nous ne pouvions rien faire pour lui, car une nouvelle pluie de couteaux, de casseroles et de pierres volait autour de nous, et nos assaillants se précipitaient. J'ai donné un indice à Vliet, même si je ne savais pas s'il comprenait l'anglais. Il hocha la tête et parla à ses hommes. Lorsque la première partie de la foule fut sur nous, nous nous séparâmes rapidement, Vliet et trois Hollandais d'un côté, moi, Luke et un Hollandais de l'autre. La pression de ceux qui étaient derrière envoya cinq ou six des chefs tête baissée dans la rivière, et nous en lançâmes ou en poussâmes plusieurs autres après eux. Les autres prirent peur et coururent comme des lapins. Je crois que la découverte de la disparition de la « sorcière » a autant à voir avec leur panique que la perte de leurs esprits les plus audacieux, qui pataugeaient dans l'eau. Tandis que la populace s'enfuyait, je m'aperçus que du sang jaillissait de mon poignet droit, et que mes forces partaient avec. J'ai demandé à Luke de bien attacher mon mouchoir autour de lui, mais cela n'a servi à rien ; le mouchoir était devenu un chiffon trempé en un rien de temps, et le sang coulait toujours. Luke, très effrayé, appela le docteur Goel, qui vint déchirer mon manteau et mes manches de chemise, et plaçant un morceau de bois sur mon bras à quelque distance au-dessus du coude, il l'y attacha avec un bandage arraché de ma chemise. Cela arrêta merveilleusement le saignement, mais je devins étrangement somnolent et je m'assis par terre, accablé de langueur. Le médecin s'éloigna de moi pour examiner deux individus morts ou grièvement blessés qui gisaient sur la route.

Les Hollandais poursuivaient les hommes dans la rivière, tirant de temps en temps, mais tout me paraissait un rêve, jusqu'à ce que j'entende un pas léger derrière moi, que je savais être celui d'Anna. Avant de pouvoir me retourner, j'aperçus un mouvement dans les roseaux, puis un visage, le visage de la folle, qui me regardait, ou quelqu'un derrière moi. L'instant d'après, elle jaillit de sa cachette, le couteau à la main, et moi, sorti de ma stupeur, je me levai pour la saisir. Je l'ai attrapée dans mes bras, mais elle m'a porté au sol. Elle se tordait et se tordait ; elle m'a mis les mains autour du cou, essayant de m'étrangler ; elle m'a mordu l'épaule nue; mais j'avais juste assez de bon sens et de force pour la retenir jusqu'à ce que j'entende Luke dire :

"Lâchez prise, Maître Frank, lâchez prise ; je la mets en sécurité et vous saignez à mort."

La prochaine chose que j'ai su, c'est que le vicaire se tenait à proximité dans sa vieille robe, et lui et tout le monde avaient l'air si solennels que j'ai eu l'impression qu'il s'agissait d'une entreprise funéraire et que j'étais la personne qu'ils voulaient enterrer.

"Tu ne dois pas," murmurai-je. "Je ne suis pas mort."

Le vin était produit d'une manière mystérieuse et Anna portait la corne à mes lèvres. Le courant d'air m'a beaucoup ranimé, et on m'a raconté ce qui s'était passé pendant mon évanouissement. Dès que la folle avait été sécurisée, Luke avait couru au presbytère chercher du vin et avait ordonné au sacristain d'apporter la bière comme moyen de transport le plus pratique. Le vicaire l'avait suivi. Le médecin avait soigné mes blessures et donné des instructions pour leur traitement futur, et maintenant Vliet était impatient de partir. Nous avons donc dit notre adieux, et la main droite d'Anna est restée un instant dans ma gauche, et mes lèvres l'ont touchée. Puis le bateau est parti et j'ai été transporté au presbytère.

CHAPITRE X

Personne ne se soucie de lire sur la maladie et la douleur (à moins qu'il ne s'agisse de ceux dont le métier est de les guérir), mais je suis en quelque sorte obligé de dire quelque chose de mes blessures, sinon mon histoire plus tard serait à peine comprise. La coupure au poignet m'a causé beaucoup de problèmes le troisième jour, à tel point que je pouvais à peine m'empêcher d'arracher le bandage. Peu à peu, la douleur dans ma main devint presque intolérable. Les blessures à mon épaule étaient également douloureuses. La blessure précédente a éclaté de nouveau, et la morsure s'est considérablement enflammée, et une sorte de fièvre m'a envahi, de sorte que j'ai eu des étourdissements par moments et je savais à peine où j'étais ni ce que je disais. Quand j'étais redevenu moi-même, je fulminais et m'irritais de ma condition de faiblesse et d'impuissance, et j'avais parfois peur que la morsure de la folle ne communique la folie. Je ne pouvais pas comprendre ma propre irritabilité et mon manque de maîtrise de moi-même. Les domestiques m'ont mis en colère en entrant et en sortant si doucement de ma chambre et en parlant à voix basse qui me montaient au cerveau comme des coups de stylet. Le bon M. Butharwick, qui m'a soigné avec des soins presque insomniaques, m'a presque rendu fou en me recommandant de ne pas penser à des sujets qui me dérangeaient et en parlant de sujets qui ne me concernaient en aucun cas. Il avait fait des découvertes étonnantes sur les enfants d'Israël et sur la manière dont leur destin était écrit dans le ciel, tout comme l'avenir de la véritable Église et le destin de l'Antéchrist. Tout pouvait être expliqué clairement à quelqu'un qui lisait la Bible et connaissait l'astrologie, et mon bon précepteur semblait penser que je pourrais être apaisé en entendant ces mystères exposés. Je m'abstiens de tout langage blasphématoire à l'égard des Saintes Écritures, mais j'ai dit des choses sur les étoiles et l'observation des étoiles qui ont gravement blessé M. Butharwick.

Dick Portington a regardé avec moi une nuit, et dans mes intervalles de soulagement de la douleur, il m'a raconté comment le commissaire avait été emporté plus mort que vif, mais jurant de se venger de ceux qui avaient causé ses souffrances. Il avait beaucoup à dire sur les combats entre Hollandais et Isloniens ; comment les hommes de Haxey avaient chassé les hommes de Vermuijden, renversé leurs remblais, comblé les égouts, brûlé les charrettes et les outils et détruit complètement leurs ouvrages dans le sud de l'île ; comment une attaque avait été lancée sur Sandtoft et repoussée, certains des assaillants tombant entre les mains des Hollandais, qui les avaient fouettés à quelques centimètres de leur vie, puis les avaient relâchés pour se déplacer du mieux qu'ils pouvaient, menaçant de pires punitions. le prochain lot de captifs. Cela fut fait sur ordre du nouveau commandant Vliet, qui était en haute estime auprès des Hollandais en raison de son audace et de sa ruse.

Vermuijden était parti superviser une autre opération dans le Bedfordshire, laissant à Vliet les pleines autorités.

Pendant les deux jours suivants, j'ai eu une forte fièvre et mes tuteurs ont refusé de donner à Dick une autre occasion de converser avec moi. Luke était ma meilleure nourrice et mon meilleur compagnon à cette époque, car mon homme impassible était amoureux et amoureux de Martha, la servante d'Anna. Ils parvenaient à se rencontrer d'une manière ou d'une autre, chaque fois que je lui donnais la permission de traverser jusqu'à Sandtoft, ce que je n'ai jamais hésité à faire. S'il avait demandé la permission d'y aller sept fois par semaine, je ne lui aurais pas dit non. En fait, perdant le compte du temps comme je le faisais parfois, par faiblesse et par vagabondage d'esprit, je lui demandais s'il avait l'intention de partir aujourd'hui, et il me répondait : « Seigneur, je vous aime, Maître Frank, et » mais hier, j'ai traversé. Grâce à Luke, j'ai entendu parler de mon amour, et elle m'a envoyé des messages et lui a donné des instructions sur le traitement de mes blessures et quant à mon alimentation, c'est Luke qui m'a dit que sa mère était une Anglaise, fille d'un marchand londonien. , qui s'était exilé pour des raisons de conscience. Martha était également d'origine anglaise, enfant d'un domestique qui avait accompagné la famille aux Pays-Bas. "C'est ce qui explique sa pâtisserie", a ajouté Luke. Par Luke, j'ai appris que Vliet avait défendu sa cause avec ardeur, le docteur Goel le secondant ; mais que j'avais une amie à la cour, la servante, qui était une humble amie plutôt qu'une simple servante, et qui détestait Sébastien d'une haine parfaite. J'ai été surpris et perplexe d'apprendre que Sheffield avait visité Sandtoft et noué une amitié avec Vliet. Cela, je ne le comprenais pas et cela m'inquiétait.

Au bout de quinze jours, je pus marcher un peu, mais les blessures à l'épaule ne cicatrisèrent pas complètement, et je ne repris des forces que lentement.

Un jour, alors que j'étais assis sur la pelouse devant la maison, Luke près de moi, occupé à nettoyer un fusil, une vieille femme, avec un châle en lambeaux sur la tête et un panier au bras, remonta faiblement l'allée, maintenant puis tousser de manière asthmatique. D'une voix sifflante, elle demanda qu'on lui permette de me montrer le contenu de son panier. Luke lui donna son tabouret, qu'elle accepta avec une profonde gratitude, puis lui demanda à boire de l'eau.

"Apportez-lui un cordial, Luke", dis-je alors qu'il se dirigeait vers la cuisine.

Dès qu'il fut hors de portée, la vieille femme dit avec la voix de Bess Boswell.

"Renvoyez-le quand il reviendra. Je dois avoir un mot privé avec vous."

Effectivement, maintenant je la regardais attentivement, je reconnaissais les yeux, mais le reste du visage était celui d'une femme âgée.

"Quelle est la signification de cette momie, Bess ?" J'ai demandé.

"As-tu oublié ce que je t'ai dit ? Il est dangereux pour moi d'être vue en train de te parler", répondit-elle.

"Non, mais je ne parviens pas à comprendre le danger", dis-je.

"Certainement vous ne pouvez pas, mais cela ne change rien au fait", répondit-elle d'un ton plutôt méprisant pour ma sagacité, pensai-je.

Luke est venu vers nous avec le cordial à ce moment-là, et je lui ai dit de nous laisser un moment, car la pauvre femme avait quelque chose à me raconter de ses affaires. Il s'est retiré hors de portée de voix, mais est resté en vue de nous.

"Votre homme est plus rapide à appréhender que vous", dit-elle. "Il ne me connaît pas et il ne me fait pas confiance. Il charge son arme et me surveille attentivement; c'est un bon serviteur, ça. J'aimerais que vous preniez une feuille de son livre et que vous soyez Méfiez-vous des étrangers. Il y a deux mois, je vous ai supplié de quitter l'île, et c'est par une chance merveilleuse que vous êtes en vie aujourd'hui.

"J'ai été en danger une ou deux fois ; j'en sais tellement."

Bess agita noblement la main.

"Je ne parle pas de foules et de folles ; vos ennemis sont bien plus redoutables."

"Allons, Bess, laisse tomber ce style mystérieux et raconte une histoire simple, si tu en as une. Tu veux dire que Sheffield m'a une rancune et ne s'en tiendra pas à des bagatelles pour la payer. Je le sais aussi bien que toi, et je ne tremble pas à ce sujet."

Bess rit. "L'un de vos pires ennemis est votre confiance en votre force physique et votre courage. Lord Sheffield n'est pas doté de l'esprit le plus vif du monde, bien qu'il soit plus que votre égal en ruse, mais il a l'aide d'un homme aussi rusé que le diable."

"Voulez-vous dire le Hollandais, Vliet ?" J'ai demandé.

Bess rit encore. "Le Hollandais est un bouledogue et, si vous êtes prudent, vous ne vous approcherez pas de son chenil. Mais vous devez vous méfier de quelqu'un qui peut intriguer. Laissez-moi vous dire qu'il y a maintenant des accusations sous serment au Château Mulgrave selon lesquelles Daft Jack était votre instrument, et si le pauvre garçon est attrapé, il devra avouer qu'il l'a été.

"Mais c'est un mensonge !" M'écriai-je.

"Je me demande combien de mensonges ont été avoués sur le banc des accusés", rétorqua Bess. « On vous accuse d'avoir résisté à l'autorité du roi à Thorne et d'avoir incité d'autres à le faire, en attendant que quelque chose renforce votre accusation. En même temps, on murmure parmi le commun des mortels que vous êtes un traître. à la cause islonienne et à votre père. On dit aux Hollandais que vous êtes leur ennemi secret, l'instigateur des attaques dirigées contre eux.

"Mais ces histoires sont contradictoires les unes des autres !"

"Qu'importe ? L'effet de ces choses est que vous êtes regardé avec haine et dégoût partout. Vous étiez en grande faveur auprès du peuple juste après le déluge de Crowle, mais ils sont dans un état d'esprit différent aujourd'hui. Les contes sont on parle de vous dans toutes les tavernes, ce qui serait risible, si on ne les croyait pas. Tout cela est fait dans l'espoir que votre ennemi puisse échapper à la peine de votre départ, il est prêt à agir lui-même s'il ne le fait pas. "

"Mais quel motif peut-il avoir ?" Ai-je demandé, incrédule.

"Pour gagner de l'argent", répondit-elle.

"Qui est l'homme?"

"Avant de vous le dire, je dois avoir votre parole de ne jamais me trahir, de ne jamais le dire à personne d'autre, directement ou indirectement."

"Je te le donne."

"Cet homme est mon père."

J'ai ri maintenant. « Lord Bozzy », « le trompeur Bozzy », le coquin gitan, dont les exploits et les farces étaient une plaisanterie perpétuelle et délicieuse dans toute l'île ! Il était ridicule de le considérer comme un ennemi malin et subtil.

Bess m'a fait un sourire méprisant. « Savez-vous par hasard qu'il a volé un cheval et l'a ensuite revendu à l'homme à qui il l'avait volé ? Avez-vous déjà entendu dire qu'il avait été reçu comme un invité d'honneur chez un magistrat qui l'avait condamné ? aux stocks un jour ou deux auparavant ? Avez-vous entendu parler de son passage pour un ecclésiastique, un marchand londonien, un voyageur français et une douzaine d'autres personnages, parmi des personnes qui le connaissaient bien, ou pensaient le connaître ? écuyer stupide dans l'île juste pour s'amuser et s'amuser, que pensez-vous qu'il ne puisse pas faire, quand il doit gagner une fortune en le faisant ?

Après réflexion, je m'avouai que le mépris envers Boswell pouvait être insensé et je passai aussitôt au soupçon. Et si cette fille avait été employée pour m'effrayer ? Je ne la soupçonnais pas, mais n'aurait-elle pas été autorisée à entendre ceci et cela, dans l'espoir qu'elle m'en informerait et que je pourrais ainsi être chassé de l'île ? C'est un brave garçon que je devrais courir pour sauver ma vie, car une fille a crié Bugaboo !

"Eh bien, Bess, je vous suis infiniment obligé", dis-je; "Mais il est peu probable que je prenne la fuite. Si vous êtes assez bon pour m'avertir de tout projet dont vous pourriez entendre parler, je serai armé."

" Pensez-vous que mon père me confie ses plans, ou à n'importe qui d'autre ? Je peux deviner son dessein par une certaine direction qu'il donne ; je peux deviner un but en l'observant de près. Il ne parle pas de faire quelque chose, il le fait. ".

Il était curieux de voir l'espèce d'orgueil qu'elle avait envers l'homme dont elle s'efforçait de contrecarrer les plans, orgueil mêlé de peur.

Nous restâmes assis un moment en silence. Alors Bess se leva pour partir.

"Vous ne tiendrez pas compte de mon avertissement ? Oh, vous êtes ensorcelé, sinon vous ne perdriez pas votre maison et vos terres, vous ne mépriseriez pas une belle demoiselle, qui serait votre épouse aimante et fidèle, vous briseriez le cœur de votre père, vous risqueriez votre vie, tout cela pour... un femme bizarre!"

"Je vous crois honnête, Bess," répondis-je; "mais est-ce que tout cela est de votre propre initiative ?"

"Et qui devrait me le demander?" elle a demandé.

"Non, ça, je ne peux pas le deviner."

"Et je ne le ferai jamais non plus." Et elle s'en alla sans ajouter un mot.

Un jour ou deux plus tard, mon père est revenu, l'air usé et vieilli, de sorte que mon cœur me faisait mal à l'idée de voir le changement. Lui, de son côté, était profondément inquiet de me trouver faible et malade, et envoya Luke à Doncaster avec une lettre à un médecin là-bas, lui interdisant de revenir jusqu'à ce qu'il puisse amener le médecin. Lorsqu'il apprit que j'avais été blessé en défendant les Goels, il s'abstint de parler, mais ses regards étaient à la fois tristes et furieux.

Tard dans la soirée, il nous rendit compte, à M. Butharwick et à moi, de ce qu'il avait fait pour obtenir que la décision des juges soit appliquée contre Vermuijden, mais en vain. Enfin il résolut d'en appeler au roi lui-même, dont le testament rendait nulle et non avenue la sentence de la loi. Il soudoya lourdement certains des serviteurs de Sa Majesté, mais ne put longtemps obtenir audience. Le roi était tellement inquiet et excité au sujet des serviteurs français de la reine, dont il désirait ardemment se débarrasser et les renvoyer dans leur propre pays, qu'il ne pouvait penser ni entendre parler d'autre chose, à moins que ce ne soit d'une manière ou d'une autre. de mettre la main sur l'argent, ce qu'il désirait ardemment. C'est ce que disaient les courtisans et les serviteurs. Néanmoins mon père suivit le roi, qui était extrêmement inquiet, d'un endroit à l'autre, cherchant une occasion favorable, et la trouva enfin dans un village près de Cambridge. Un des messieurs du roi, qui avait pris l'argent de mon père, vint le voir à son logement, rapportant à Sa Majesté qu'il était de meilleure humeur ce soir-là, ayant reçu de Sa Grâce de Buckingham une lettre qui le convainquait que les moines seraient bientôt partis. en France. Le voyant de cette humeur, le gentilhomme avait présenté la pétition de mon père, que le roi avait lue, et avait ensuite signifié que le pétitionnaire pouvait être admis dans sa chambre.

"Mais dès que je suis arrivé en présence du roi", a déclaré mon père, "je savais, à la mine renfrognée de son visage, que mon plaidoyer n'avait aucune chance d'aboutir. Il n'a pas daigné me parler avant d'avoir dit à son peuple. J'étais du Lincolnshire, qu'Henri VIII avait déclaré le comté le plus déloyal d'Angleterre, condamnation justifiée par sa propre expérience. Et de ce comté rebelle, la pire partie était l'île d'Axholme, où l'un de ses commissaires avait été ignoble. utilisé récemment. Puis il a poursuivi en disant que, dans le souci de ses sujets dans ce coin barbare de ses domaines, il avait autorisé un projet visant à récupérer de nombreux acres de sol maintenant sous l'eau, et, me montrant du doigt, il a dit : « Cet homme a osé défier son roi en s'opposant à notre gracieux dessein, en exposant je ne sais quelles arguties juridiques devant les tribunaux ; et lorsqu'il échoue dans son dessein rebelle, il a en fait l'audace de nous approcher en personne. Puis il déchira le papier et le jeta au feu, puis se tourna vers moi et me dit : « Va au diable, et grâce à tes étoiles, tu n'es pas aidé par une épée transperçant ton corps. » Sur quoi j'ai été bousculé hors de la présence sacrée.

Après que M. Butharwick eut pris sa retraite, mon père me parla de l'état de nos affaires, et ce, dans un sens tout à fait nouveau. Le changement était si grand qu'il me faisait peur de je ne savais trop quoi. Lui, qui avait l'habitude de parler et d'agir avec tant de résolution et de maîtrise, déplorait maintenant son imprudence en prenant sur lui la lourde charge du « solliciteur » et s'accusait de me faire ainsi du tort. J'avais peine à en croire mes oreilles et je doutais si j'étais éveillé ou en train de rêver.

« J'avais confiance qu'une juste cause devait prévaloir en Angleterre, mais j'aurais dû m'apercevoir que tout est changé dans ce pays. Un roi qui méprise les droits de son peuple en général et qui se moque de son Parlement ne peut être empêché de faire valoir ses droits. Il le fera avec quelques propriétaires terriens et des pauvres gens d'Axholme, alors qu'il est dans une situation désespérée pour l'argent, et qu'il peut l'obtenir en nous piétinant sous les pieds. Dans ma folle confiance, j'ai commis un grand tort en encombrant si lourdement le domaine.

Je ne savais pas comment répondre ; J'ai balbutié quelque chose sur le fait de faire tout notre possible pour réparer les dégâts.

"Heureusement, c'est possible", a-t-il répondu. "Il ne fait aucun doute que Maîtresse Ryther et son père vous accueilleront comme prétendants pour sa main en mariage. Vous n'êtes peut-être pas enclin au mariage pour le moment, et rien ne vous presse, mais vous ne devriez pas perdre de temps pour demander l'avis de la dame. Ceci obtenu, tous nos ennuis sont terminés. Et dès que vous serez mariés, j'irai à l'étranger, emmenant Butharwick avec moi, laissant la mariée la reine ici. À mon retour, une maison à Beltoft me suffira. .

"Malheureusement, je ne peux pas demander à Maîtresse Ryther de m'épouser", répondis-je, "parce que j'aime une autre femme de toutes les fibres de mon corps et de toutes les pensées de mon cœur."

Mon père sourit. "Tu le penses, Frank, et c'est en partie de ma faute. J'aurais dû te lâcher en ville, t'envoyer faire un grand tour, te donner l'occasion de prouver combien de fois nous pouvons être amoureux et avec quelle rapidité nous pouvons sortir de l'amour." C'est une maladie de jeunesse, une fièvre passagère ; mais tant que le délire dure, nous voyons et conversons avec les anges. Le changement d'air en est un remède.

Comment j'ai méprisé ce mépris de l'amour, comment j'ai protesté et juré que mon amour ne pouvait pas mourir, cela peut être imaginé par un amoureux, et aucun autre ne se soucierait de lire un tel sujet.

Mon père répondit avec un sourire indulgent : "Oui, oui, mon fils, je sais. Mais tu dois voir que le mariage avec la Hollandaise est hors de question. Tu n'as rien avec quoi te marier. Si tu refuses Maîtresse Ryther, tu Vous êtes un homme sans terre et sans le sou. Même s'il en était autrement, comment pourriez-vous épouser la fille d'un homme qui s'est évadé de prison et a fui son pays, plutôt que de subir son procès pour complot en vue d'assassiner son prince ? Temple Belwood ! Autant proposer d'épouser une bohémienne ; mieux encore, car vos propres gens ne brûleraient pas la maison au-dessus de votre tête, comme ils le feraient certainement si vous preniez d'ailleurs une femme du camp des envahisseurs hollandais. , la jeune fille est déjà accouplée – ou presque – avec un coquin qui a été expulsé de l'armée du roi Christian pour avoir triché aux dés. Vous voyez, j'ai pris la peine de m'informer sur votre Fantaisie et ses associés.

"Et qui est votre informateur, puis-je vous demander ?"

"Un Français, nommé Chavatte, un gentleman et un homme d'affaires, qui est venu avec Vermuijden, mettant beaucoup d'argent dans l'entreprise. Je l'ai rencontré à Cambridge, où il cherchait Vermuijden, comme je cherchais l'Oint du Seigneur. Il s'est retiré de l'entreprise pour de bonnes raisons. D'une part, il est convaincu que le plan de drainage est fatalement défectueux, et Vermuijden ne veut pas entendre parler de modification. Il découvre alors que le roi a vendu ce qui ne lui a jamais appartenu. et n'a pas envie d'être un receleur de biens volés, et il ne s'attend pas non plus à ce que les propriétaires légitimes se soumettent un jour au vol. Et il a le plus profond dégoût pour le lieutenant et l'adjoint de Vermuijden. Il essaie de récupérer une partie de son argent, et va bientôt rentrer chez lui. Vous serez enclin à le considérer comme un homme de sens, car il admire la beauté de maîtresse Goel et applaudit son dévouement envers son père, qu'il considère comme un fou, surtout parce qu'il désire la donner en mariage à celui-ci. Vliet. — Mais il trouve grâce auprès du sexe incompréhensible, ajouta Chavatte avec son haussement d'épaules français.

Je n'ai pas parlé pendant un certain temps. Un horrible doute s'était glissé dans mon esprit. Supposons que la piété filiale d'Anna doive vaincre sa répugnance envers Sebastian Vliet. Supposons que le type ait modifié sa conduite. Supposons qu'il réussisse à obtenir son consentement. Si Anna était perdue pour moi, que m'importait que j'épouse Maîtresse Ryther, ou une gitane, ou un nègre ? Si je pouvais racheter ce cher vieux lieu et rendre mon père heureux, n'était-ce pas mon devoir de le faire ? En supposant toujours qu'Anna ne pouvait pas, ou ne voulait pas être ma femme. C'était la première fois que je cédais au découragement, et encore aujourd'hui je ne comprends pas ce qui me plongeait dans la tristesse.

Une seule chose était claire pour moi : je devais voir Anna sans délai et savoir si je serais heureux ou malheureux toute ma vie. Je ne pouvais pas garder à l'esprit que je n'avais rien à offrir en échange de son acceptation, ni que son père pourrait traiter cette offre en ridicule. Je ne pensais qu'à la nécessité de voir Anna et d'entendre la parole qui devait décider de mon sort. Mon père n'a rien dit pour interrompre mes méditations. Depuis qu'il était loin de chez lui, il avait pris l'habitude de fumer, et maintenant il allumait sa pipe et tirait silencieusement. Quand il eut fini sa pipe et fait tomber les cendres, il dit :

" Je ne vous insisterai pas pour une réponse ce soir ; mais il faut se rappeler que les belles jeunes femmes, qui ont beaucoup d'argent, ne sont pas aussi abondantes que les mûres en septembre. "

« Je vous répondrai demain soir, » répondis-je ; mais je ne parlai pas de mon intention d'aller à Sandtoft le matin, car j'étais certain que mon père s'y opposerait fermement. En effet, entre la légèreté de ma tête et la lourdeur de mon cœur, il me fallut un certain temps pour monter et me coucher. Luke, qui avait l'habitude de m'aider, était absent, et je pensai que s'il me manquait ce soir, il me manquerait encore plus demain.

CHAPITRE XI

Alors que j'étais sur le point de me coucher, j'aperçus une lueur rouge dans le ciel vers l'ouest, et je craignis que cela ne signifie des ennuis à Sandtoft, alors je restai longtemps éveillé ; mais enfin la lassitude m'accapara, et je dormis pendant quelques heures. Je me réveillai tôt et, après m'être habillé lentement et maladroitement (mon bras étant plus douloureux que d'habitude), je sortis comme si je cherchais l'air du matin, prenant soin de ne donner aucune idée de mon intention aux domestiques, qui étaient déjà là. en agitation.

A cette époque de l'année, au milieu du mois d'août, il y avait le choix entre trois modes de traversée du marais. On pouvait se frayer un chemin sur des échasses ou avec des planches à crampons, mais dans ma faiblesse actuelle, je n'osais m'aventurer dans aucune de ces méthodes. La troisième solution consistait à prendre le bateau à Belshaw, sur un ruisseau sinueux qui finissait par rejoindre l'Idle à environ un mille au-dessus de Sandtoft. Luke m'avait dit que le Idle coulait à nouveau depuis la destruction de l'ouvrage de Vermuijden dans le sud de l'île, j'ai donc choisi la manière de procéder la plus simple, quoique la plus lente ; mais quand j'atteignis la petite auberge de Belshaw, il n'y avait pas de bateau disponible. Dame Drury m'a dit que leur bateau était chez le charpentier en réparation, et que Drury avait sorti la barque à fond plat, dans l'intention d'essayer le demi-canard et la bécassine, qui avait commencé à apparaître dans le marais. Il ne me restait plus qu'à attendre son retour, qui serait tôt ou tard, selon sa chance en chasse.

Tandis que la dame me préparait un petit déjeuner, elle me parla par hasard du cousin de son mari, qui dormait chez eux depuis un an, infirme d'une sorte de paralysie. Moitié par curiosité, moitié par compassion, je l'interrogeai et appris qu'il avait environ trente ans, qu'il avait hérité d'une propriété modeste à la mort de son père treize ans auparavant, et qu'il était parti voir le monde, cherchant connaissance et aventure dans de nombreux pays. Environ douze mois auparavant, il était arrivé à Londres, avec l'intention de rendre visite à ses amis de l'île, puis de se rendre en Virginie pour rejoindre le capitaine John Smith (qui était un parent éloigné des Drury) ; mais il avait été soudainement frappé par une mystérieuse maladie et gisait maintenant, impuissant, dans une chambre haute. Comme je lui demandais si le pauvre garçon accepterait un visiteur, elle alla s'enquérir pendant que je prenais mon repas, et revint avec le message qu'il serait très heureux de me recevoir.

Au premier regard, mon cœur s'est réchauffé, mais je ne sais pas quel était le secret de son charme pour moi. Savons-nous jamais ce qui nous attire vers l'autre ? Il avait un beau visage, mais ses yeux seuls étaient remarquables. Le large front était couronné de touffes de cheveux noirs ; la bouche et le menton étaient cachés sous les moustaches et la barbe, mais les yeux brillaient. Il y avait de la sorcellerie dans son sourire, tandis qu'il tendait sa main fine en disant :

"C'est un jour qui doit être marqué d'une pierre blanche. J'ai souvent entendu parler de toi, mais je ne m'attendais pas à te voir un jour dans ma tanière."

J'ai saisi la main, la gorge suffoquée de voir un tel homme prisonnier, et j'ai dit :

"Si j'avais su, je serais venu plus tôt."

"Je remercie Dame Fortune de votre venue maintenant", dit-il.

Il avait fait de sa pauvre petite chambre un endroit merveilleux. Sur les murs se trouvaient de nombreux croquis, dessinés au crayon principalement de mémoire, comme je l'ai appris par la suite, pleins de vie et d'esprit. Il y avait aussi des dessins pittoresques, expression de sa fantaisie humoristique. Quelques livres bien feuilletés en plusieurs langues se trouvaient à la tête de son lit. Sur la table se trouvaient des papiers couverts d'études mathématiques. Il suivit mon regard et dit :

"Les heures ne sont pas aussi lourdes qu'on pourrait le craindre. Avec des livres, des crayons et un esprit interrogateur, il n'est pas nécessaire de rester inactif."

"Mais habitué à la liberté et aux voyages..." commençai-je.

"Et donc, avec une réserve de souvenirs", l'interrompit-il. " J'avais l'habitude de parcourir les champs et de brouter ; maintenant je mens et je rumine. Vous pouvez rire quand je vous dis que mon pire fléau est l'essaim perpétuel de mouches. Parfois, leur bourdonnement et leur contact me rendent presque fou. Les plus oisifs, les choses les plus immondes, les plus impudentes et les plus viles sur terre, pas étonnant que la Bible attribue leur création à Belzébuth. Ne savez-vous pas quel est le sacrifice approprié que je devrais lui offrir, s'il me serait favorable, et éloigne de moi ses créatures. »

"La dame vous préparerait un papier pour les attraper."

" N'en parlez pas ! Elle l'a fait, et l'horreur de cela demeure avec moi. Mais une chose que j'en ai appris. Les prêtres ont tort avec leur doctrine du tourment éternel. Eh bien, je ne pourrais pas supporter les luttes misérables des plus grands. Des insectes répugnants et détestables et sans valeur . »

"Les questions de divinité me dépassent", dis-je en riant.

"Alors que les questions de toutes sortes sont mon métier", répondit-il.

Puis la conversation tourna sur ses voyages, et il parla des hommes et des choses dans presque tous les pays de l'Europe. Il semblait s'être fait des amis partout où il était allé et avait quelque chose à dire sur les vertus de chaque peuple. Il avait vu de ses propres yeux et jugé par lui-même, et parlait avec une fraîcheur délicieuse. Il avait fait bien des farces amusantes dans son désir de voir les choses de l'intérieur, ici d'entrer dans une mosquée, là de pénétrer dans la caverne d'un brigand, et il racontait ses escapades brièvement et avec légèreté, comme je n'avais jamais entendu un homme parler auparavant. ma vie. Malgré mon envie de partir à Sandtoft, le temps passait vite en sa compagnie et nous prenions notre déjeuner ensemble agréablement. Mais quand deux ou trois heures sonnèrent et que Drury ne parut pas, je devins agité et inquiet, et je trouvai une excuse pour sortir.

"Comme tu veux", dit-il; mais si vous voulez seulement donner libre cours à votre impatience, faites le tour et jurez un peu. Il y a longtemps que je n'ai pas eu le plaisir de surveiller un amant.

"Et qui te dit que j'en suis un ?"

Il a ri comme je n'ai jamais entendu un autre homme rire, doucement, musicalement.

" Oh, mon ami, le nom est écrit partout sur toi. La carte d'un mendiant aveugle n'est pas si lisible. Soupirs, accès de silence, écoute avide de moyens de fuite, une douzaine de signes le montrent clairement. Et d'ailleurs, qu'est-ce qui pourrait prendre un moment ? homme blessé, toujours pas mal malade, à travers les marais jusqu'à Sandtoft, de tous les endroits du monde - mais l'Amour, le plus fort des dieux les plus anciens, vénérable comme le Chaos, la Terre Mère et les Profondeurs du Néant ?

"Vous parlez comme un fervent", dis-je.

"Oui, du dieu ; pas, comme vous, de la prêtresse. La divinité est une ; ses serviteurs sont nombreux."

Pour moi, c'était une note tintante et discordante, mais le son de la voix de Dame Drury en guise de bienvenue à son mari m'est venu à l'oreille, alors j'ai dit à mon nouvel ami « Bonne journée » et je suis descendu en toute hâte.

J'ai eu du mal à obtenir le prêt du punt. Drury avait ceci, cela et autre chose à faire demain. Il y avait « beaucoup de volaille » dans les environs, qui pourraient atteindre de bons prix si tôt dans la saison, et il se méfiait de mon assurance de revenir ce soir-là ; et il a même laissé entendre qu'il doutait de jamais revoir le botté ou moi-même, s'il me permettait de l'emmener à Sandtoft, où « les Hollandais sont aussi fous que des abeilles quand leur skep a été bouleversé ». "Est-ce qu'il le vendrait directement ?" Ai-je demandé, impatient de perdre du temps en querelles. Non; il ne le ferait pas, parce que le prix de la barque ne couvrirait pas le temps perdu pendant la préparation d'une nouvelle barque. "Prenez le prix qui vous plaira", dis-je, et à cinq heures, je montai dans le barque et commençai à descendre le courant. Je ne pouvais pas manier deux perches à cause de la faiblesse de mon bras droit, alors j'avançai mais lentement. Plusieurs fois, j'ai été obligé d'utiliser les deux bras vers un seul poteau là où l'eau était très peu profonde, ou où les mauvaises herbes devenaient envahissantes ; et je trouvai le travail pénible, si pénible qu'après une heure de labeur, je fus pris d'une sorte de nausée dans la tête, et je m'allongeai au fond de la barque pour me reposer un moment. Je ne sais pas si je me suis endormi ou si je me suis évanoui, mais lorsque je suis sorti de mon sommeil ou de mon évanouissement, la lumière s'était estompée et une douce averse tombait. Je suppose que la pluie sur mon visage m'a réveillé. J'avançai, mais si faiblement que l'obscurité me surprit avant que j'atteigne Sandtoft, car les nuages de pluie qui s'épaississaient coupaient le crépuscule. Quand je suis arrivé au village, je suis descendu au premier endroit convenable pour atterrir et, après avoir amarré le bateau, j'ai marché lentement et prudemment le long de la berge pour trouver la porte. Soudain, une lanterne m'a brillé au visage et mes bras ont été saisis par derrière et attachés. Mes ravisseurs m'ont précipité vers l'avant, échangeant quelques mots dans leur propre langue, mais ne me disant rien.

Bientôt, je fus poussé dans une pièce nue, éclairée par une lampe accrochée à un crochet dans le madrier au-dessus, où Vliet et trois autres étaient assis, fumant, autour d'une table sur laquelle étaient posés deux ou trois bouteilles carrées, plusieurs verres et un verre. pichet d'eau. L'étroitesse de la pièce, avec l'odeur du tabac et l'odeur de Schiedam, était étouffante et écœurante, et tout commença à tourner en rond ; mais je me ressaisis au prix d'un grand effort de volonté, car quelque chose m'avertissait que je devais garder mes esprits ici. Pendant que Vliet et les autres parlaient en néerlandais, l'un des hommes a détaché mes liens et, en baissant les yeux, j'ai vu que ma main droite était rouge, puis j'ai senti un lent couler le long de mon bras. Maintenant, je comprenais mon malaise. Ma blessure avait réapparu et la perte de sang m'avait affaibli.

L'homme qui avait coupé le cordon qui m'attachait les bras me fouillait maintenant, comme s'il supposait que j'avais des armes cachées sous mes vêtements. Ce faisant, il ôta mon manteau et, trouvant la manche de ma chemise trempée de sang, me regarda attentivement en face, puis fit une remarque à Vliet, ce qui le poussa à prendre la lanterne d'un des hommes et à la pointer contre mon visage. nez. Il s'assit après l'inspection et rit jusqu'à ce que son visage devienne violet. Puis il versa un énorme verre d'alcool, dont il but d'un trait la moitié et rit de nouveau. Quand sa crise fut terminée, j'ai dit :

« Vous me reconnaissez, je crois, Mynherr Vliet ?

Il parlait anglais, trouvai-je, quoique abominablement, et avec un bégaiement ivre.

"Oh oui, monsieur, diable prends votre nom ! Je vous connais."

"Vous ne pouvez pas supposer que je suis venu à Sandtoft avec de mauvaises intentions."

"Par le ciel et l'enfer, mais je peux le supposer et en être sûr. Mille diables, oui. Vous êtes un espion, un traître, un Judas."

Puis il se tourna vers ses hommes, les bavardant rapidement en néerlandais, donnant finalement un ordre à l'un des hommes, qu'il sortit pour exécuter.

« Ces blessures causées par la défense de votre peuple devraient vous certifier, M. Vliet, » dis-je en désignant mon épaule.

" Ah ! vous êtes rusé, Monsieur-Judas. Vous vous battez un peu en plein jour pour nous, afin de comploter contre nous dans le noir. Espèce de diable intrigant ! "

Même si je savais, en regardant le visage de Vliet, où la haine furieuse n'était pas moins visible que l'ivresse, qu'il n'y avait qu'un pas entre moi et la mort, je ne pouvais m'empêcher de sourire au personnage qu'il me donnait.

"Vous riez ! Vous aurez l'air très drôle quand vous serez pendu !" il a dit.

« Soyez sûr de cela », dis-je en parlant lentement et aussi clairement que possible, si par hasard certains Hollandais parvenaient à comprendre suffisamment l'anglais pour comprendre ce que je voulais dire : « si vous me pendez, vous serez pendu, et tout homme qui t'aide."

J'ai vu au regard d'un des gars qu'il me comprenait. Il murmura à Vliet, qui leva les yeux et demanda :

"Quel mensonge as-tu à raconter pour pourquoi tu es venu ici ?"

"Je suis venu parler avec le docteur Goel et sa fille pour des raisons privées."

"À la faveur de l'obscurité, comme un voleur ! Vous rampez sur la berge dans un endroit non gardé. Pour voir le médecin ! Menteur !"

"Je suis parti tôt ce matin, mais j'ai été gêné par le chemin et, fatigué, je suis descendu de mon bateau au premier endroit que j'ai touché."

Je vis que j'avais quelque peu impressionné le seul homme, car il posa à Vliet une question dans laquelle il mentionna le nom du médecin, à laquelle la réponse fut catégoriquement négative ; Et tandis qu'il le donnait, Vliet sortit un pistolet d'un tiroir sous la table et regarda l'homme d'un air menaçant. Puis il s'est tourné vers moi.

"Vous êtes un menteur. Votre Lord Sheffield m'a dit à quel point vous êtes rusé. Vous prétendez être l'ami de certains de nos gens afin de connaître notre travail et nos défenses. Ensuite, vous envoyez vos coquins brûler et détruire, comme ils l'ont fait hier soir. J'en ai pendu deux, et je vous pendrai, selon votre loi anglaise ! "Vous êtes un rebelle contre votre roi ; et un seigneur anglais soutiendra mon ami."

Il avala une autre potion enflammée. J'ai commencé à penser que mes chances de vivre étaient faibles. Vliet pouvait ou non vraiment croire que j'étais l'instigateur des attaques contre la colonie, mais il avait la parole de Sheffield et il aurait sans aucun doute les hommes de Sheffield prêts à le jurer, si cela plaisait à Sa Seigneurie. Les véritables motivations de Vliet pourraient être bien cachées sous prétexte de justice sommaire envers un ennemi public. Il y avait cependant une possibilité à laquelle il n'avait pas pensé ; Je le lui poserais. Tout cela m'est venu à l'esprit avant que Vliet ne pose son verre vide sur la table.

"Avez-vous des témoins pour prouver que Lord Sheffield vous a dit que j'avais soulevé des émeutiers contre vous ? Parce que si vous ne l'avez pas fait, lorsque vous l'avez gratifié en m'écartant du chemin, il ne lèvera pas le petit doigt pour vous garder à l'écart du bourreau. Il niera avoir jamais dit de telles choses et vous rira au nez.

Pendant un instant, il fut stupéfait, mais il était trop alcoolisé pour pouvoir réfléchir.

"Bah ! tu es un diable menteur !" il a dit.

A ce moment, l'homme qu'il avait envoyé revint me dire, si j'ai bien compris, que tout était prêt. J'ai pris un verre sur la table, je l'ai rincé avec l'eau du pichet, je l'ai rempli à nouveau et j'ai bu. J'avais tendance à frissonner, et le type pourrait penser que je tremblais de peur. Vliet a donné un signal et j'ai été conduit dehors. Plusieurs hommes se tenaient là, des torches enflammées et des cressets à la main, et à ces lumières j'apercevais au-dessus de moi la potence à laquelle pendait une corde. Le nœud coulant a été passé sur ma tête. Quelques hommes se crachèrent sur les mains et saisirent l'autre bout de la corde, prêts à la tirer ; et je fermais les yeux pour prier la prière du publicain, lorsqu'un grand cri de la voix la plus claire du monde me réveilla. La foule se sépara et Anna s'approcha du pied de la potence en disant quelque chose en hollandais d'un ton impérieux. Les hommes détendirent la corde, l'un d'eux lui faisant faire un tour ou deux autour d'un piquet dans le montant. S'ensuivit ensuite une conversation rapide entre Anna et Vliet, accompagnée de murmures de la part des passants. Je ne comprenais aucun mot, mais par le ton et les gestes, je savais qu'Anna commençait par l'indignation et la colère, mais qu'elle était poussée à implorer. Alors le docteur arriva et se joignit à la conversation, s'adressant principalement à sa fille. Cela se termina par Anna permettant à Vliet de lui prendre la main, répétant une phrase qu'il semblait dicter. Anna fit maintenant mine de venir vers moi, mais Vliet lui barra le passage ; et il s'ensuivit une altercation, qui aboutit à nouveau à ce que Vliet obtienne son testament. Anna partit à contrecœur avec son père et je fus conduit dans la chambre où j'avais été emmené au début.

Lorsque nous sommes rentrés dans la pièce, c'est-à-dire Vliet, moi et ses trois compagnons, l'un d'eux m'a tendu mon manteau, mais je ne l'ai pas mis, car il était trempé de pluie. Il trouva alors une couverture de cheval, la jeta sur mes épaules et m'offrit la bouteille d'alcool. Le voyant jusqu'ici bien disposé, je demandai du pain, et il en sortit, que je grignotais avant de me servir d'une petite quantité de liqueur. Cela me faisait frissonner de le boire, mais cela me mettait de la vie et de la chaleur. Pendant tout ce temps, Vliet restait allongé sur sa chaise dans une sorte de stupeur, conséquence, j'imaginais, du fait qu'il avait été au grand air après tant de gin bu. Au bout d'un moment, il se réveilla et but une gorgée. Puis il alluma sa pipe et se mit à parler à ses camarades à voix basse et à voix basse. Peu à peu, il se tourna vers moi...

"Je t'épargne la vie ; je ne te pendrai pas. Pourquoi ne t'agenouilles-tu pas et n'embrasses-tu pas mes bottes ? Où est ta gratitude pour ma miséricorde ?"

Comme je n'ai pas répondu à la question, il a continué :

" Stupide porc ! Mais je te ferai parler. J'ai donné ma parole à ma femme — ma *femme* , tu comprends — que je ne te pendrai pas ; mais je te couperai les oreilles et te trancherai le nez. Mille diables, oui ! Et alors je te jetterai dans le marais, et si tu meurs là-bas, ce ne sera pas de ma faute.

"Si tu veux te venger de moi, prends-le comme un homme", répondis-je. "Vous avez un couteau à la ceinture ; donnez-m'en un et combattons. Vous êtes à moitié ivre, mais je n'ai que mon bras gauche et je suis par ailleurs faible. Viens, sois un homme."

Et je me levai, car je ne désirais rien de mieux qu'un duel à mort. La vie sans Anna ne valait rien, et si par hasard je pouvais le tuer, elle serait libérée de cette brute répugnante. Les autres Néerlandais bavardaient entre eux et avec Vliet et, autant que je pouvais comprendre, ils soutenaient ma demande de combat. Peut-être qu'ils ne seraient pas très affligés si l'intimidateur subissait le pire. Il nous lança un regard furieux, versa encore du gin et le but, laissa sa pipe tomber par terre, sortit son couteau et s'approcha de moi. Mais il avait trop bu pour être dangereux. Un coup entre les yeux l'envoya au sol comme une bûche, et il resta là, inanimé. Le sympathique Hollandais me prit par le bras et me conduisit chez le docteur Goel.

CHAPITRE XII

Martha nous a ouvert la porte si rapidement qu'elle m'a donné l'impression qu'elle attendait derrière elle en attendant notre arrivée. Elle m'a fait entrer dans une chambre qui avait l'air merveilleusement confortable après celle que je venais de quitter ; et un poulet froid, du pain et une bouteille de vin étaient des choses agréables à voir, car j'avais la faim d'un chien affamé. Anna est entrée et m'a obligé à m'asseoir pour manger et boire, malgré mon désordre et ma saleté, avec la couverture de cheval autour de mon corps. Elle ne me laissait pas trop parler, et Martha s'est précipitée pour apporter des provisions fraîches jusqu'à ce que je déclare que je ne pouvais plus manger. Puis le médecin est venu examiner mon bras. Il siffla en le mettant à nu.

« Comme vous êtes drôles, les Anglais ! » il s'est excalmé. « Penser à utiliser un bras dans cet état ! Mais, après tout, c'est une chance que vous l'ayez fait.

Puis, avec un langage très savant, il s'efforça de m'expliquer combien il était heureux que ma blessure ait refait surface. Il a lavé et nettoyé le bras, l'a oint et l'a attaché, parlant tout le temps à Anna et Martha, qui se tenaient là pour lui remettre les choses qu'il voulait ; mais j'étais trop lourd pour y prêter attention, étant à moitié endormi avant qu'il en ait fini avec moi. J'ai été quelque peu surpris par l'apparition de Luke, mais il m'a rapidement mis au lit.

Tard le lendemain, je me suis réveillé, plus brillant et plus frais que je ne l'avais été depuis plusieurs jours, mais extrêmement faible. Luke m'a apporté une boisson d'une sorte de bière étrange, qui m'a beaucoup revigoré, et quand je l'ai bu, il m'a raconté qu'il était revenu hier tard de Doncaster avec le médecin et qu'il avait trouvé tout le monde à Temple Belwood en grande difficulté à cause de mon état. disparition. Personne n'avait imaginé que j'irais peut-être à Sandtoft, mais Luke a naturellement deviné mon intention ; ainsi, prenant un poteau, une lanterne et des planches à taquets, il se dirigea vers Belshaw, où il apprit mes actes, et traversa le marais en ligne droite vers la colonie. Il lui suffisait de faire les signaux convenus entre lui et Martha, un sifflement semblable à celui du pluvier gris, suivi d'un cri de hibou, pour amener sa bien-aimée au lieu de leur rendez-vous, mais il fut stupéfait d'apprendre que rien n'avait été fait. vu ou entendu parler de moi chez le docteur Goel. Rôdant prudemment, Martha faisant le guet, il trouva le punt, et ayant l'assurance que j'étais dans le voisinage, il revint vers Martha. Alors qu'ils entraient dans la palissade par une ouverture cachée par un bosquet de saules, une lueur de cressets et de torches nous montra, moi et mes conducteurs, allant de la salle des gardes à la potence, et ils se précipitèrent vers la maison du médecin avec la nouvelle. Ce qui suivit est déjà écrit.

Quand je parlai de rentrer chez moi, le médecin prit un ton autoritaire et jura qu'il me retiendrait, de force, s'il le fallait, jusqu'à ce qu'il se soit assuré que je ne courais plus de risque de perdre mon bras. Je n'opposai pas de forte résistance, mais j'envoyai Luke à Temple pour rassurer mon père et m'apporter des vêtements de rechange et d'autres choses dont j'avais besoin, et je m'installai dans la maison du médecin avec le plus grand contentement. Un changement merveilleux s'était produit en moi, qui pouvait être dû à l'élimination du venin de mon sang, comme l'affirmait le médecin, ou au fait que j'étais sous le même toit qu'Anna, comme j'inclinais à le croire. Personne ne semblait craindre de nouveaux ennuis de la part de Vliet, et je commençai à douter que mon expérience de la veille au soir ait été réelle ou seulement un cauchemar. Le docteur Goel était assis dans sa chambre, la pipe à la bouche, au-dessus des feuilles, des racines et autres détritus, sortant de temps en temps pour me poser des questions, expliquant pour cela que j'avais l'œil vif et l'habitude d'observer. remarquable pour quelqu'un qui n'est pas doué en sciences, mais je pensais que sa véritable intention était de m'empêcher d'être seul avec sa fille, même s'il y avait peu de chances que cela se produise, car Anna avait des tâches ménagères (ou les faisait), ce qui l'a amenée à partir et venant continuellement. Il s'agissait désormais de préparer des médicaments pour les patients de son père ; maintenant, je vais conférer avec Martha au sujet des questions de cuisine ; maintenant pour chercher de vieux vêtements pour certains des plus pauvres parmi les colons ; toujours de quoi interrompre notre conversation alors que j'abordais le sujet qui me tenait le plus à cœur. Alors, désespérant de lui parler pour le moment, j'osai interrompre le docteur dans son curieux passe-temps. Il supporta l'interruption avec courtoisie, même s'il soupira en posant son verre et en cessant de se pencher sur les affaires sur la table. Je lui ai demandé si Vliet avait abandonné son ivresse à l'intercession de Maîtresse Goel.

« Monstre ? C'est une blague, n'est-ce pas ? il a répondu. "Ce n'était pas une blague, M. Vavasour. Sébastien était furieux du méfait commis la nuit précédente, et il vous aurait pendu sans l'intervention de ma fille. Oh oui. Peut-être qu'il aurait mis sa propre tête en danger. Je ne sais pas La loi semble être en suspens dans cette partie de l'Angleterre. Mais Sebastian aurait tenté sa chance à l'époque, mais que dit votre proverbe : « Tout est bien qui finit bien ? Ma fille était là pour vous sauver la vie. J'étais là pour sauver votre bras. J'ai la satisfaction de rendre quelque service à un monsieur qui m'a obligé. Et voilà que finit un malentendu entre ma fille. et son fiancé. Elle a consenti au mariage dans un délai de trois mois, et j'ai un certain espoir d'être autorisé à retourner dans mon propre pays à ce moment-là. Alors "tout va bien", conclut le médecin en souriant.

Marié dans les trois mois ! J'aurais aimé que Luke se soit égaré ou que Vliet se soit montré plus têtu. Que valait ma vie pour moi, Anna étant perdue ?

Mais enchaîné à un voyou ivre ! Ce serait encore mieux si j'avais été étranglé la nuit dernière. Cela ne pouvait pas être le cas. CA ne devrait pas être.

Je ne sais pas comment mon attitude extérieure trahissait mes sentiments, mais le docteur en perçut quelque chose, car il continua :

" Il y a un peu d'irrégularité, presque d'inconvenance, dans ce que je vais dire, mais il y aura peut-être un avantage mutuel. Je sais que vous admirez ma fille et que vous vous imaginez amoureux d'elle. Restez : écoutez-moi un instant. Dans peu de temps, vous décririez sans doute votre sentiment en termes plus forts. Nous dirons que vous l'aimez. Considérez, s'il vous plaît, combien il est impossible que son père accepte une demande en mariage de votre part. au gré de votre père, si je suis bien informé ? (Qui l'avait informé ? me demandai-je en hochant la tête.) « La succession est lourdement chargée, du moins c'est ce qu'on me dit ? Encore une fois, j'ai hoché la tête et je me suis demandé. "Mais, en supposant que vos perspectives soient aussi bonnes qu'elles paraissent mauvaises, pourrais-je consentir à ce que ma fille soit enterrée dans une région à moitié sauvage comme celle-ci ? Pourrais-je lui permettre, estimée comme un ornement de la société la plus intellectuelle de l'Europe, devenir l'associé méprisé de grosses femmes de fermiers, pour qui la vente de volailles et de beurre est la principale affaire de la vie, et dont les amusements sont grossiers et frivoles à l'extrême, ce serait une folie inouïe de ma part, même si ? il n'y avait aucun arrangement précontractuel pour l'installation de ma fille dans la vie. Mais il se trouve qu'elle est fiancée à un monsieur fortuné, qui a montré la sincérité de son attachement par des preuves éclatantes.), "notamment qu'il a renoncé aux scènes agréables et aux compagnons pour endurer l'exil afin d'être près de la dame de son choix".

Je ne pouvais plus tenir ma langue.

« Vous avez amené Mynherr Vliet en discussion, docteur, vous devez donc me pardonner de vous demander si vous croyez qu'une dame peut aimer la brute ivre ? Et sinon… »

"Il n'est pas nécessaire de traiter la question de manière hypothétique", interrompit le médecin. "Je peux vous assurer que ma fille a pour Mynherr Vliet toute l'affection que son fiancé pourrait raisonnablement rechercher. Nous sommes quelque peu indélicats à aborder un tel sujet, mais comme je désire dissiper toute illusion qui pourrait exister dans votre esprit, je ma parole, toute inclination que vous avez pu imaginer pour vous-même n'était qu'un sentiment passager. Les jeunes femmes d'une certaine tournure d'esprit, nourries de poésie et de théâtre, ont tendance à entretenir une fantaisie passagère pour un beau jeune homme. homme, rencontré dans des scènes nouvelles, surtout quand ils sont quelque peu piqués par la prétendue désertion de l'amant accepté.

J'ai regardé le vieux monsieur, qui m'a souri avec bienveillance, comme s'il avait confiance en sa connaissance du cœur d'une femme, et je me suis demandé s'il pouvait avoir raison. Ou bien se faisait-il des illusions sur le bonheur de sa fille, parce qu'il désirait tant retrouver sa maison, ses amis et ses activités agréables ? Il se peut qu'Anna ne m'aimait pas vraiment, je pourrais bien le croire ; mais c'était incroyable qu'elle puisse aimer une bête comme Vliet. Pendant que je restais silencieux, on apprit l'arrivée de Vermuijden et son souhait de voir le médecin et Anna. Je suis donc resté seul pour ruminer. Certaines choses que le médecin m'avait dites m'ont beaucoup intrigué. Quant à ce qu'il avait dit contre l'île, je ne m'en souciais pas du tout, et je n'étais pas non plus très troublé par le mauvais état de ma fortune, que, dans ma confiance de jeunesse, j'espérais réparer en peu de temps. Pourrait-il dire la vérité lorsqu'il dit qu'Anna a vraiment choisi de devenir l'épouse de Vliet ? C'était la question. Je ne pouvais pas m'empêcher de penser que son évitement de moi allait dans ce sens. Et pourtant, ce qui s'est passé près de la potence ressemblait plutôt à une parole qu'elle avait donnée à Vliet par pur désir de me sauver la vie. Mais cette promesse, extorquée sous la menace, et une menace que Vliet lui-même ne pouvait pas, dans son sens raisonnable, tenter de justifier, ne pouvait être tenue pour contraignante. Il était absurde de penser qu'il s'agissait d'un engagement sacré. Je ne pouvais pas non plus croire qu'Anna était légère et inconstante, même si son père l'accusait. Une seule chose était claire pour moi : je devais parler avec Anna. Pendant que j'étais assis à réfléchir, j'ai entendu frapper à la porte et la plantureuse Martha est entrée pour me dire que Luke était revenu et attendait mon plaisir. Son visage brillant et honnête était agréable à voir et j'ai commencé à lui parler. Je lui ai demandé si elle avait entendu ce qui s'était passé hier soir entre Maîtresse Goel et Vliet.

"Presque tout, monsieur," répondit-elle, "et j'aurais aimé être un homme pour la première fois de ma vie."

"Pourquoi?"

"Pour que j'aie la force de le tuer sur-le-champ pour avoir torturé la femme la plus brillante et la plus douce du monde."

"Il a exigé une promesse qu'elle l'épouserait dans les trois mois, n'est-ce pas ?"

"Oh oui. Il n'a tenu aucun compte de la raison ni de l'avertissement. Il a dit que tu devrais mourir, quoi qu'il puisse lui arriver par la suite, à moins qu'elle ne lui donne sa parole sur-le-champ devant témoins."

"Et le docteur Goel peut penser que sa fille sera heureuse avec lui !" me suis-je dit, étonné.

"Oh, le docteur !" s'écria Marthe avec mépris. "Il a gaspillé sa cervelle en mauvaises herbes et en choses rampantes, jusqu'à ce qu'il n'en ait plus rien avec lequel comprendre ses semblables. Il pense à Sebastian Vliet tel qu'il était, avant que ses joues ne soient gonflées et ses mains tremblantes. Alors le médecin a Il a perdu son argent, ou presque, dans cette folle affaire, et il veut compenser la perte subie par ma maîtresse. Il pense que Vliet en a beaucoup et n'a aucun sens de voir cet argent fondre comme neige en avril. , quand il est entre les mains d'un joueur ivre. Et c'est ce qu'est Vliet. Chaque soir, quand Vermuijden est absent, il joue et perd, car les hommes avec qui il joue connaissent tous ses tours et bien plus encore. il est trompé par le seigneur qui vient le voir, et par un autre coquin qui va chercher et porte pour le seigneur l'argent de Vliet qui va très vite. Mais qu'importe Vliet ?

"Il semble avoir une certaine importance, puisqu'il a la parole de Maîtresse Goel de l'épouser, et son père est très content qu'il en soit ainsi."

"Et à quoi cela sert-il contre un gentleman qui l'aime ? Tous les amants dont j'ai entendu parler claquaient des doigts sur les vieillards idiots, rougissaient son rival et s'en allaient avec la dame."

« Malheureusement, pensai-je, il faut pour cela une bourse, une rapière et un endroit où aller à cheval. » Ce que j'ai dit, c'est : « Mais il faut que la dame consente avant même que le héros d'une ballade puisse s'enfuir avec elle.

"Consentement!" répéta Marthe. " Et à quoi sert un amant, s'il ne lui épargne pas la peine de consentir, de couper court à toutes les disputes en lui fermant la bouche, et de s'en prendre à ses parents quand la bague est à son doigt et le rougissement heureux sur sa joue ? Vous me considérerez peut-être comme une coquine audacieuse pour parler ainsi. Mais je sais ce que je sais. Et mon cœur est douloureux d'entendre des sanglots et des prières toute la nuit dernière, et de voir ce cher ange avec des paupières gonflées et un frémissement pitoyable sur ses lèvres. matin. Une chose est sûre, Sebastian Vliet n'appellera jamais sa femme. S'il échappe à l'ivresse, aux tirs des hommes qu'il brutalise, au couteau d'un compagnon alcoolique, à la foudre du Tout-Puissant, je mettrai moi-même de la peste dans sa viande. ".

Elle avait l'air de le penser, son visage pâle et ses yeux brillants.

"Dois-je vous envoyer Luke, monsieur ?" » demanda-t-elle d'une autre voix.

Luke avait beaucoup à me dire, mais en résumé, le mécontentement de mon père à l'égard de ma visite à Sandtoft et de mon séjour là-bas était grand ; et M. Butharwick avait chargé Luke de me supplier de revenir sans délai, le bon vieillard étant très alarmé par la colère de mon père. Ni l'un ni l'autre n'avaient entendu parler de mon évasion de justesse de la potence, car j'avais interdit à Luke d'en parler.

Ce n'est que le lendemain soir que j'ai eu une conversation de cinq minutes avec Anna, qui m'a évité avec une habileté étonnante ; mais, grâce à l'aide de Martha, je parvins à la rencontrer alors qu'elle sortait d'une maison qui servait d'hôpital aux Hollandais malades et blessés. Même alors, elle a essayé de m'échapper, mais je n'ai pas accepté. Elle devait m'accompagner là où l'on pouvait discuter sans interruption, et c'était sur la rivière. Lorsqu'elle eut cédé et que nous fûmes montés dans un bateau, elle commença à parler de son espoir que la querelle entre les Hollandais et les Isloniens pourrait être apaisée par une mesure convenue lors du conseil tenu la veille au soir. Une rémunération importante devait être offerte à ceux des indigènes qui pourraient être incités à travailler à creuser des tranchées, à élever des remblais et à transporter du matériel. Si le travail ne devait pas être directement rentable, son emploi pourrait contribuer à un sentiment plus amical. Je la laissai parler, sachant bien qui avait conseillé cette voie, jusqu'à ce que nous arrivions à une large eau avec une petite berge au milieu du ruisseau, sur laquelle poussait un vieux bouleau. J'ai fait passer le bateau près de l'arbre, j'ai donné au peintre une torsion ou deux autour d'une branche en surplomb, j'ai expédié les rames et j'ai pris la parole à mon tour.

"Les questions entre Néerlandais et Isloniens persisteront, mais pas la question entre nous deux. Tu sais que je t'aime, Anna. Je ne peux pas te le dire en beau langage, mais jamais homme n'a autant aimé la femme depuis le début du monde, ou je le ferai jamais jusqu'au bout. Je suis un homme simple et rude, et je n'ai rien à vous offrir à part mon amour — pas d'argent, ni de terre, ni de rang, ni quoi que ce soit, mais je me frayerai un chemin vers quelque chose ; , s'il te plaît mon Dieu, si tu viens me voir quand je l'aurai fait, je pense que tu m'aimes, mais tu ne l'as jamais dit, dis "Je t'aime, Frank", et... "

Elle a arrêté mon long discours par un mot : « Cruel ! et se mit à pleurer.

Puis j'ai failli faire chavirer le bateau. C'était une chose un peu folle, et mon poids était considérable, mais je me suis précipité à ses côtés et, l'entourant de mes bras, j'ai attiré sa tête contre ma poitrine. Elle ne vit pas à quel point nous échappions de peu à un renversement, et elle ne résista pas non plus à mon étreinte, mais continua à sangloter, comme si son cœur allait se briser.

Puis j'ai découvert qu'on peut être célestement heureux et plein de tristesse en même temps, car chacun de ses sanglots semblait me déchirer la poitrine, alors que je ne savais pas comment contenir ma joie. Lorsqu'elle eut un peu repris haleine, elle fit mine de se retirer, mais je ne le permettais pas.

"Mais, Frank, je serai doublement, triplement parjuré, et je pleurerai et ferai honte à mon père au-delà de toute endurance."

"Dites 'Je t'aime, Frank'", ai-je insisté.

Finalement, elle le fit et cacha son visage rougissant contre ma poitrine. Alors je lui ai dit ce que je ne répéterai pas. Et, tout tremblant, je lui ai donné un baiser maladroit et maladroit. Combien de temps j'aurais dû parler dans mon ravissement, essayant de réconforter mon amour, je ne le sais pas, mais le soleil s'est couché sans que nous nous en apercevions, jusqu'à ce que le crépuscule grandissant fasse s'exclamer Anna à propos de l'heure. J'ai donc pris les rames et je me suis éloigné du plus bel îlot du monde. Martha se tenait à la porte, guettant notre arrivée, et alors que nous entrions dans la maison, elle saisit ma main et la porta à ses lèvres.

CHAPITRE XIII

Le médecin avait été convoqué à une conférence avec son chef, j'espérais donc que nous pourrions passer une longue soirée pour nous seuls, mais Anna l'a étouffé dans l'œuf.

"La fortune est bonne", dit-elle. "Je vais te donner quelque chose à manger, et ensuite tu devras rentrer chez toi."

« Loin de chez moi ? Pourquoi ? » ai-je demandé.

"Parce que mon père sera très en colère quand il saura ce que nous avons fait."

"Raison de plus pour que je reste avec toi."

"Oh, stupide Frank ! Pensez-vous qu'il me battra ? Mais si vous êtes ici, il dira des choses dont il sera un jour désolé - des choses que vous aurez peut-être du mal à pardonner. Alors que si je suis seul avec lui , je peux cajoler, ou gronder, ou pleurer, selon les besoins, et le ramener à la raison.

"Fuir ne me convient pas", dis-je.

"Je ne vous renverrais pas non plus, si vous pouviez faire le moins de bien. Il n'y a personne à renverser ou à jeter dans la rivière pour le moment; seulement un monsieur âgé à gérer. Et il y en a un autre à Temple Belwood impatient de voir son fils. Va et fais de ton mieux avec lui, en me laissant mon père.

Finalement, j'ai accepté. J'ai appelé Luke pour préparer mon départ, et il a dû me dire qu'une partie du fen depuis Sandtoft, presque directement jusqu'à Belton, avait été récemment inondée jusqu'à une profondeur de deux à trois pieds par l'élévation d'un remblai pour un vidange qui avait été commencée. Dans un bateau léger, on pouvait traverser plus facilement et plus rapidement qu'il n'était possible jusqu'à présent.

"Pourquoi ne pas marcher sur le talus ?" J'ai demandé.

Il semblait que la berge était accidentée et qu'il y aurait de l'embarras ici et là dans l'obscurité grandissante et la brume montante. Nous avons donc choisi le bateau comme moyen de transport. Pendant que nous parlions, Anna s'était empressée de me préparer le dîner, impatiente de me voir partir, et elle ne me permettait pas non plus de m'attarder pendant le repas ou après. Je voulais parler de notre avenir, mais elle ne le voulait pas.

"Avez-vous neuf pence?" elle a demandé. "Les amoureux rustiques en cassent un, n'est-ce pas ?"

J'en ai cassé un et je lui ai tendu les moitiés.

Elle en prit un et dit en riant : « Maintenant, nous sommes dans une situation convenable ; pourquoi avons-nous besoin de plus de mots ? Quand vous apporterez votre jeton, le mien sera prêt.

Rose-rouge, elle rougit lorsque je la pris dans mes bras, la serrai contre mon cœur qui battait vite et la joignis lèvres contre lèvres. Mais elle se retira, écourta nos adieux et me renvoya.

J'ai trouvé Luke qui m'attendait avec le petit bateau, et je suis monté à bord, lui ordonnant de rester à Sandtoft jusqu'au matin et de me rapporter alors des nouvelles de Maîtresse Goel. Il a soulevé quelques objections à ce que je parte sans surveillance, mais je l'ai rejeté, et sans aucun doute la perspective d'un entretien plus long avec Martha le disposait à l'obéissance. Il avait mis une lanterne allumée dans le bateau, ce qui me serait utile, me rappela-t-il, lorsque j'arriverais aux puits de volonté. Les fosses à volonté étaient des mares réputées sans fond, à moitié entourées de très vieux bouleaux, les uns encore verts, les autres tombés et pourris. Maintenant que le marais était sous l'eau, les arbres pourraient être en proie à la peste si je n'avais pas de lumière, car la nuit était plus sombre que les nuits d'août.

Remerciant mon brave homme de ses soins, je lui souhaitai une bonne nuit et m'éloignai rapidement, en me tenant bien à l'écart du talus, de peur qu'il n'y ait des bois au pied de celui-ci. Après avoir parcouru environ un mile, comme je l'avais estimé, j'ai arrêté de ramer la lanterne et je l'ai tenue en avant, à l'affût des arbres à volonté. Ce faisant, je m'aperçus que le bateau dérivait en arrière et un peu vers le talus. Comment pourrait-il y avoir un courant dans une nappe d'eau stagnante ? Mais il y avait certainement un courant ; et je cours assez fort aussi. Les Hollandais ne pouvaient pas être au travail à cette heure de la nuit, ouvrant l'écluse pour quelque raison que je puisse imaginer. Il y avait peut-être quelque part un défaut dans le remblai, une fissure qui s'élargissait sous la pression de l'eau. Quel que soit le secret, mon meilleur parti était d'aller aussi vite que je pouvais en godille ; alors j'ai pris les deux en main, tirant de toutes mes forces. Jusqu'à présent, je n'avais utilisé qu'un seul godille sur la poupe, épargnant ainsi mon bras le plus faible. Pas plus de cinq minutes plus tard, les godilles ont raclé le fond et le bateau s'est coincé fermement. En transportant les rames, je me penchai sur le bord, lanterne à la main, et vis qu'il n'y avait que quelques centimètres d'eau tout autour du bateau. Je ne m'étais pas échoué sur un banc de boue, mais j'étais bloqué par l'écoulement de l'eau ! Que faire ensuite était une question. Si je pouvais marcher jusqu'au talus, je pourrais continuer mon voyage à pied ; mais il ne fallait pas s'y aventurer tant que je ne connaissais pas la nature du sol, car dans cette partie du marais se trouvaient de nombreuses marais, et entrer dans l'un d'eux signifiait être aspiré jusqu'à une mort horrible. J'ai poussé le sol avec une godille, et il est descendu comme une cuillère dans la bouillie. J'étais juste au-dessus d'une boue. J'ai réessayé de faire de la godille, mais cela n'a servi à rien. Ensuite, j'ai essayé de pousser le bateau vers l'avant, mais il n'y avait rien contre quoi pousser. Je me suis levé, tenant la lanterne au-dessus de ma tête, regardant à travers la brume, et j'ai vu un buisson à six ou sept mètres devant moi, il y avait donc un peu de sol solide juste hors de portée ! Si j'avais eu un rouleau de corde avec moi, j'aurais pu en jeter une boucle dans le buisson et ainsi me sauver ; mais le peintre était la seule corde du bateau, et elle ne mesurait pas plus de six pieds de long. Il ne me restait plus qu'à attendre aussi patiemment que possible jusqu'au matin, quand quelqu'un pourrait arriver à portée de main, ou Luke pourrait me chercher, à moins que, par chance, l'eau ne remonte. Ce n'était pas une grande difficulté après tout : la nuit n'était pas froide, mais un peu fraîche à cause de la brume. Alors que j'arrivais à cette conclusion, j'ai été surpris par quelque chose qui a sifflé au-dessus de ma tête et est tombé avec un bruit sourd et un bruit sourd à quelques mètres au-delà du bateau. Quelqu'un doit être en train de le jeter depuis le talus, et sur moi apparemment. Ma lanterne devait l'aider à viser, aussi, ne voulant pas l'éteindre, n'ayant aucun moyen de la rallumer, j'enveloppai un épais foulard que je portais sur la corne et le rangeai dans l'arc. Pendant que je faisais cela, une autre pierre s'écrasa sur le bateau avec une telle force que je crus qu'elle avait été lancée depuis une fronde. D'autres pierres se succédèrent rapidement, mais pas plus d'une pierre sur trois ou quatre toucha le bateau ; mais l'un d'entre eux m'a frappé avec un tel coup sur la fesse qu'il m'a fait réfléchir quelle serait la conséquence de recevoir un autre coup pareil dans une partie plus vitale.

Je ne pouvais concevoir aucune sorte de protection pour le moment, mais je me suis rendu compte qu'une petite esquive pourrait dérouter mon ennemi. J'ai remonté un des bancs sans grand effort, car le petit bateau était vieux et pourri, j'ai enlevé mon manteau pour cacher mes opérations à l'ennemi, j'ai coupé un peu de peinture, j'ai attaché la lanterne au banc et j'ai posé il flottait sur l'eau, comptant sur le risque qu'il dérive. Je l'ai placé avec le klaxon du côté du talus, en espérant qu'il puisse avancer un peu avant que mon agresseur ne l'aperçoive. À mon grand soulagement, il glissa doucement, sans arrondir jusqu'à ce qu'il ait parcouru, autant que je pouvais le deviner, une vingtaine de mètres. Il tira ses volées pendant un moment, puis il disparut, même si je ne savais pas s'il l'avait touché ou s'il était tombé par hasard. Tandis que son attention était ainsi détournée de moi, j'eus le temps de réfléchir à ce que je devrais faire au cas où il parviendrait à découvrir à nouveau où je me trouvais, ce que j'étais suffisamment optimiste pour considérer comme improbable. En cela, je me trompais, mon ennemi ne devait pas être battu si facilement. Mais je profitai de ce répit temporaire au meilleur avantage auquel je pouvais penser en déchirant l'autre banc, de manière à avoir de la place pour m'étendre dans le fond du bateau, et en roulant d'un côté, en abaissant le plat-bord presque jusqu'à la surface du bateau. l'eau, me protégeant ainsi des blessures tant que les planches folles pourraient tenir contre sa batterie.

Je n'avais pas été trop rapide. Une faible lueur rouge commença à apparaître à travers la brume, et ayant une certaine idée de ce que pourrait être l'ennemi, j'agrandis légèrement l'ouverture d'une couture béante et regardai vers le talus. Un feu avait été allumé, et l'homme qui l'avait allumé se tenait en pleine lumière. Comme je l'avais supposé, cet homme s'appelait Vliet. Il avait un pistolet accroché dans le dos et une écharpe à la main. Sans doute avait-il vu mon départ de Sandtoft, remonté l'écluse pour évacuer l'eau et m'avait suivi le long du talus. Le hasard l'avait favorisé en m'échouant à un endroit d'où je ne pouvais pas bouger. Il lui suffisait de mettre mon bateau en pièces, voire de le rendre inflottable, et mon sort était scellé. Il pourrait revenir fermer l'écluse, et en quelques heures l'eau recouvrirait le bateau et moi. C'était plutôt sûr, s'il se contentait de briser le bateau. Il essaierait de faire plus que cela, j'en avais aucun doute. Je ne pouvais rien faire. Tenter de ramper sur la bave équivaudrait à chercher la mort. Je devais rester au bateau tant que les planches tenaient ensemble, me cachant si possible et ne faisant aucun bruit. Il pourrait imaginer que je m'étais enfui ou que j'étais mort, si je ne faisais aucun signe.

En observant ses actions, il m'a donné une lueur d'espoir. Il porta une bouteille à sa bouche et ne l'inclina pas trop haut. Avec quelle ferveur j'espérais qu'il aurait de quoi s'enivrer ! Son geste suivant montra qu'il n'était en aucun cas ivre pour le moment. Il s'éloignait du feu, s'arrêtant souvent, comme je le supposais, pour ramasser des pierres. Il avait évidemment l'intention d'économiser de la poudre et des plombs aussi longtemps qu'il le pouvait, et d'accomplir son travail aussi silencieusement que possible. Lorsqu'il revint au feu, il alluma une torche et descendit le talus en regardant attentivement le sol du marais, comme s'il cherchait à se rapprocher du bateau, mais il avait trop de prudence pour s'y aventurer. Puis il remonta la berge et reprit sa fronde. Il avait trouvé où se trouvait le bateau, car il réussissait à heurter environ une fois sur trois. Son objectif était si mauvais que cela aurait été risible dans d'autres circonstances, mais je n'avais aucune envie de rire, car planche après planche craquait et commençait. Je me retournai et m'allongeai lui tournant le dos, grinçant des dents de rage d'être si ignominieusement lapidé et si totalement impuissant. Enfin, peut-être après une heure de tir continu, il y eut une pause et je me retournai pour regarder mon ennemi. Il n'était que trop facile de le voir à travers les coutures béantes et les trous creusés dans le bordé. Il s'est assis entre le feu et moi, de sorte que chacun de ses mouvements soit clairement perceptible. Si j'avais eu une arme à feu, j'aurais pu lui tirer dessus partout où je voulais. Il se frotta l'épaule droite avec sa main gauche, comme si l'exercice lui faisait mal. Puis il but à sa bouteille, en l'inclinant plus haut cette fois. Il resta assis si longtemps que je commençai à espérer qu'il imaginait qu'il avait mis fin à moi ; mais peu à peu il se leva, prit son fusil en main et se prépara à tirer. Je roulai maintenant jusqu'au bord du plat-bord, et l'eau et la vase coulèrent doucement sur moi. C'était bien de l'avoir fait, car viser Vliet avec un fusil était une autre affaire que viser avec une fronde. Coup après coup frappait et criblait le tas de planches qui avait été un bateau, mais comme par miracle, coup après coup me manquait. Vliet croyait clairement qu'il ne pouvait y avoir personne dans l'épave sauf un mort, car il se mit à chanter. Jamais je n'ai écouté de la musique, même la meilleure, avec plus de plaisir que j'en ai eu à entendre cette voix épaisse et ivre crier une chanson sans mélodie ! Je le regardai finir sa bouteille, disperser le feu, et j'entendis, au bruit décroissant, qu'il retournait à Sandtoft.

Ce n'est que lorsqu'il fut parti que je compris à quel point j'étais froid et mouillé, et je découvris alors que la moitié du bateau sur lequel j'étais couché s'était enfoncée dans la fange. D'abord, je crus que j'avais affaire à rien de plus grave que la vase qui s'était écoulée lorsque j'étais étendu sur le bord du bateau ; mais en plongeant mes doigts directement dans la boue, je constatai que la fosse nous engloutissait mon radeau et moi lentement, mais sûrement, au rythme, peut-être, d'un grain d'orge par minute. Je ne pouvais pas en être sûr, car je n'avais aucune certitude concernant le temps. La seule certitude était que la boue gagnait en moi. Je craignais de me déplacer, de peur que mon poids n'aggrave le naufrage ; mais je ne pouvais pas rester immobile dans l'obscurité pour être aspiré régulièrement, alors je me retournai avec beaucoup de précautions et, peu à peu, j'appuyai le bordé troué et brisé sur la surface de la boue, soulevant ainsi le côté sur lequel je me trouvais. avait avant couché. Étonnamment, il ne s'est pas complètement effondré, et je me suis couché dessus quelque temps avant qu'il ne commence à déborder par la boue, lorsque je me suis retourné doucement de l'autre côté qui avait été soulevé par mon poids. Cela a cédé plus rapidement qu'auparavant, mais cela m'a retenu pendant peut-être dix minutes, puis j'ai répété le spectacle et j'ai continué ce genre de balançoire pendant, je pense, une heure ou plus, mais le septième ou le huitième. tournant, avec un grand craquement, un côté s'écarta de l'autre, la ligne de cassure n'étant pas loin de la quille, comme je le constatai en tâtonnant. Pendant une seconde ou deux, je tombai dans le désespoir, mais je compris bientôt que mes chances de m'échapper étaient peut-être améliorées par la rupture du bateau. Agenouillé sur la moitié la moins cassée, les jambes aussi écartées que possible, j'ai essayé de tirer l'autre moitié vers le haut et vers l'avant. C'était un travail dur, car la boue le tenait fermement, et ma moitié s'enfonçait d'au moins un demi-pied pendant que je tirais sur l'autre, mais enfin j'avais la masse devant moi et je rampais dessus. J'avais l'impression que mes bras étaient à moitié sortis de leurs orbites, mais je n'avais pas le temps de me reposer. Il faut que j'essaie de sortir de la fange le morceau de l'épave sur lequel je m'étais agenouillé et avant l'autre. Cela s'est avéré encore plus difficile.

Avant que l'affaire ne soit terminée, j'étais jusqu'à mi-cuisses dans la fosse, et presque épuisé, mais c'était enfin fait, et tandis que je le poussais en avant, il rencontra un obstacle solide. Il y avait un sol sec, ou un arbre, à moins de trois mètres devant moi. Cette assurance m'a donné la force de la folie. Je me traînai un peu hors de la boue, et me jetai sur le débris avec une telle force, qu'il s'enfonça si profondément sous mon poids, que je fus englouti dans la fange, jusqu'aux épaules. Mais l'autre extrémité de mon radeau est restée ferme, et en m'agrippant, en me tordant, en tirant, je suis sorti centimètre par centimètre du marécage, et, ce faisant, à ma joie indicible, j'ai aperçu une faible lueur d'aube. Cela me montra une branche de bouleau tombante au-dessus de ma tête, que j'atteignis enfin et m'y accrochai en tremblant de peur qu'elle ne se brise. Il a tenu, et grâce à son aide, j'ai gagné du terrain. J'ai jeté mes bras autour du tronc de l'arbre comme s'il s'agissait d'un ami humain, riant et sanglotant dans un souffle. Ensuite, j'ai juré que Sebastian Vliet me répondrait de son ignoble tour avant qu'il ait plusieurs heures de plus. Après cela, je me suis souvenu de remercier Dieu pour ma délivrance et je me suis endormi pendant mes actions de grâces. J'ai dû dormir une heure ou plus, car le soleil était au-dessus de l'horizon lorsque je me suis réveillé froid et frissonnant.

Il serait fastidieux de raconter comment je suis rentré chez moi, car d'ailleurs rien ne s'est passé ; bien que je garde le plus vif souvenir de l'effort qu'il m'a fallu pour parcourir les deux milles, qui duraient jusqu'à vingt, mes vêtements étant couverts de boue jusqu'à ma chemise, et mes membres tremblant de froid et d'épuisement.

Mais à l'heure habituelle du petit-déjeuner, j'avais mangé et bu, lavé et changé, et j'étais à nouveau mon propre homme. J'avais besoin de toutes mes forces, car mon père entra dans la pièce avec une fureur contenue dans le visage et dans la voix.

"Vous avez enfin daigné m'honorer", commença-t-il. "Es-tu venu dire que tu sauveras Temple du marteau, ou que tu choisiras la mendicité pour toi et la disgrâce pour ton père ? Vite : fais-moi savoir ce que tu penses."

"Si tu veux dire, est-ce que j'épouserai une fille que je n'aime pas———"

Je répondais, quand mon père éclata :

"Bah ! Ne m'écœure pas avec des conneries de comédien. Vas-tu te comporter en homme de sens et d'honneur, ou en idiot ?"

"Je n'offrirai pas de mariage à Maîtresse Ryther", répondis-je.

"Alors sors de la maison," tonna-t-il, "et que je ne revoie plus jamais ton visage d'imbécile, et s'il y a quelque chose dans la malédiction d'un père, qu'elle s'accroche à toi aussi longtemps que tu vivras."

À ce moment, M. Butharwick entra dans la pièce d'un pas faible. Il tendit les mains d'un air suppliant à mon père et dit d'une voix qui n'était pas la sienne :

"Mon honoré patron, mon ami et bienfaiteur", et quelque chose de plus qui était indiscernable, car sa bouche commençait à fonctionner étrangement. Puis il chancela et serait tombé si mon père ne l'avait pas attrapé dans ses bras et ne l'avait allongé sur le canapé.

J'appelai du secours, et des domestiques accoururent dans la chambre, à qui mon père donna l'ordre d'aller chercher un chirurgien, et ceci, cela, et l'autre, ajoutant :

"Bid Savage, l'avocat, venez me voir sans tarder." Puis, se tournant vers moi, il me dit : « Veux-tu y aller, ou dois-je te faire jeter dehors par les domestiques ?

Le visage de mon cher vieux précepteur me regardait et je crus voir une supplication dans ses yeux, mais je ne pouvais rien faire. Je sortis, hanté par le visage tiré et les yeux mélancoliques, et par le visage dur comme taillé dans le marbre de mon père. C'était ma dernière vue d'eux deux.

Luke m'a rencontré dans le couloir et je lui ai demandé de me suivre jusqu'à ma chambre. Il avait une lettre pour moi, la première que j'avais reçue de mon amour, pleine de courage et de gaieté, dont j'avais alors cruellement besoin. Luke m'a dit que le médecin était transporté de rage en entendant sa fille avouer sa détermination ferme à respecter la promesse qu'elle m'avait faite, de sorte que même Martha était terrifiée par sa colère furieuse. Et mon véritable amour pourrait écrire pour soutenir mon esprit tenace alors qu'elle était elle-même dans de tels ennuis ! Tout le monde n'avait pas compris Vliet, qui avait essayé de calmer le médecin, affectant de penser que Maîtresse Goel serait bientôt d'humeur plus docile. Je l'ai assez bien compris. Le scélérat était sûr de m'avoir mis à l'écart : il devrait bientôt en savoir plus. Cela m'a un peu soulagé le cœur de lui écrire quelques lignes dans lesquelles je le défiais de me rencontrer dans un combat ouvert, et déclarais que je le traquerais comme une bête vermineuse s'il était trop lâche pour me rencontrer équitablement. Je l'ai donné à Luke pour qu'il le remette entre les mains de Vliet sans perte de temps.

Après que j'eus raconté à Luke mon aventure de la nuit dernière, qu'il écouta avec de grands yeux et quelques jurons murmurés, il s'écria :

"A partir de maintenant, Measter Frank, je reste à toi comme ton shadder."

" C'est exactement ce que vous ne ferez pas, mon brave garçon, car je suis un paria de la maison de mon père ; et où je peux aller, et ce que je ferai, je ne le sais absolument pas, sauf que je tue Vliet, si il ne me tue ni aujourd'hui ni demain.

"Où que vous alliez, j'y vais aussi", répondit mon homme.

"C'est tout à fait impossible, Luke," dis-je. "Nous devons nous séparer pour la bonne raison que je n'ai pas cinq livres au monde, et cela ne me retiendra pas, sans parler d'un serviteur, pendant plusieurs jours. D'ailleurs, ajoutai-je, vous pouvez m'être bien plus utile en restant à Temple. J'aurai peut-être besoin d'un ami dans la maison, et je veux avant tout un ami fidèle pour veiller à la sécurité de Maîtresse Goel, quand je serai. peut-être loin. Vous pouvez aller et venir entre ici et Sandtoft, et je serai sûr que tout ce que deux vraies âmes peuvent faire pour elle sera fait.

Nous nous disputâmes et nous disputâmes pendant un bon moment, Luke faisant tout ce qu'il pouvait pour m'inciter à l'emmener avec moi, mais je ne cédais pas. Il suivit mes instructions avec tristesse, pour ne pas dire boudeur, quant à ce qu'il fallait faire de mes affaires, dont je lui demandai de porter l'essentiel au presbytère de Crowle, avec un message à ma tante. À ce moment-là, je ne pouvais pas faire face à la chère dame, ni supporter ses exclamations et ses reproches, et je n'avais pas non plus envie de voir mon ami Portington. J'avais résolu de passer le temps d'ici mon duel avec Vliet à Belshaw, en compagnie de mon nouvel ami, parce qu'il ne pouvait y avoir de discussions déchirantes avec lui, et aussi parce que j'espérais apprendre de lui comment rejoindre le capitaine John Smith. , ce qui me paraissait le moyen le plus probable de gagner ma vie, avec quelques chances de me frayer un chemin vers la fortune. Pendant les quelques jours que je comptais passer dans le quartier, j'avais l'intention de monter Trueboy, et ensuite de le vendre pour renflouer ma bourse. Ces choses étant arrangées, je désignai un endroit où Luke devait me rencontrer le lendemain soir, et je me rendis aux écuries. J'espérais m'en sortir tranquillement, mais ce n'était pas le cas. Presque tous les domestiques de la maison et des environs, jusqu'à la servante de cuisine et au plus jeune garçon d'écurie, s'étaient rassemblés pour me dire au revoir, les femmes pleuraient et les hommes murmuraient d'une voix rauque ce qu'ils voulaient dire pour les encourager. Ils m'auraient sans pilote, sans Trueboy. Lui, ayant fait trop peu d'exercice ces derniers temps, était aussi fringant qu'un poulain ininterrompu, se cabrant et fouettant ses talons avec un pur plaisir, alors la petite foule se dispersa à droite et à gauche, et je montai à cheval et partis au grand galop à travers le parc. , le raccourci vers Belshaw.

CHAPITRE XIV

"Je suppose que Vliet disparaîtra de l'existence s'il est assez fou pour vous rencontrer, ce dont je doute. Mais, mon ami, vous êtes d'une charmante simplicité. Nous ne sommes pas un peuple extrêmement respectueux des lois sur l'île, mais il y a un agent de police du Wapentake ; il y a des juges de paix. Aurait-il été très gênant d'envoyer le Hollandais au château de Lincoln pour attendre son procès pour tentative de meurtre ? et il y a juste une chance qu'il ait été pendu. Vous préférez lui donner l'occasion de vous tirer dessus, ou de trouver un autre moyen de vous tuer qui lui conviendrait mieux. Ou, si vous le tuez, la loi peut le faire. être mis en branle contre vous, probablement par le gentleman qui s'oppose à vous en tant que gendre. Si je vous conseille, vous retirerez votre cartel de défiance et prendrez des mesures pour envoyer Mynherr Vliet en prison.

Ainsi parla mon ami Drury, lorsque je lui expliquai où en étaient mes affaires. La moitié de mon esprit le croyait sage, mais cela n'éteignait en rien mon désir de régler ma querelle avec Vliet d'homme à homme. J'ai souvent fait des choses, sachant depuis le début que j'étais idiot de les faire ; ma difficulté n'est pas tant le manque de sagesse (car mes amis ont toujours été prêts à me fournir le meilleur) que le désir de l'aimer.

Pendant que j'attendais à Belshaw la réponse à mon défi, mon ami me donna de nombreux détails sur l'histoire du capitaine John Smith, qu'il considérait comme l'un des plus grands hommes du monde, bien que le capitaine fût son cousin.

« Il est maintenant à Londres, » dit John, « et dans l'espoir de diriger une autre expédition. lui à l'admiration.

« Là, en effet, vous me trompez », protestai-je. "Je n'aime pas les bagarres et j'irais loin pour en éviter une."

— Mais pas jusqu'à la maison d'un juge de paix, hein ? » répondit John avec son rire bas et agréable. "Je me demandais pourquoi vous détestiez si cordialement Lord Sheffield."

" Oh ! c'est une très vieille histoire. Son frère cadet — plus jeune de neuf ou dix ans — et moi étions camarades de jeu. C'était un petit bonhomme tendre, et j'étais un grand et imposant garçon ; mais j'étais son écuyer, prêt presque pour être son chien, en partie parce qu'il était délicat comme une fille, et en partie parce qu'il était d'un si bon esprit d'enfant qu'il était, il pouvait me faire rire ou pleurer par la musique qu'il tirait de son violon. La tâche la plus acharnée pour moi était de lui jouer, et pendant que je lui expliquais lentement une histoire de la Grèce ou de Rome, il était en quelque sorte ravi, et voyait tout cela se dérouler sous ses yeux et il racontait des histoires de sa propre création comme je n'en avais jamais eu. entendu ou lu. Mais je ne peux pas le décrire. Son frère aîné le tourmentait avec la ruse du diable. Edmond était faible de corps et timide, mais il dédaignait d'être un lâche. Il tirait sa principale fierté de ce que son père avait reçu. la Jarretière pour ses exploits courageux contre l'Armada espagnole, et il n'avouerait pas avoir peur, même s'il était prêt à en mourir. Sheffield s'exerçait sans cesse sur l'orgueil et la terreur de l'enfant. Un vieux dogue, enchaîné dans la cour, était si sauvage (avec une sorte de douleur, la pauvre bête, je n'en doute pas) que le chenil a eu peur de s'en occuper. Un jour, Sheffield a mis son petit frère au défi de s'approcher du chien, le traitant de lâche s'il ne le faisait pas. Edmond s'approcha du dogue et tomba évanoui. Le chien était plus noble que le frère et ne touchait pas l'enfant. À un autre moment, Sheffield a attaché une corde autour du corps d'Edmund et l'a descendu très loin dans le puits le plus profond, menaçant de lâcher la corde et la payant si vite qu'il a terrifié le garçon en lui faisant croire qu'il l'avait fait.

"Mais pourquoi, au nom du ciel, le petit n'a-t-il pas fait appel à son père ?"

"Il serait mort plus tôt. Il a été tiré du puits plus mort que vivant, et a été malade pendant des jours après, mais il n'a jamais soufflé un mot sur la torture qu'il avait subie, sauf pour moi."

"Mais pourquoi n'avez-vous pas informé Sa Seigneurie de ce qui s'est passé ? Vous ne pouviez pas avoir peur du grand frère."

" J'avais peur du mépris de mon héros. Il m'aurait trouvé ignoble, traître, je ne sais quoi, si j'avais raconté la cruauté dont il était trop fier pour se plaindre de lui-même. Mais l'affaire prit fin, et J'ai réussi. Un jour, à la recherche d'Edmund, je suis entré dans une dépendance, où Sheffield tenait le petit garçon sur ses genoux, tenu fermement comme dans un étau, et le démon pinçait son corps tendre avec des pincements lents et vicieux. et en gémissant. Je n'ai pas pris le temps de réfléchir, mais j'ai frappé la joue du bourreau aussi fort que je pouvais avec mon poing, et l'instant d'après nous nous sommes affrontés de toutes nos forces, je n'étais qu'un garçon de quatorze ans et lui un. homme de vingt-quatre ans, mais j'étais grand et fort pour mon âge. Il me renversait assez souvent, mais je me levais comme un chat et je me jetais à nouveau sur lui, jusqu'à ce que, soit par peur qu'il me tue, soit par peur. Pour lui-même, il ouvrit la porte et courut. Peu de temps après, alors qu'Edmond me conduisait à travers la cour (car mes deux yeux étaient gonflés à tel point que je ne pouvais pas voir), il se trouva par hasard que le comte nous rencontra et voulut nous raconter ce qui s'était passé. Je faisais. Rien de réticent, j'ai répondu à ses questions, et il en a entendu suffisamment pour qu'il fasse attention. Edmund ne souffrait plus de la part de son frère. Le cher petit bonhomme est décédé un an plus tard. Je pourrais vous en dire plus, mais vous demandez-vous si je déteste Lord Sheffield ?"

"Non", répondit John. "Je ne m'étonne pas de cela. J'ai tendance à me demander s'il est toujours en vie."

"J'ai eu très peu de relations avec lui depuis la mort d'Edmund. Le comte, qui avait de la gentillesse pour moi, a semblé fuir ma vue à partir de ce moment-là."

Dans l'après-midi, Luke apparut, souriant en entrant dans la pièce.

"Qu'est-ce qui te chatouille autant ?" J'ai demandé.

"Ce Hollandais", répondit Luke en riant franchement. "C'était aussi effrayant que si j'avais vu un bogle, quand j'ai ouvert une lettre et dit sommat dans son propre jargon, en jurant comme. Il m'a demandé quand tu me l'as reçu. Alors j'ai dit : "Ce matin, quand « je suis descendu pour le petit déjeuner ». Alors "A m'a regardé avec sa bouche aussi large qu'une porte d'église, et je l'ai regardé aussi simple qu'un mouton."

Nous avons ri et j'ai ouvert la lettre de Vliet. Il avait écrit en néerlandais pour une raison inimaginable, peut-être parce qu'il était perplexe et secoué.

Drury tendit la main. "J'ai une certaine connaissance de la langue", a-t-il déclaré.

Vliet accepta mon défi et me retrouverait le lendemain soir à six heures à un endroit situé à environ trois quarts de mille de mon logement actuel, où nous pourrions être sans interruption. Il viendrait seul. Il a choisi l'épée comme arme et m'a envoyé sa longueur.

De temps en temps, entre l'arrivée de la lettre de Vliet et l'heure fixée, Drury exprimait sa crainte de quelque trahison de la part du Hollandais, me priant de ne pas y aller seul et d'avoir une autre arme que mon épée, mais je souriais à son craintes. Comme je l'ai répété à maintes reprises, Vliet ne pouvait pas emmener de complices avec lui sans que je les aperçoive dans les marais, et j'avais l'intention de faire bonne garde. Je n'emmenais pas Luc avec moi, car j'avais une autre occasion de le rendre service, à savoir d'aller avec une lettre à Anna, dans laquelle je lui demandais de me rencontrer le lendemain. John secoua la tête à propos de ce qu'il considérait comme une folie imprudente, et je ris encore plus, même si je regrettais que son long confinement dans son canapé l'ait rendu si craintif.

Le dimanche soir, vers cinq heures, je gravis la colline derrière la taverne et guettai l'arrivée de Vliet, qui ne tarda pas longtemps. Il est venu seul en barque, et autant que j'ai pu voir, sans autres armes que son épée. J'avais des pistolets à la ceinture. Je l'ai rencontré au petit quai, et après les salutations, nous avons marché en silence jusqu'au sol, il ne faisant aucune remarque sur mes armes à feu.

Le pays ne m'avait jamais paru plus beau qu'en cette soirée encore d'août. Des crêtes et des îlots, violets de lingue, se détachaient du vert et du brun doré des marais ; des nénuphars jaunes et blancs tachetaient la surface de l'eau, et des taches de trompettes bleues de la gentiane égayaient les bords du marais. De jeunes couvées de canards et de poules d'eau jouaient et barbotaient près de l'abri des roselières, qui se balançaient doucement sous la brise du soir, et le son des cloches de l'église de Belton retentissait, tantôt fort, tantôt doucement, avec le lever et le déclin de l'église. vent léger. « Ce n'était ni le moment ni l'endroit approprié pour tuer un homme, pensais-je en regardant le paysage, mais un coup d'œil à Vliet a changé mes sentiments. Quant à avoir été tué moi-même, cela ne m'est jamais venu à l'esprit. La route serpentait à droite, puis encore à droite, hors de vue de Belshaw, jusqu'à une sorte de terrasse naturelle qui conviendrait à nos affaires. Au-dessus de nous, d'un côté, le terrain montait progressivement jusqu'à une plantation de chênes, à trente mètres de là ; au-dessous de la terrasse se trouvait une pente abrupte qui se terminait au bord du marais.

"C'est ce que je ferai... ce sera ce que je ferai !" cria Vliet à pleine voix ; et tandis que je commençais une remontrance au bruit qu'il faisait, trois cavaliers sortirent rapidement du couvert de la plantation, l'un droit vers nous, et les deux autres dans une course plus courbe, comme pour me couper la retraite.

"Cédez ou nous tirons", dit l'un d'eux.

J'ai répondu en sortant le pistolet de ma ceinture et en tirant sur le méchant qui m'avait tendu cette embuscade, mais je l'ai raté. Puis j'ai remonté la berge jusqu'à un vieil arbre, le plus proche de la plantation. Si je parvenais à y résister, il y avait une infime chance que je puisse les tenir tous à distance pendant un court moment, et le bruit des tirs pourrait m'apporter l'aide de Belshaw. J'ai gagné l'arbre, mes poursuivants me suivaient de près, mais sans tirer. Alors que je me tournais pour leur faire face, mon pied a glissé sur l'une des racines et je suis tombé en arrière contre l'arbre avec une certaine force. Avec un grand craquement, l'écorce céda et je revins dans le creux, coincé de la croupe aux genoux. Avant que je puisse travailler librement, les hommes étaient sur moi. Ils m'ont désarmé, ligoté et bâillonné en un rien de temps, puis ont éclaté de rire devant la facilité de leur capture. Tous trois portaient des manteaux courts à col haut et avaient baissé leur chapeau sur leurs sourcils, mais je vis que l'un d'eux était le grand nègre de Sheffield. Vliet s'allongea et rugit de joie, et finit par se retourner près de moi et me cracher au visage. L'un des autres lui a donné un coup de pied dans les côtes en le traitant de « coq de fumier » d'une voix que je ne connaissais pas. Vliet sauta sur ses pieds et dégaina son épée, mais un gourdin tomba comme un éclair sur son poignet, le handicapant pour le moment.

"Plus de perte de temps", dit celui qui avait porté le coup. "Toi, Mynherr, tu iras vers le nord jusqu'à Belton et tu rentreras chez toi près de ton nouveau remblai. Si on t'interroge, tu diras que tu as rencontré M. Vavasour ici, avec l'intention de le combattre, mais avant que tu puisses tirer l'épée, il s'est précipité. en haut de la colline et a disparu dans la plantation.

"Les fesses d'abord", lança l'un des autres en riant.

Le premier intervenant a poursuivi : « Il a disparu et vous n'avez trouvé aucune trace de lui. C'est une histoire courte, et on peut s'en souvenir, même quand on est brouillé avec de l'alcool fort. Si vous ne vous y tenez pas, vous serez bientôt de la viande morte. Maintenant, remuez vos moignons.

Lorsque Vliet fut hors de portée de voix, deux des hommes me transportèrent à travers la plantation, de l'autre côté de laquelle passait la grande route. Ici attendait un quatrième homme chargé d'un cheval et d'une charrette. Ils m'ont mis dans le chariot en me jetant des sacs. J'ai entendu l'homme qui avait parlé dire : « Deux à portée de voix devant et un derrière. Rappelez-vous, vous n'avez rien à voir avec moi à moins que je siffle deux fois. Le directeur était donc mon conducteur de char. Peu à peu, le bruit de la charrette faisait tomber un morceau de sac de mon visage, et je pouvais voir le conducteur, un simple ouvrier par sa tenue, avec une frange de barbe en lambeaux tout autour du visage. Il était assis affalé en avant, regardant fixement devant lui, aussi stupide que n'importe quel voyou de l'île. Alors que nous traversions Epworth, quelqu'un l'a abordé.

"Cartin' o' Sunday ! Qu'est-ce qu'ils ont eu ?"

"Non, mais un homme à moitié mort de Keadby pour le docteur Hoggatt", fut la réponse. "Je garderais mes distances, si je travaillais pour toi, la fourrure sent comme la peste pour moi."

Cette allusion suffisait à faire détaler rapidement le demandeur.

Après avoir traversé Epworth, nous avons continué notre route plus vite et, en une demi-heure, nous sommes arrivés aux portes donnant sur le terrain du prieuré de Melwood, une maison qui avait eu de nombreux locataires depuis que les Chartreux en avaient été chassés, et tous malchanceux. Il était resté inoccupé depuis dix ou douze ans, tombant en ruine, et on pensait qu'il était hanté par le fantôme de Matthew Meekness, le dernier seigneur précédent. Peu de personnes se souciaient d'entrer seules dans son enceinte, même de jour, et encore moins osaient y entrer la nuit. Mes conducteurs avaient choisi un lieu de dissimulation très sûr pour le crime qu'ils avaient en vue. Nous entrâmes dans l'avenue, ou plutôt dans ce qui en avait été une, car tous les arbres avaient été abattus depuis longtemps, et la charrette cahotait et trottait le long de la route mal entretenue jusqu'à s'arrêter devant l'entrée principale. Mes ravisseurs m'ont tiré du chariot, m'ont transporté à l'intérieur et ont descendu quelques marches jusqu'à une grande chambre voûtée qui, comme je l'ai vu à la lumière d'un feu de bûches flambant dans l'âtre, montrait des signes d'occupation tels qu'une table. , une chaise, plusieurs tabourets, un canapé brut, des casseroles et des poêles sur une étagère, et d'autres bricoles. Ici, ils m'ont allongé par terre et m'ont laissé. J'entendais des allées et venues, des claquements de portes, des éclats de rire, et je pensais que mes ravisseurs racontaient leur histoire à mes camarades, mais je ne parvenais pas à réfléchir. Ma tête me battait terriblement et mes membres étaient à l'étroit et coupés par les cordes avec lesquelles j'étais attaché. Au bout d'un moment, le conducteur de la charrette entra, accompagné du Maure, portant une lampe qu'il posa sur la table. Le chauffeur s'est agenouillé à côté de moi. Sa frange de barbe avait disparu et je le connaissais. C'était Boswell. Il m'a retiré le bâillon de la bouche et a dit :

"Peut-être n'ai-je pas besoin de vous dire où vous êtes, M. Vavasour, à l'étage le plus bas du Prieuré de Melwood. Il n'y a qu'une seule porte par laquelle vous pouvez sortir, et elle est verrouillée, barrée et bien gardée. Il y a six hommes. à mon appel, tout le monde est bien armé. La résistance est sans espoir et ne peut aboutir qu'à vous faire malmener. Je vais vous couper les cordons et j'espère pour votre propre bien que vous n'essaierez pas de faire des farces.

Je ne répondis pas, mais il me relâcha et me tendit la chaise. Mes membres étaient tellement engourdis que j'avais quelque chose à faire pour me lever et m'asseoir.

"Maintenant", dit Boswell, "donne-moi ce paquet, Musty." Le nègre l'a sorti d'un coin. "Je veux vos vêtements, que vous devez enlever, même jusqu'à votre chemise, et mettre ceux-ci. Laissez vos poches telles qu'elles sont."

J'obéis, car je voyais que les chances étaient trop grandes pour que je discute avec cet homme, mais je parvins à cacher et à garder mon gage d'amour que je portais autour du cou. Les vêtements qui m'ont été donnés à la place des miens étaient propres et décents, mais faits maison des plus courants.

"Voulez-vous me donner votre parole de ne pas tenter de vous échapper ?" » demanda Boswell. « Si c'est le cas, je vous épargnerai ces choses » : ramasser les menottes et les chaînes sous le canapé.

"Je ne ferai aucune promesse d'aucune sorte", répondis-je.

"Comme je m'y attendais", répondit-il; et j'ai commencé à attacher les liens sur mes poignets et mes chevilles.

Les menottes et les chaînes étaient reliées par une chaîne courte et solide. Tellement lié, j'étais impuissant face à l'homme le plus faible qui avait l'usage de ses membres, et Boswell eut un sourire sombre en remarquant à quel point j'étais maladroit dans mes mouvements.

Une semaine de mon emprisonnement se passa sans événement. Une fois par jour, généralement tôt le matin, Boswell ou le Maure apparaissait, mettant de la nourriture, de l'eau et du carburant à ma portée. Quand ils furent partis, j'avais la liberté du couloir et des pièces ou cellules qui y ouvraient, et je me promenais avec un tison du feu à la main - la lampe avait été emportée - cherchant un peu désespérément une issue. ou ce qui pourrait être transformé en un seul ; mais il n'y avait même pas une fissure par laquelle on pouvait apercevoir la lumière du jour, et partout le sol était en pierre solide. La porte au fond du couloir était épaisse et lourde, et renforcée par des bandes de fer. Je l'ai battu pendant des heures ensemble, criant et hurlant aussi fort que possible, au cas où quelqu'un pourrait venir à portée de voix. J'ai cherché dans tous les coins et recoins un dossier, ou ce qui pourrait servir de dossier, mais en vain. J'ai tenté de briser mes liens en me secouant et en m'efforçant, mais le seul résultat a été de me blesser. Ayant dépensé trop d'argent pour de tels efforts, et fatigué de rôder et de fouiller, j'ai essayé de deviner quelles étaient les intentions de mes geôliers et ce que mes amis pourraient faire en mon nom, mais j'ai obtenu peu de lumière ou de réconfort par ce moyen. Je pensais qu'il était probable que mon père prêterait peu d'attention à ce que Luke pourrait lui dire ; il pourrait même imaginer que je me cachais quelque part. Si mon homme allait voir Dick Portington, une quête serait peut-être faite pour moi, mais elle irait naturellement après Vliet, et s'il s'en tenait à l'histoire que Boswell avait mise dans sa bouche, il ne s'ensuivrait rien d'utile pour moi. Je devenais frénétique en imaginant la perplexité et la détresse d'Anna ; mais en une courte semaine, je sombrai dans une sorte de léthargie, brisée de temps en temps par des accès de rage, une rage impuissante et stupide. Habitué que j'étais à la liberté, à la lumière, à l'air, à l'exercice, à la bonne nourriture, le confinement dans le noir a eu des conséquences considérables sur ma santé et mon moral. Si mon geôlier ne m'avait pas donné le feu, je pense que j'aurais perdu la raison. C'était effectivement un ami pour moi.

Le huitième jour, Boswell me rendit visite le soir et m'apporta une nourriture bien meilleure que celle qui avait été fournie pendant la semaine. Il était accompagné de plusieurs hommes qui n'entraient pas dans mon cachot, mais se réjouissaient dans la chambre voisine de la mienne. Il dressa la table avec des plats décents et sortit une bouteille de vin, l'homme noir allant et venant tout le temps pour une course ou une autre, tous deux étant armés. Une fois le souper servi, Boswell ôta mes menottes et mes chaînes et m'invita à manger et à boire ; et je m'approchai de la table, pensant, en prenant le couteau dans ma main, maintenant libre, que le meilleur usage que je pourrais en faire serait de trancher la gorge de cet individu ; mais, comme je n'en serais que meilleur en viande et en vin, je résolus d'attendre après le souper. Il a souri, comme s'il lisait dans mes pensées, et m'a appelé : « Hal, Pete, Robin, avez-vous vos outils à portée de main ? Mais il ne comprenait pas bien mon idée, à savoir que ce serait peut-être une bonne chose d'en finir avec lui, quoi qu'il m'arrive par la suite. Quand j'eus fini mon repas, Boswell dit :

"Je dois vous faire une offre qui ne sera plus faite si vous la refusez. Si vous vous mettez entre mes mains, je vous ferai transporter hors de ce pays et vous libérerai avec suffisamment d'argent dans votre bourse pour que équipez-vous comme un gentleman.

« Est-ce que cela fait partie de vos conditions que je ne voie personne, que je ne parle à personne et que je disparaisse à l'insu de mes amis ? J'ai demandé.

"Assurément."

"Alors je décline votre offre."

"Réfléchissez bien," répondit-il. " Vous disparaîtrez, que vous acceptiez ou refusiez. Vous avez déjà disparu. Si vous acceptez ma proposition, vous vous retrouverez libre, avec une bourse bien remplie. Vous serez à quelques milliers de kilomètres de l'Angleterre ; mais il y aura que rien ne gêne votre retour, si vous désirez revenir.

"Et que va-t-il m'arriver si je refuse ?"

"Vous vous retrouverez loin de chez vous et de vos amis, sans le sou, sans défense, comme un esclave désespéré."

"Pourquoi auriez-vous tant de mal à vous débarrasser de moi ? Pourquoi ne pas me tuer ici ?"

"Bien demandé", a déclaré Boswell. "Si mon conseil avait été suivi, tu aurais été enterré sous ces pierres."

"Je vous suis redevable de votre gentillesse", remarquai-je.

"Vous pourriez en venir à le penser", répondit Boswell. "Mon patron veut une vengeance plus complète que ne le serait votre mort."

"Vengeance!" M'écriai-je.

"Il a beaucoup à dire (dans ses tasses, je l'accorde) sur la manière dont vous avez volé l'affection d'un frère, provoqué des querelles entre lui et son père et éloigné ses amis. Si la moitié est vraie, il n'est pas étonnant qu'il Je devrais te détester."

Je restai un moment sans voix, étonné, car j'étais trop jeune pour savoir quels mensonges les hommes peuvent raconter, me trompant eux-mêmes en leur faisant croire en leur vérité.

« Ce que je dis, continua Boswell comme pour lui-même, c'est que la vengeance coûte cher et que la mort paie tout. »

"Mais comment mon déménagement dans un pays lointain satisferait-il Sheffield, s'il brûle pour se venger ?" J'ai demandé.

"Je n'ai pas dit que ce serait le cas. L'offre est la mienne", a-t-il répondu.

"Oh, vous joueriez faux avec votre patron, en prétendant que vous m'aviez emmené dans l'esclavage désespéré dont vous parlez, mais en me remettant en liberté, alors que nous étions assez loin ? Est-ce votre plan ? Et que voulez-vous ? gagner ainsi ? »

"Votre caution de cinq cents livres."

"Ce qui, comme vous le savez sans doute, ne vaudrait précisément rien."

"Si je suis prêt à prendre le risque, c'est mon souci. Écoutez, M. Vavasour, je serai ouvert avec vous. Je n'ai aucune rancune contre vous, ni aucun grand goût pour cette affaire, n'y étant que pour le plaisir." je dois avoir de l'argent avec cela, et il me faut de l'argent. Si vous acceptez mes conditions, Lord Sheffield sera débarrassé de vous pendant six ou neuf mois, ou, peut-être, un an. Je lui garde confiance jusqu'à présent. a de la valeur pour son argent. Mais vous revenez sain et sauf, ce qui est une valeur pour le vôtre. Non, écoutez-moi, si vous refusez mon offre, Frank Vavasour sera mort et enterré et pleuré pour un moment par ses amis ; Si vous parvenez à retourner en Angleterre, personne, pas même votre parent le plus proche, ne croira que vous êtes lui.

"Bah ! Voudriez-vous me persuader que vous êtes Satan lui-même, pour faire de tels miracles ? Et, si c'est le cas, je ne fais aucun pacte avec le diable."

J'ai parlé avec plus d'audace que ne le justifiait mon sentiment intérieur, car je commençais à craindre cet homme. Il ne s'en offusqua pas, semble-t-il, mais répondit :

"Dors dessus. La nuit est une bonne conseillère."

Un instant plus tard, il m'a demandé si je désirais plus de vin et a pris la bouteille.

"Tu ne l'as pas encore vidé, je vois."

Il plaça bouteille et tasse près de moi, ferma la porte qui donnait sur le couloir, et rejoignit ses camarades dans la chambre voisine, que sa présence parut arrêter, car leurs bavardages et leurs rires s'apaisèrent. J'ai bu le reste de mon vin et j'ai commencé à arpenter la pièce dans toute la longueur, m'efforçant de comprendre les desseins de Boswell ; mais il ne pouvait rien comprendre de ses étranges menaces, inclinant à croire que son langage mystérieux n'était qu'une simple rodomontade gitane. En peu de temps, je

m'endormis — extrêmement somnolent — et je me jetai sur le canapé,
l'absence de mes liens me permettant de m'étendre à mon aise, et je
m'endormis bientôt.

CHAPITRE XV

Dans mon sommeil, j'ai rêvé de ce qui s'était passé lorsque j'avais été arrêté et emmené. Une fois de plus, je gravis la pente en courant, de nouveau je m'appuyai contre l'arbre, de nouveau je tombai à travers l'écorce qui cédait, de nouveau mes ravisseurs m'attaquèrent et me jetèrent dans la charrette.

Et je me suis réveillé pour me retrouver plus étroitement lié qu'auparavant. Mes bras étaient maintenus le long de mon corps par un sac et mes jambes étaient attachées à un poteau. Ma tête était fermement serrée, je ne savais pas comment. Je pouvais bouger mes lèvres et mes yeux ; sinon j'étais comme un homme de bois. Une lampe était placée sur une saillie du mur, de sorte que sa lumière brillait pleinement sur mon visage, et Boswell se penchait sur moi, un couteau à la main. Ma joue était mouillée et une sensation de brûlure m'indiquait que c'était du sang. Pourquoi cet homme pouvait-il me couper le visage, me demandai-je, étant étourdie et pas encore sortie de mon rêve. Avant que je reprenne complètement mes esprits, il m'avait fait deux fentes dans le nez et l'avait poussé sur le côté. À cela, j'ai crié, non pas tant de douleur que d'une sorte de frayeur, et ainsi j'ai assez bien repris mes esprits.

« Quel est ton jeu diabolique maintenant ? » » demandai-je avec difficulté, car le sang coulait dans ma bouche.

Boswell ne m'a donné aucune réponse, mais a continué son opération. Il a déposé son couteau, m'a relâché la tête, a sorti de sa poche une étroite bande de tissu et l'a étroitement attachée autour de mon nez, l'écrasant cruellement. Je ne pouvais plus parler maintenant, étant au bord de l'étouffement à cause de mon nez bouché par le bandage et de ma bouche bouchée par le sang. Après avoir longuement examiné son opération, Boswell remplit et alluma sa pipe et s'assit pour profiter pleinement de son tabac. Pendant qu'il était assis, soufflant de la fumée par ses narines, j'ai repris un peu mes esprits, réalisant que j'avais été submergé par une drogue, mélangée au vin que j'avais pris, mais quelle était l'intention du méchant en me coupant le visage, je ne pouvais pas deviner. . Ma première pensée fut que le but était peut-être de me rendre hideux aux yeux d'Anna.

Alors que j'étais allongé, réfléchissant avec vertige, Boswell termina sa pipe et la posa pour reprendre son travail. Il a passé plusieurs fois une corde autour de mon corps juste au-dessus et en dessous de mes coudes, la nouant solidement. Puis il fendit le sac et déchira ma chemise, mettant à nu ma poitrine, et prenant une aiguille et un petit pot sur la table, il commença à me piquer la poitrine, plongeant souvent la pointe de l'aiguille dans le pot. La piqûre était pire à supporter que le coup de couteau, mais je ne poussai aucun cri, sachant son inutilité. Alors je suis resté silencieux, frissonnant sous la touche de l'aiguille pendant ce qui m'a semblé un temps terriblement long, pendant qu'il travaillait une sorte de motif sur ma poitrine. Enfin, cela prit fin, et lorsque Boswell eut examiné son travail, y ajoutant une touche ici et là, il déposa ses instruments, remplit sa pipe, se rafraîchit avec une bouteille et s'assit avec l'air d'un homme bien content de son travail. sa réussite.

Je pensais qu'il était clair que cette affaire de couteau et d'aiguille avait pour but de me donner une ressemblance trompeuse avec un autre homme, selon toute vraisemblance un batelier ou un marin, car ces types avaient l'habitude de porter des chiffres et des lettres imprimés sur la poitrine ou sur le bras. L'homme à l'image duquel je devais être transformé avait, supposai-je, le nez cassé et une cicatrice sur la joue. Mais je ne voyais pas à quoi ces marquages et ces mutilations pourraient servir à grand-chose, aussi longtemps que j'aurais l'usage de ma langue. Pourtant, Boswell a dû y réfléchir. Il a dû penser à quel point il me serait facile de déclarer qui j'étais et de prouver mon identité. Ne doit-il pas se préparer à un événement aussi certain ? Il me vint à l'esprit des histoires que j'avais entendues sur la disparition de personnes qui se tenaient entre d'autres et un grand héritage, et sur l'enlèvement de personnes qui pourraient être des témoins gênants contre des hommes de rang et de pouvoir. Certaines de ces histoires aboutirent à la découverte de telles personnes, rendues aveugles ou muettes, ou réduites à l'idiotie, par l'art et l'artisanat des gitans. J'avais souri à ces récits de paysans au coin du feu, mais alors que j'étais, impuissant, en ce neuvième jour de mon emprisonnement à quelques kilomètres de chez moi, brûlant et douloureux sous les blessures infligées par les outils des gitans, je suis devenu plus crédule. Boswell pourrait me priver de la vue, de la parole ou de la force par un coup de couteau, ou même par une piqûre d'aiguille. Comme j'avais ri des avertissements de Bess ! Mais l'événement les avait plus que justifiés. Eh bien, quoi qu'il arrive, il n'y avait qu'une seule solution pour moi : jouer l'homme et faire confiance à Dieu, comme j'avais juré de le faire jusqu'au bout.

Inutile de s'attarder sur les détails des prochains jours. Boswell s'est occupé de moi de près pendant une semaine, traitant mes blessures avec une pommade et m'obligeant à boire une certaine quantité d'une décoction abominable. Il a relâché mes liens de temps en temps, mais a pris soin de m'empêcher d'avoir la liberté d'utiliser mes bras, tandis que j'épiais attentivement toute opportunité.

Le seizième jour de ma captivité, le nègre de Sheffield apparut sur les lieux, apportant évidemment des nouvelles inquiétantes à mon geôlier. Il porta un panier dans la chambre voisine, et là tous deux conversèrent dans un jargon que je ne comprenais pas, mais au ton de leur voix je jugeai qu'ils étaient pressés et perturbés. Tantôt l'un, tantôt l'autre s'éteignirent, et une fois j'entendis un grand fracas au-dessus de moi. Finalement, le nègre apporta une boule de fer pesant cinquante ou soixante livres, attachée par une barre et une chaîne à un anneau, que Boswell attacha à ma cheville droite, me libérant autrement entièrement. Les deux hommes gardèrent leurs yeux sur moi et leurs armes à portée de main, mais je n'eus pas la témérité de les attaquer. En vérité, un grand espoir m'était venu qu'ils voulaient me laisser tranquille pendant un moment, et j'attendais de voir s'ils me priveraient des moyens de délivrance. Après que beaucoup de charabia se soient écoulés entre eux et que le Maure eut fait diverses courses sur l'ordre de Boswell, tous deux sortirent ensemble, verrouillant et barrant la porte du couloir, puis la porte extérieure derrière eux.

Je ramassai la balle que je pouvais porter au creux de mon bras, allumai une lampe qui avait été laissée sur la table et fis un tour d'inspection, heureux de pouvoir me déplacer, mes membres étant raidis et affaiblis par la force. longue contrainte. Comme je l'avais imaginé, le nègre avait apporté une réserve de nourriture. J'ai trouvé du pain, du bœuf salé, de la langue, quelques pâtés, plusieurs bouteilles de bourgogne, un pot d'aqua vitæ, mais pas d'eau. Mais je n'avais aucune grande inquiétude concernant la viande ou les boissons. Il convenait davantage qu'il y ait huit fagots de bois de taille moyenne, un tas de tourbes et une douzaine de grosses bûches. Cela suffirait. J'ai crié de joie en trouvant une petite hachette, mais j'ai été déçu en cherchant de l'huile : le pot était vide. Mon relevé fait, j'ai allumé le feu, et j'ai mis ma boule de fer au fond, afin que les maillons de la chaîne reliant la boule et la barre puissent profiter pleinement de la chaleur, et dès que l'un d'eux devenait rouge, je il l'ouvrit avec la tête de la hache. Le feu m'avait libéré d'un poids et m'avait fourni un missile qui, s'il était bien lancé, mettrait hors de combat un ennemi. Je n'avais aucun moyen de me débarrasser du bar, même si cela me gênerait lors de mon prochain effort, qui serait d'explorer la cheminée. J'ôtai le feu du foyer et le fis bien allumer au milieu du plancher, avant d'essayer la cheminée, car c'est du feu que je dois maintenant dépendre principalement pour ma libération.

Mon escalade a fait tomber une telle quantité de suie qu'elle m'a presque étouffé et étouffé, et j'ai trouvé le conduit de fumée si étroit un peu plus haut, qu'il interdisait tout espoir de s'échapper dans cette direction à un homme de ma taille et de ma taille. J'ai donc rétabli le feu dans l'âtre et j'ai commencé ma deuxième entreprise. J'ai entassé des tourbes et des bâtons contre la porte du couloir, du côté où elle était articulée, et j'ai mis le feu au tas. Les flammes léchèrent bientôt la porte, mais elles ne firent que la noircir, car elle était dure et solide, et de plus, comme je l'ai dit, protégée par des bandes de fer. C'était comme si les affaires étaient plus lentes que ce à quoi je m'attendais, et le temps étant précieux, j'ai cherché des moyens d'accélérer le processus. Il y avait un petit tisonnier sur l'âtre de mon donjon, que j'ai chauffé au rouge et j'ai essayé de percer des trous avec dans la partie supérieure de la porte, mais le tisonnier était mince et la porte était forte et épaisse. La barre, qui traînait à ma cheville, aurait été plus utile, mais je ne parvins pas à briser aucun des maillons qui la retenaient à la manille. Dans les intervalles où je réchauffais mon petit tisonnier, je frappais la porte avec la hachette, et quand mes mains devenaient très douloureuses, je variais mon emploi en lançant la balle contre l'endroit où j'avais coupé et ennuyé.

Je ne peux pas estimer combien de temps j'ai consacré aux travaux, mais j'avais utilisé plus de la moitié de mon stock de combustible lorsque l'incendie s'est réellement déclaré. Quand j'ai vu la porte commencer à brûler, je me suis détourné, de peur que, dans mon impatience, je ne sois tenté de me mêler et de gêner ainsi les affaires. Je me suis forcé à manger quelques bouchées et à boire un peu de vin avant de rentrer. Quelle ne fut pas ma joie de voir que le fer de la charnière inférieure s'était légèrement écarté de la boiserie ! Je me jetai de toutes mes forces contre la porte. Elle céda un peu et, au quatrième ou cinquième élan, elle céda complètement, et j'avais franchi la première barrière.

Je me dépêchai d'entasser tout le combustible restant contre la porte extérieure, vidant par-dessus le tas le contenu du pot d'aqua vitæ. Le feu rugissant mordit le bois presque aussitôt, contrairement à mon attente ; mais je suppose qu'il était usé par les intempéries et peut-être vermoulu. Quoi qu'il en soit, il fut ouvert en moins de la moitié du temps nécessaire pour l'autre. Pendant quelques instants, mes yeux furent aveuglés par la lumière soudaine, mais ils se remirent rapidement à nouveau, et je me tenais à l'extérieur de ma prison, buvant l'air pur et doux, et regardant la terre verte et le ciel bleu avec un plaisir tel que seuls les gens peuvent le comprendre. ceux qui n'ont pas pu les voir aussi longtemps que moi – et qui les ont retrouvés par un matin sans nuages de septembre. Je n'avais jamais su à quel point toutes les choses que Dieu a faites sont belles. Même le désert de ronces arquées et tordues qui poussaient autour de l'endroit était charmant à mes yeux, et j'admirais avec une étrange tendresse les mésanges qui se pressaient et voltigeaient autour des buissons à la recherche des fruits les plus mûrs. Depuis ce jour, je n'ai jamais regardé un oiseau en cage sans avoir envie de le libérer. Pendant un moment, je restai à regarder autour de moi dans une sorte d'extase, mais je me rendis vite compte que je devais bouger si je voulais conserver ma liberté retrouvée. J'ai jugé qu'il était plus sûr, dans l'ensemble, de rester sur la route principale, passant par Epworth, où je pourrais être libéré de mes chaînes et recueillir des informations. J'ai rencontré peu de monde, une petite bande d'ouvriers, un garçon à cheval, un colporteur portant son sac, mais personne ne m'a salué, et tous se sont arrêtés pour regarder quand ils m'ont dépassé à une certaine distance. Quand je suis arrivé au Bull, je suis entré dans la forge – Johnson, qui tenait l'auberge, était forgeron – et je lui ai demandé d'enlever le guide-chaîne et la chaîne. Lui et son homme conservèrent leurs marteaux et se contentèrent de regarder fixement.

"Viens, ne reste pas à regarder, mon homme, mais va-t'en avec ce truc, vite", dis-je avec impatience.

"Et qui êtes-vous?" lui demanda-t-il. « Monseigneur Dirt, de Dunghill Hall ?

"C'est un pauvre fou échappé de Bedlam", grogna l'autre.

Maintenant, je me souvenais de mon nez tordu et de mon visage cicatrisé, que j'avais momentanément oubliés ; et je me souvenais aussi qu'une tête et un visage qui n'avaient pas été touchés avec de l'eau depuis plus d'une nuit, et qui avaient été récemment poussés dans une cheminée et grillés sur des fagots brûlants, n'auraient certainement aucune apparence attrayante ; mes vêtements grossiers, déchirés, tachés et tachés de sang et d'autres liquides, ne me donneraient pas non plus l'air d'un gentleman dont les ordres devraient recevoir une attention immédiate. Sans doute le souvenir de ces choses me causa une hésitation momentanée, mais je répondis :

"Je m'appelle Frank Vavasour."

"Sois un menteur fulgurant !" haleta Johnson.

"C'est un pauvre fou", dit son homme. "Sinon, il ne se donnerait pas le nom d'un homme mort."

"Mort ! Que veux-tu dire, mon gars ?" J'ai demandé.

"Je pense ce que je dis", répondit-il. "Tout le monde sait que Maître Frank Vavasour est mort ET enterré."

Ma tête commença à tourner et je m'appuyai contre le mur pour me stabiliser. Le forgeron et son homme chuchotaient ensemble.

« Connaissez-vous les détails de cette prétendue mort ? demandai-je enfin.

"Des détails ? Je devrais penser que oui", répondit Johnson en faisant un signe de tête à son homme qui sortit. "Le corps du jeune homme a été retrouvé dans la piscine de Belgrave Park il y a une semaine dimanche dernier, terriblement défiguré, car les anguilles étaient devant son visage, mais il a été juré lors de l'enquête par son domestique et son propre père. Ses amis avaient Je le cherchais partout depuis plus d'une semaine, quand ils ont traîné la piscine.

L'aubergiste s'arrêta là.

"Allez," dis-je d'une voix rauque. Ainsi, l'engin de Boswell avait habillé un autre homme avec mes vêtements et lui avait mutilé le visage.

"Lors de l'enquête, Luke Barnby, qui avait été le serviteur du jeune écuyer, raconta comment l'un des Hollandais avait tenté de prendre la vie de son maître et comment Maître Frank était sorti pour combattre le Hollandais le dimanche, le dimanche même avant celui où il a été retrouvé et n'a jamais été revu ni entendu parler depuis. L'ordre a donc été donné d'arrêter le Néerlandais, et ils l'ont emmené.

Une fois de plus, le narrateur fit une pause.

"Eh bien, et ensuite ?" J'ai demandé.

"Ils l'ont pris", répéta Johnson, "mais ils ne l'ont pas gardé longtemps. Certains des gens de Belton et de Beltoft sont allés la nuit dans l'intention d'arracher le meurtrier membre par membre, et même certains des bohémiens, qui sont là depuis si longtemps. , les a rejoints. Ils sont entrés par effraction dans les latrines de Squire Stovin, où il était enfermé, mais d'une manière ou d'une autre, il s'est enfui.

Quel tour plus simple aurait pu être joué ? Les bohémiens avaient trompé les autres dans l'obscurité et avaient mis Vliet hors de danger.

Une colère féroce contre mes persécuteurs me rendit l'esprit dispersé dans ma première consternation.

"Tout ce que vous m'avez dit n'est qu'un tas de mensonges. Je ne veux pas dire que vous avez menti", ajoutai-je en notant la chaleur sur le visage de l'homme, "mais c'est un complot diabolique. Un autre homme a été enterré sous mon nom - un homme qui portait mes vêtements et dont les traits ont été astucieusement effacés. Je suis Frank Vavasour, et j'ai été retenu prisonnier dans les caveaux du Prieuré de Melwood pendant que ce diable faisait ce truc de ma jambe. chambre, du savon et de l'eau. Dites à vos gens de me procurer une plume, de l'encre et du papier. Préparez un garçon à se rendre à Temple Belwood et un autre à aller à Tudworth Hall.

" Et qui doit payer, mon garçon ? La maîtresse facturera très cher pour louer une chambre comme vous. Je n'envoie pas de chevaux et d'hommes à travers le pays avant de voir la couleur de votre argent. Payez à... jour et confiance demain est ma devise.

"Il n'y aura aucune difficulté à ce sujet. Mes amis vont..."

"Non, ça ne marchera pas, mon homme", dit mon hôte. "Ecoute, il y a une pompe dans la cour. Tu peux te laver là-bas, et accueillir, puis faire tes propres courses sur Shanks, son poney."

Voyant que je ne devrais que perdre du temps en attendant, je demandai à l'homme de me libérer du fer à jambe, et me dirigeant vers la pompe, je fis tout ce que je pus pour me nettoyer le visage et les mains, et mettre mes vêtements dans des vêtements un peu plus décents. tableau. Quand j'ai vu l'image de moi-même dans l'eau, je ne me suis plus étonné que mon histoire paraisse incroyable, car j'avais peine à en croire mes propres yeux. Le nez aplati et tordu et la cicatrice sur ma joue m'avaient donné un air tout simplement méchant.

Le plus tôt serait le mieux je me retrouverais parmi ceux qui me connaissaient, pensai-je, et je me précipitai avec un bref bonjour à mon hôte, qui se tenait à la porte de la forge, regardant et se grattant la tête, comme s'il était perplexe.

Je me dirigeai directement vers Temple Belwood, où je pourrais trouver Luke ; je n'étais pas non plus tout à fait sans espoir que mon père puisse être enclin à se réconcilier avec un fils revenu d'entre les morts. En passant devant l'église de Belton, j'ai aperçu une femme assise sur une pierre tombale plate, me tournant le dos, dont la silhouette et l'attitude me rappelaient Bess Boswell, et je suis entré dans la cour pour voir de plus près. Au bruit de mes pas, elle s'est retournée et j'ai vu que c'était la gitane, le visage taché de larmes et triste.

« Ulceby ! » elle a pleuré. "Vous êtes ici ! Savez-vous qu'il y a des soldats dans les parages ?"

"Ce n'est pas mon nom", répondis-je. "Tu ne me connais pas, Bess ?"

Elle se leva de la pierre, s'approcha de moi et me regarda avec étonnement, une main flottant autour de sa poitrine. Puis elle se laissa tomber sur la pierre tombale, gardant toujours les yeux fixés sur moi, et dit :

"Oh oui, je connais ta voix, je connais tes yeux. Mais où étais-tu ? Et qui repose là ?", désignant une tombe nouvellement creusée. "Ton serviteur a juré que c'était toi. Ton père l'a juré. Parle encore. Laisse-moi te toucher."

Elle se releva toute tremblante et lui tendit la main. Je l'ai saisi et je l'ai attirée vers la pierre, m'asseyant à côté d'elle.

"Qui a fait ce travail infernal sur ton visage ? Non, ne me le dis pas, pas encore."

Elle cacha son visage dans ses mains en frissonnant.

"Cela a été fait pour me donner l'apparence de l'homme que vous venez de nommer. Et cela aussi", dis-je en découvrant ma poitrine, montrant une couronne et une ancre, et les lettres JU.

"Qui est Ulceby ?" J'ai demandé.

"Un soldat, qui s'est échappé de Lincoln, après avoir frappé l'un des officiers, et a été condamné à être envoyé dans les plantations. Il est venu chez nous pour se cacher. Il avait une forte fièvre et a été emmené dans des quartiers plus sûrs et meilleurs, alors j'ai On m'a dit. C'était juste avant que je sois envoyé à la foire de Horncastle, puis à Corby, Spalding et Stamford, parce que mon père devait rester pour s'occuper d'Ulceby. Et il semblait tellement préoccupé par le déserteur que j'ai pensé. aucun mal ne pouvait se préparer contre toi à ce moment-là, et j'étais donc loin quand des ennuis se produisaient. Mais je ne comprends pas. Où étais-tu ?

J'ai raconté comment j'avais été capturé, emprisonné, mutilé et comment je m'étais évadé.

« Cet Ulceby a dû mourir entre les mains de votre père, » continuai-je, « et il a conçu le projet de me prendre, de mettre mes vêtements sur le mort, de lui corroder le visage et de couler le corps dans l'étang de Belgrave.

Au visage de la jeune fille, quand j'ai dit qu'Ulceby avait dû mourir entre les mains de son père, j'ai vu qu'elle pensait à une probabilité plus sombre. Quand j'eus terminé mon récit, elle resta un moment silencieuse. Quand elle parlait, c'était pour dire que le mystère de ma défiguration la dépassait ; Pourquoi Boswell aurait dû épargner ma vie, alors qu'il était si facile de la prendre, elle ne pouvait pas comprendre.

"Il a dû être sûr de vous livrer lui-même aux soldats. Peut-être voulait-il mettre la touche finale à son travail. Je l'ai entendu dire des choses horribles, se vantant de ce qu'on peut faire avec une piqûre d'épingle."

"Dieu merci, je suis en sécurité contre lui. Je serai bientôt au Temple."

" Ah ! mais bien sûr, vous ne savez pas que Temple est enfermé. Votre père est parti presque aussitôt les funérailles terminées. Certains de ses voisins l'avaient sommé de tenir sa promesse d'aider à chasser les étrangers. " comme la loi était impuissante, et il s'est disputé avec eux, il s'en est allé, jurant de ne jamais revenir, dit-on.

Ainsi s'évanouissait pour le moment mon espoir de réconciliation avec lui.

"Mon ancien tuteur ?"

"Mort il y a quinze jours."

« Et Luke Barnby ?

"Je n'ai rien entendu parler de lui. Je sais peu de choses sur ce qui se passe dans l'île, car je ne suis revenu qu'hier matin. Je n'ai pas entendu parler de votre mort jusque-là."

Elle s'arrêta, la gorge suffoquée, mais reprit aussitôt :

"Vous ne devez pas perdre de temps pour vous faire connaître auprès de vos amis. Si les soldats vous trouvent avant que cela soit fait, ils vous entraîneront à Hull."

« Où sont ces soldats ? J'ai demandé.

"Certains à Epworth et d'autres à Crowle", répondit-elle.

Maintenant, j'ai compris le jeu secondaire au Bull. Le forgeron était allé chercher l'officier, et le forgeron n'avait pas osé tenter de me retenir jusqu'à l'arrivée des soldats. Peut-être ne s'était-il pas senti tout à fait à l'aise à l'idée d'abandonner un pauvre malheureux à la misère pour le reste de sa vie. J'ai parlé à Bess du colloque.
"Oh, tu dois y aller", cria-t-elle. "Ils sont peut-être déjà sur votre trace."
"Je vais me rendre chez ma tante… au presbytère Crowle", répondis-je.
"Et j'irai vers Epworth et j'enverrai les soldats à la chasse aux oies sauvages, si je les rencontre", a déclaré Bess.
"Mais ces hommes de guerre ne peuvent-ils pas tous rechercher Ulceby, n'est-ce pas ?"
"Non, non ; l'équipe de recherche est revenue à Lincoln, mais ces hommes sont cantonnés dans les environs pour tenir les Isloniens en échec, à cause des attaques qui ont été lancées sur Sandtoft ; mais une récompense est offerte pour la capture d'Ulceby. et le pauvre Daft Jack peut être capturé, s'il est retrouvé. J'avais l'intention d'essayer de le retrouver et de l'avertir, mais maintenant je dois prendre l'autre chemin. Mais vous devez partir immédiatement.

"Reste encore une demi-minute", dis-je. « Savez-vous où se trouve Boswell et ce qu'il fait ?

"Demain soir, au cottage de Daft Jack, je vous dirai tout ce que je sais. Vous ne devez pas perdre plus de temps. Et prenez mon sac, car vous devez être sans le sou."

"Dans une heure, je serai au presbytère", dis-je en refusant.

"Alors tu pourras me le rendre demain soir."

Elle me l'a mis dans la main et nous avons pris des chemins différents.

CHAPITRE XVI

Je restai sur la route, regardant souvent en arrière pour déceler tout signe de poursuite, mais j'atteignis Crowle sans aventure et me dirigeai droit vers le presbytère. La porte d'entrée était restée ouverte et je suis entré, très heureux d'être en sécurité, en criant : « Tante, où es-tu ? oubliant, pour l'instant, le choc que j'allais lui infliger. Une servante que je ne connaissais pas sortit de la cuisine, mais s'arrêta net à ma vue et cria. Cela m'a rappelé.

« Ne vous inquiétez pas, ma fille, lui dis-je, mais allez vite chez Maîtresse Graves et dites-lui qu'il y en a une ici qui a des nouvelles pour elle.

Mais la servante continuait à crier "Maître ! Voleurs ! Meurtre !" Et ses cris ont amené dans la salle un étrange ecclésiastique, qui ne semblait pas aimer mon apparence.

"Qu'est-ce que c'est ? Qui es-tu ? Quelles sont tes affaires ?" » demanda-t-il dans un souffle.

"Je verrais Maîtresse Graves", répondis-je.

"Maîtresse Graves est avec son mari à Lincoln, comme tout le monde dans la paroisse le sait", a déclaré le curé en me regardant avec plus de méfiance.

"À Lincoln!" répétai-je avec étonnement. Puis je me souvins que le vicaire avait un certain mandat à la ministre – une préélectorat, ou sous-préélectorat, je crois qu'on appelait cela – qui l'emmenait en ville à des heures déterminées.

« À Lincoln », répéta le pasteur. "Par conséquent, vous ne pouvez plus avoir d'affaires ici."

"Et ont-ils pris leurs serviteurs ?" J'ai demandé. "Ils n'auraient pas besoin du jardinier : n'est-il pas là ?"

"Il y a des hommes sur place", répondit-il, "mais vous trouverez le jardinier du curé dans sa chaumière, j'ose dire."

Et il désigna la porte avec la main.

"Oh, je ne dois pas être ainsi rejeté", lâchai-je. "Je suis le neveu de Maîtresse Graves, Vavasour."

"Quelle effronterie !" s'écria le curé. "Le jeune monsieur est mort et enterré."

"Mais c'est moi, je vous le dis. J'ai été emmuré dans le Prieuré de Melwood et je ne me suis échappé que ce matin."

— S'il en est ainsi, répondit le curé, qui visiblement n'en croyait pas un mot, vous devriez faire appel aux magistrats.

" Telle est mon intention. Mais tous mes effets sont ici. Je les ai confiés aux soins de ma tante il y a dix-sept jours. Je vous prie de me donner les moyens de la propreté et des vêtements de rechange. "

"Il faut être aussi fou que fripon pour imaginer que je donnerai les biens de mon ami au premier mendiant qui voudra les demander."

"Mais je vais décrire mes bagages et leur contenu", ai-je plaidé.

"Sans doute, sans doute. Peut-être avez-vous un inventaire dans votre poche", répondit-il avec mépris pour les ruses des mendiants dans son ton.

Ses propres paroles semblaient le faire réfléchir, car il sortit un papier de sa poche et le lut, me regardant deux ou trois fois au cours de sa lecture.

" J'ai ici votre description, point par point, " dit-il après avoir terminé la lecture, " et votre nom est Jim Ulceby, pour l'arrestation duquel une récompense est offerte. La description correspond précisément, autant que je puis. voyez. Il fait mention de certaines marques sur la poitrine, qui peuvent ou non être sur la vôtre.

"Je porte les marques", dis-je.

"Oh ! Tu l'avoues ?"

J'ai raconté brièvement ce qui m'avait été fait, terminant par prétendre qu'il devrait m'aider comme il convenait à sa fonction sacrée. En cela, j'ai commis une grave erreur, car le curé s'est enflammé, déclarant mon histoire tout à fait incroyable, et m'a ordonné de partir. J'étais sûr qu'il m'aurait retenu s'il avait eu la force sous ses ordres. Je me suis donc dirigé vers le cottage de Daft Jack en empruntant tous les détours et tous les tronçons que je connaissais, dans l'espoir d'échapper aux observations. Il se trouvait près d'une extrémité d'un petit verger, densément planté, un chemin étroit menant de la porte du verger à la porte du cottage. J'ai frappé à la porte avec mes jointures et j'ai entendu la voix aiguë de Jack trembler lorsqu'il a appelé "Entrez". La pièce, éclairée uniquement par une petite fenêtre qu'un arbre éclipsait, était sombre pour les yeux frais du soleil, mais je vis Jack assis sur un tabouret, les épaules pliées, les mains sur les genoux, le visage tourné vers la porte.

"Qui es-tu ? Parle", cria-t-il d'un ton effrayé.

« Une vieille connaissance, Jack ; pas mort, comme vous l'avez peut-être cru, mais qui a cruellement besoin d'une aide amicale.

Jack sortit de sa posture effrayée et saisit mes mains.

"Je savais que c'était ton pas," cria-t-il presque. " Oh oui ; et c'est votre voix. Vous êtes chaleureux et méchant. Oh, Maître Frank, où étiez-vous ? Et qu'est-ce qui vous est arrivé en face ? " Le pauvre garçon trembla et se mit à pleurer, me serrant les mains et me regardant.

"Je vais tout vous raconter sur moi tout à l'heure, Jack, mais j'ai faim comme un moudiwarp; à quel point je suis sale, on ne le sait pas. Pouvez-vous me trouver du savon, de l'eau et une brosse à récurer? Et je veux d'autres vêtements que ces sales haillons. Il est cependant douteux que mon argent aille jusque-là.

En sortant le sac à main que Bess m'avait donné, cela me rappela l'avertissement dont elle m'avait chargé.

"Mais tu dois mentir confortablement, Jack, donc tu ne peux pas faire de marketing pour moi. Bess Boswell t'a fait savoir que des soldats rôdaient."

Jack rit, et sortant d'une boîte une robe et un bonnet, comme ceux que portent nos femmes qui travaillent dans les champs, il m'informa que, grâce à cela, il était devenu Judy Hoggat, bien connue de ses voisins ; et comme son visage glabre était assez féminin, lorsqu'il était encadré et en partie caché dans la capuche, j'ai jugé qu'il pouvait faire mes courses en toute sécurité.

Une heure plus tard, nous nous sommes assis pour manger, je suis propre et assez à l'aise dans mon costume de berger. Lorsque nous eûmes mangé et bu à notre faim, et que j'eus satisfait la curiosité de Jack, je demandai des planches à crampons et du bâton, avec l'intention de passer sans délai à Sandtoft ; mais pendant que Jack se préparait pour mon voyage, je m'endormis sur ma chaise et dormis jusqu'à quatre heures, trop tard pour aller et revenir rencontrer Bess, qui aurait peut-être quelque chose d'urgent à me dire. J'avais profondément honte de ma somnolence et j'étais enclin à être en colère contre Jack pour ne pas m'avoir réveillé ; mais il a répondu à ma note avec—

"Je ne t'aurais pas réveillé pour un chapeau plein d'or. Eh bien, tu avais l'air aussi fatigué qu'un chien dans la charrette d'un colporteur."

Au crépuscule arriva Bess, qui avait rencontré une troupe de carabiniers peu après notre séparation à Belton, et, interrogé par l'officier, les avait envoyés vers l'est jusqu'au ferry de Butterwick. Elle savait peu de choses sur l'endroit où se trouvait son père et sur ses affaires actuelles, à part le fait qu'il était parti précipitamment après avoir reçu un message de Sheffield. Elle était disposée à penser que le message concernait Vliet, car Boswell avait grondé une malédiction contre « tous les Hollandais ». Bess s'était assurée que mon amie Portington était chez elle et elle m'a conseillé d'aller à Tudworth à la faveur de l'obscurité. Mon premier devoir, disait-elle, était d'obtenir l'aide et la confiance d'amis ; et malgré mon désir de revoir Anna, je reconnus le bon sens de ce conseil et acceptai de partir bientôt. A peine avais-je dit cela que nous entendîmes le bruit des chevaux au trot.

"Soldats!" s'exclama Bess.

"Judy Hoggat, sois prête à t'éclipser", dis-je.

Jack hocha la tête et enfila son simple déguisement. Les cavaliers s'arrêtèrent avec un bruit sec qui les certifiait soldats. Des pas lourds s'approchaient de la porte, et quelqu'un frappait comme avec la crosse d'un pistolet et criait :

"Ouvrez, au nom du roi !"

Jack l'a lancé largement. "Et que veut Sa Majesté de la pauvre Judy Hoggat ?" » demanda-t-il d'une voix chevrotante et effrayée. Il n'avait aucune chance de s'échapper, car le petit verger était rempli de carabiniers.

Un vieux sergent grisonnant entra dans la pièce, suivi de trois de ses hommes, et répondit :

"Une meilleure lumière, d'abord. Allumez votre feu, ma bonne femme, et apportez-moi une bougie."

Cela fait, le sergent m'a pointé la bougie au visage.

"Découvrez votre poitrine", ordonna-t-il. Le vieux bonhomme examinait attentivement les marques. "Comme décrit," marmonna-t-il ; mais je pensais qu'il avait l'air d'être intrigué par quelque chose.

"Jim Ulceby, tu es mon prisonnier", dit-il.

"Je ne suis pas Jim Ulceby, mais je cède sous protestation."

Le sergent secoua la tête, comme pour laisser entendre que ma protestation ne le concernait pas, et ordonna mon expulsion. J'eus seulement le temps de demander à Bess d'informer Portington et Drury de mon état, ce qu'elle promit de faire sans délai. Je la priai aussi de donner de mes nouvelles à maîtresse Goel, mais les soldats me firent sortir de la chaumière avant que j'entende sa réponse. Inutile de s'attarder sur les particularités des prochains jours. La première nuit, je fus logé dans une écurie au Bull à Epworth, où nous restâmes jusqu'au soir, lorsque le sergent et quatre carabiniers m'emmenèrent à Keadby, d'où nous partîmes en sloop pour Hull le lendemain.

CHAPITRE XVII

Nous avons eu une traversée fastidieuse, car le vent était léger, et nous avons manqué l'avantage de la marée ; il était donc six heures passées lorsque nous sommes arrivés. Mes gardes m'ont emmené dans une grande maison de Mytongate, attenante à une boucherie, le boucher, nommé Acton, étant le locataire de la prison. Après avoir passé quelque temps dans une petite tanière qui sentait mauvais, mon geôlier est apparu, un homme obscène, très alcoolisé.

« Et vous venez nous rendre visite encore une fois, » dit-il avec des serments que je n'ai pas besoin de répéter. "Nous n'avons pas beaucoup de logement à revendre pour le moment, mais nous devons vous trouver un grenier quelque part aux anciennes conditions, je suppose."

Cette discussion sur l'accommodement était grecque pour moi. « Je ne comprends pas, dis-je, de ne pas avoir l'honneur de vous connaître.

Acton rit jusqu'à ce que son visage rouge devienne violet. "Oh, c'est bien... la nation est bonne ! Gentleman Jim... Jim le tyran, n'a pas l'honneur de ma connaissance !"

Alors que je le regardais, il éclata de nouveau de rire et me donna une tape retentissante sur l'épaule.

"Tu le fais si bien, Jim ! Il se peut qu'il soit né avec une couronne sur la tête ! 'Ne pas avoir l'honneur de ta connaissance !'" Il rugit encore. "Vous sortez comme gouverneur de la colonie, n'est-ce pas ! Oh, vous me tuerez avec vos plaisanteries !"

Le type babillait sur les agissements d'Ulceby, sur les tricheries au jeu et autres fraudes, sur les bagarres de rue et les homicides involontaires, jusqu'à ce qu'il se parle à sec et réclame du cognac, qui fut apporté par une fille salope et placé sur la table, le seul meuble. de la pièce, à l'exception d'une chaise branlante que j'occupais. Acton cessa de bavarder pour boire, et j'essayai de dire un mot ; mais dès qu'il eut avalé son verre, il continua à m'ignorer.

"Le vieil homme a plus de fente que jamais, le chandling et le stockfish lui rapportent un joli sou; mais maintenant il est allé pêcher la baleine dans la mer du Groenland, et il a la chance du diable. On dit qu'il sera nommé shérif l'année prochaine. , mais s'il pourra vous sortir de cette situation, Dieu seul le sait.

« De qui parlez-vous ? J'ai demandé.

Acton, assis sur la table, était en train d'avaler encore du cognac, mais ma question le fit se lever, riant, bafouillant et toussant presque jusqu'à l'étouffement. Lorsqu'il a repris son souffle, il a juré que j'étais l'homme le plus drôle du monde. Puis il changea de ton pour prendre celui d'une gravité ivre, me demandant quel argent j'avais, et continua :

"Ecoute, Jim, une plaisanterie, c'est très bien, mais je dois voir l'argent de ton père, ou avoir sa parole, ou tu vas dans les caves."

J'ai eu du mal à tirer une signification claire de cet homme, sa tête ivre étant remplie de l'idée que j'étais le « Gentleman Jim » avec lequel il avait une telle familiarité ; mais peu à peu j'ai compris qu'Ulceby l'aîné habitait non loin de là, un homme de fortune et de bonne réputation, qui avait payé les dettes de son fils deux ou trois fois, de qui Acton avait reçu beaucoup d'argent pour les frais de prison, la nourriture et le logement. . Cela m'a donné l'espoir de la liberté, alors j'ai demandé du papier, une plume et de l'encre, et j'ai écrit quelques lignes, demandant à M. Ulceby, par charité, de venir voir celui qui était faussement emprisonné sous le nom de son fils.

Cette lettre, Acton s'est engagé à l'expédier et m'a relevé de sa présence. J'ai passé environ deux heures seul dans la pièce sombre, le vent hurlant dehors avec un son des plus mélancoliques, et entendant par intermittence un bruit de conversation et de rire venant d'une pièce voisine, chaque fois qu'une porte était ouverte. Vers huit heures, M. Ulceby entra, Acton l'accompagnant avec beaucoup d'obséquiosité. Lorsque le geôlier eut placé des bougies sur la table et une chaise pour le visiteur, M. Ulceby signifia son désir de rester seul avec moi. Au premier coup d'œil, mon moral s'est élevé. C'était un homme de grande taille, un peu corpulent, aux cheveux argentés, et qui se comportait avec une dignité naturelle. Il a entendu ce que j'avais à dire de ma capture et de mon emprisonnement à Melwood, de mon évasion et de ma reconquête, avec une attention sérieuse, posant deux ou trois fois une question pertinente, et à la fin il a dit en souriant à moitié tristement :

" Une chose peut être facilement prouvée. Mon témoignage selon lequel vous n'êtes pas mon fils devrait suffire, après avoir observé les formes légales, pour obtenir votre libération. Ce sera ma première affaire demain matin. Peut-être que cela prendra quelques jours pour vous libère."

Je le remerciai chaleureusement de la bonté de venir si promptement à mon secours ; mais il coupa court à mes remerciements, faisant peu de cas de son ennui.

« J'aimerais pouvoir vous sortir de ce repaire de misère, poursuivit-il ; mais comme cela n'est pas possible, vous devez me permettre de vous offrir l'hospitalité que l'on peut avoir ici. Il frappa sur la table avec sa canne et Acton entra. "Pouvez-vous nous laisser une chambre plus confortable et un peu de feu joyeux ?" Il a demandé.

Acton a laissé entendre que tout pouvait être fait qui serait bien payé ; et M. Ulceby envoya chez le Sarrasin's Head chercher le meilleur souper qui pouvait être fourni.

"M. Vavasour me fait l'honneur de souper avec moi", dit-il à Acton, qui me fit un clin d'œil complice et se mit à vaquer à ses occupations.

Nous nous trouvâmes bientôt dans une pièce plus spacieuse et plus aérée, et après le dîner, M. Ulceby me fit un bref récit de son fils, qui ne fait pas partie de mon histoire, sauf qu'il fut fait avec tant de tendresse et de tristesse qu'il m'assura que c'était vraiment un homme bon. Il a terminé en disant :

"Il ne fait aucun doute que sa mort ne fait aucun doute, mais je dois en être certifié, et s'il a été victime d'un acte criminel, traduire ses meurtriers en justice. Mon devoir envers lui peut être mieux rempli par un partenariat avec vous. Voulez-vous me donner confiance par confiance ? Vous m'avez parlé de votre emprisonnement et des horribles pratiques de vos ennemis, mais rien de la raison. Puisque le désir de l'argent ou l'amour de la femme est au fond de la plupart des méfaits, peut-être y a-t-il une dame dans le monde. Crois-moi, même si j'ai la tête blanche, je ne suis pas trop vieux pour me sentir avec un véritable amant.

J'en étais sûr et je lui racontai tout mon récit, qu'il écouta sans aucun signe de lassitude, hochant la tête et souriant de temps en temps, et se levant une fois de sa chaise pour arpenter la pièce et murmurer quelque chose pour lui-même. A la fin, il tendit la main en disant :

"Faisons un marché. Nous sommes tous les deux partenaires : jusqu'à ce que nous connaissions la vérité sur le sort de mon pauvre et égaré garçon, et que vous soyez vengé de vos ennemis. Maintenant, cela signifie", dit-il, tandis que je mettais ma main dans la sienne. , "qu'il n'y a pas de distinction entre *meum* et *tuum* pour la durée de notre partenariat. Non, écoutez-moi", observant le rougeur de mon visage alors que je pensais à mon état de dénuement. "Je devrai peut-être vous demander plus que ce que l'argent peut acheter avant que nous arrivions à la fin de notre activité commune. La première chose que je vous propose, ce sont des conseils. Écrivez une lettre à Maîtresse Goel, l'assurant de votre sécurité et de votre venue rapide, mais ne dis rien de plus, même où tu es, de peur que la lettre ne tombe entre d'autres mains, je l'enverrai par un messager fidèle aussi vite qu'il faut monter de la bonne chair de cheval, je t'amènerai demain un habile chirurgien, qui. Vous devriez pouvoir faire quelque chose pour réparer votre blessure au visage. Il n'y aura pas de perte de temps, car votre libération ne pourra guère être effectuée demain et si vous devez aller plâtré et bandé, il y aura peut-être un avantage à le faire ; Nous pourrions aussi vous habiller comme un capitaine de navire. Nous devons nous jeter sur l'ennemi, si nous le pouvons, car ils ne reculeront devant rien, maintenant que vous tenez leur liberté, peut-être leur vie, entre vos mains.

Je n'avais rien à dire contre ces conseils, étant en vérité très reconnaissant d'avoir un ami capable de conseiller et aussi engagé dans ma cause. M. Ulceby posa son sac sur la table.

"Les hommes avec qui vous avez affaire ici seront d'autant plus respectueux s'ils savent que vous avez de l'argent à votre disposition, et que vous pouvez en avoir une occasion imprévue."

Après que j'eus écrit quelques mots à mon bien-aimé, M. Ulceby me quitta, m'assurant encore une fois qu'il s'occuperait de mes affaires tôt le matin. Il m'a fallu longtemps avant de chercher le sommeil, ce qui aurait en effet été difficile à trouver avant minuit, car mes camarades de chambre dans la chambre voisine de la mienne et dans celle au-dessus entretenaient un tel bruit de cris, de chants et de rires. ce qui m'a étonné, voyant qu'ils étaient prisonniers. Au départ de M. Ulceby, une femme de chambre est entrée pour me demander si j'avais besoin de quelque chose ; et, comme je n'avais aucun ordre à donner, j'ai verrouillé et verrouillé la porte extérieure, et je suis resté seul à mes méditations.

Jusqu'alors, je n'avais pas beaucoup réfléchi, et ces derniers jours, je m'étais préoccupé du danger présent et de ce qui pourrait nous menacer dans un avenir immédiat, mais maintenant que la tension était soulagée, la pensée me submergeait comme une inondation. Il y a quelques heures, j'avais été menacé du sort d'un esclave de plantation. Si quelqu'un avait prédit, à ma majorité, qu'un tel péril m'arriverait, comme cela aurait paru incroyable ! Et j'avais été sauvé d'un tel destin, non pas par les choses dont j'étais fier, ni par mon nom ou ma place, ni par ma force ou mon courage, ni par la fermeté de mes amis, mais par la gentillesse d'un étranger. Combien de raisons j'avais de gratitude envers lui, et combien plus encore envers la Providence qui l'avait envoyé pour ma délivrance ! Une grande crainte m'envahit à cause de l'œil qui avait été sur moi lorsque je me croyais enterré hors de vue, et de la main qui m'avait porté secours lorsque j'étais le plus impuissant ; et je sentais combien la bonté de Dieu était totalement imméritée, et en même temps j'avais assurément confiance en elle. Il ne faut pas beaucoup parler de ces choses que je détiens, mais je suis tenu de faire un récit de ce qui a changé pour moi la face du monde et a rempli mon cœur d'une joie nouvelle, étrange et solennelle.

CHAPITRE XVIII

Ma libération ne s'est pas produite aussi rapidement que M. Ulceby l'avait espéré, car les juges, le shérif et le commandant du château, et je ne sais combien d'autorités en plus, avaient tous leur mot à dire dans cette affaire. Après que le témoignage de mon ami selon lequel je n'étais pas son fils ait été accepté, j'ai supposé que je devrais être libéré immédiatement, mais rien de tel ! "Si je n'étais pas Jim Ulceby, qui étais-je ?" "Où était Jim Ulceby ?" "Comment en suis-je arrivé à lui ressembler ?" Les autorités ont donc exigé, et semblaient penser qu'il fallait répondre à ces questions avant de me donner ma liberté. Un magistrat, dont la gravité et l'ennui étaient d'égale grandeur, se mit en tête qu'un complot quelconque se préparait. S'il avait pu obtenir ce qu'il voulait, je crois qu'il m'aurait soumis à la torture physique ; il me mettait souvent au supplice de l'esprit, venant « examiner le prisonnier », en posant les questions les plus absurdes, en ayant l'air solennel comme un hibou. Je n'ai jamais compris sa dérive, et je crois que lui non plus. M. Ulceby m'a prévenu de la première visite de cet homme et m'a supplié de la supporter avec toute la patience que je pourrais rassembler ; je parvins donc à garder mon sang-froid, et finalement l'âne eut la bonté d'exprimer le jugement « que j'étais un instrument aveugle des conspirateurs ». Qu'il y avait une conspiration, il en était bien assuré.

Acton nous a causé quelques ennuis au début, en soutenant que j'étais en fait son ancien copain et que M. Ulceby avait pris le parti de me refuser, comme seul moyen de me sauver du transport vers l'Amérique. Il a déclaré que personne ne supporterait les efforts et les frais que M. Ulceby avait pris en mon nom pour un étranger, et a réclamé « de l'argent silencieux ». Comme il ne pouvait pas m'extorquer cela, il a fait de son mieux contre moi en secret. Même lorsque le chirurgien m'aurait redonné un aspect plus proche de mon ancienne apparence, Acton ne serait pas convaincu. Le chirurgien m'a rendu de bons services en témoignant sur la date récente de la déformation de mon visage, ce qui a été corroboré par le sergent qui m'a amené à Hull. Il a témoigné qu'il avait été perplexe lorsqu'il m'avait interpellé par la fraîcheur du tatouage et des cicatrices. Mais huit jours s'écoulèrent avant que mon bon ami, qui avait travaillé sans relâche pour ma cause, ne vint avec l'ordre de ma libération. J'ai bénéficié de tout le réconfort que l'argent pouvait me procurer pendant ces journées fatigantes, et M. Ulceby m'a donné autant de son temps qu'il pouvait l'épargner pour accélérer ma délivrance. Après le deuxième jour de stage, je restai dans ma propre chambre. Ce jour-là, j'ai eu la curiosité de visiter la prison. Il se composait de deux maisons réunies en une seule et de bâtiments occupant derrière elles deux côtés d'un quadrilatère. Ces bâtiments n'auraient pas été utilisés comme écuries par un homme qui appréciait ses chevaux. Ici étaient confinés les misérables qui ne pouvaient ou ne voulaient pas payer leur logement dans la maison ; certains d'entre eux restaient en sécurité en étant allongés sur le sol avec des barres de fer en travers des jambes ; d'autres avaient la liberté de se tenir debout, mais enchaînés à des agrafes dans le mur. Certains étaient libres de se promener dans la cour, diversement repassés et enchaînés. La plupart étaient à moitié affamés et en haillons, les créatures les plus misérables que j'aie jamais vues.

Les habitants de la maison étaient de ceux qui avaient les moyens de payer les frais exorbitants que le geôlier imposait pour la nourriture et le logement et les frais pour ceci, cela et autre chose. Beaucoup d'entre eux avaient de l'argent à gaspiller dans le jeu et l'ivresse, mais peu avaient de la compassion pour leurs codétenus frappés par la pauvreté. Dans cette tanière se trouvaient des prisonniers en attente de jugement, des prisonniers condamnés et des prisonniers acquittés, maintenant détenus pour payer les charges du geôlier ; prisonniers des deux sexes et de tous âges, depuis l'enfance jusqu'à la décrépitude. Pendant que je faisais le tour de la cour, un gaillard graisseux s'approcha d'une des fenêtres, et appelant la foule, jeta les orts et les restes de son déjeuner, pour lesquels les misérables affamés se précipitaient. Dans la lutte, deux femmes se sont effondrées et ont commencé à se battre, déchirant, griffant et mordant avec la fureur des tigresses, tandis que les hommes se tenaient autour d'elles en riant et en pariant sur celle qui serait la gagnante. En me détournant de là, je tombai sur une créature en haillons et misérable, qui gémissait et gémissait dans un coin. Il avait tenté d'escalader le mur à l'aide d'une corde qu'un ami avait réussi à lui transmettre, mais avait été rattrapé dans l'effort ; le geôlier et ses hommes lui avaient donc frappé la plante des pieds dans des conditions horribles. Quelques-uns des prisonniers gisaient ivres-morts, objets de l'envie des autres, qui n'avaient pas la chance d'avoir des amis capables et disposés à leur donner de l'alcool. Beaucoup de choses que j'ai vues et entendues ne peuvent être décrites. Je me suis réfugié du petit enfer dans la solitude de ma propre chambre, tout à fait reconnaissant de ne pas avoir été obligé de rassembler cet équipage ignoble et misérable. Dans un sens, c'était une chance pour moi qu'Acton continue de croire que j'étais Jim Ulceby, car il l'a fait savoir haut et fort et m'a ainsi évité d'être agressé par les tyrans de la maison, qui craignaient de se mêler de quelqu'un qui avait le pouvoir. réputation de ne jamais manquer de rembourser intégralement tout mauvais tour qui pourrait lui être fait.

Ce n'est que le quatrième jour de mon incarcération que je reçus une lettre d'Anna, car le messager de M. Ulceby avait été retardé par un incident après l'autre, mais il n'était pas nécessaire de les déposer ici. Toute la journée, je lisais et relisais cette précieuse lettre, me demandant comment un stylo, qui dans ma main est un outil encombrant, était devenu une telle baguette magique dans la sienne, que je pouvais, en quelque sorte, entendre sa voix claire. , et je vois presque son sourire enjoué et les larmes soudaines qui coulent. Je copierai ici des parties de la lettre, car elles racontent l'histoire bien mieux qu'elle ne pourrait l'être avec mes propres mots.

"Quand Luc m'a apporté ta lettre, dans laquelle tu promettais de venir le lendemain, il m'a parlé de la méchanceté de Sébastien Vliet, et je lui ai fait répéter l'affaire devant mon père. Mais quand Luke a continué en disant que tu avais J'ai lancé un défi à votre meurtrier potentiel, j'étais presque hors de moi de colère que vous risquiez si légèrement votre vie en combattant un misérable si infâme. Pendant un bref instant, j'ai cru que vous aviez tué mon amour par votre folie, mais je l'ai fait. j'ai vite compris que mon cœur vivait encore de peur de ce qui pourrait être conçu contre vous par un lâche aussi rusé. Quand j'ai appris que Vliet était allé à votre rencontre seul et armé seulement d'une épée, vous pouvez être sûr que tout le sien. Les événements étaient surveillés d'aussi près qu'une femme savait le faire. Cela m'a rempli d'émerveillement. Mais mes craintes ont été redoublées par le rapport de Vermuijden sur ce qui s'était passé, à savoir que vous aviez fui Vliet dans une terreur soudaine et que vous étiez parti sans savoir où. Un mensonge si grossier et si palpable m'a donné la certitude qu'un acte odieux avait été commis, mais je ne pouvais pas le deviner, et pendant des jours, j'étais comme quelqu'un sans raison.

"Enfin arriva la nouvelle de la découverte d'un corps dans un étang, qui serait le vôtre : mais je ne pouvais pas croire que tu étais mort. Mon père, Martha et Luke me pensaient bouleversé de chagrin, mais mon cœur disait que tu étais toujours en vie. Et tandis que mes esprits revenaient, j'interrogeai Luke en particulier sur le mort. Qu'il soit de votre taille et de votre carrure, et qu'il portait vos vêtements n'était pas une preuve suffisante pour moi, je doutais que les poissons seuls aient défiguré le visage au-delà de toute connaissance, et l'état de la poitrine de l'homme semblait inexplicable. J'ai demandé s'il y avait des traces de blessures mortelles et on m'a répondu : « Aucune ». Comment donc le corps est-il arrivé dans l'étang ? Si, même dans l'obscurité, vous aviez trébuché dans l'eau, vous étiez assez fort pour en ressortir, à moins de vous avoir d'abord assommé avec un coup de poing. coup par derrière, et il n'y avait aucune trace d'un tel coup. Luc m'a dit ce qu'il y avait dans les poches : votre bourse et les pièces qu'elle contenait, un trousseau de clés, votre canif et votre sceau. Mais aucune nouvelle du coup. J'étais assuré que mon Frank n'avait pas jeté ou perdu son gage d'amour. Mon esprit confirmait donc dans une certaine mesure la foi de mon cœur, même si tout le monde considérait mon espoir comme la plus pure folie.

"Et maintenant, je vais vous dire une chose étrange. Le lendemain du jour où ce corps a été enterré, j'étais assis ici, fatigué de réfléchir et de me poser des questions, et je vous ai vu étendu sur un canapé dans ce qui ressemblait à une crypte d'église. Vous étiez pieds et mains liés, et à la lumière d'une lampe suspendue au mur derrière vous, j'ai pu voir du sang sur votre visage. Un homme est sorti de la partie sombre de la pièce et s'est tenu de manière à me cacher votre visage. et puis tout a disparu de ma vue. J'ai crié à mon père, qui était assis près de moi et lisait : « Frank est vivant, je l'ai vu ! J'ai décrit le lieu et votre état à mon père, étant parfaitement sûr de la vérité de ce que j'avais vu. Il cherchait à me convaincre que j'en avais rêvé, mais je savais que je n'avais pas fermé les yeux et, d'ailleurs, j'étais là ; Je ne sais quoi de réel dans ce spectacle, qui ne me permettait pas de douter. J'ai envoyé chercher Luke, qui était dans la maison à ce moment-là, et je lui ai demandé s'il connaissait une pièce telle que celle que j'avais vue, mais il le pouvait. ne m'aidait pas. Mon propre esprit courait sur les cachots du château de Mulgrave, et je n'ai donné aucun répit à mon père jusqu'à ce qu'il s'aventure avec moi, professant son désir de consulter un livre dans la bibliothèque du comte comme raison de notre départ. pour voir les voûtes du château, et le vieux noble donna ordre à son sénéchal de me les faire parcourir, qui le fit volontiers, lui et moi étant de grands amis (c'est lui qui m'a donné mes leçons d'équitation lors de ma première visite). au château, vous voyez donc que votre jalousie d'un temps était déplacée.) De lui, j'ai entendu dire que Lord Sheffield résidait actuellement à Normanby, où il menait une vie moins restreinte qu'il n'était possible sous le toit de son père, ce qui m'a fait réfléchir. qu'il pourrait y avoir des salles souterraines là-bas ; mais mon guide m'a assuré qu'il n'y avait pas même une cave à vin. « C'était, dit-il, un endroit pauvre, mais honoré par la résidence de mon seigneur lorsqu'on désirait boire beaucoup, jouer en grand et autres délices. Depuis dix jours, les réjouissances étaient perpétuelles. Votre disparition avait-elle quelque chose à voir avec cette réjouissance ? Je me suis demandé. Je demanderais à Luke d'espionner les allées et venues de Sa Seigneurie, résolus-je, peu importe qu'il soit naturellement fait pour ce rôle. Mais à notre retour, qui s'est fait en toute sécurité, j'ai trouvé Marthe en détresse à cause du pauvre garçon, qui s'était cogné le pied avec une hache en coupant du bois, et qui boitait encore avec une béquille. Est-ce que nous, pauvres femmes, devrons toujours dépendre, même dans une anxiété exaspérante, de l'aide des hommes ? Si j'avais été libre, j'aurais revêtu l'habit d'homme et parcouru l'île de long en large pour vous retrouver, car j'avais le sentiment que votre prison n'était pas très loin.

"Mais enfin, trois jours avant que votre messager ne m'apporte cette lettre, que j'ai mouillée de larmes de joie, que j'ai embrassée mille fois, que je tenais dans ma main et que je regardais, tout en déversant mes remerciements à Dieu, enfin est venue la belle gitane, qui t'a vu, parlé avec toi, touché. J'ai beaucoup de choses à te dire sur la sombre beauté, et quelques questions à te poser. Notre rencontre a été étrange (d'une autre fois). mais bientôt nous sanglotâmes dans les bras l'un de l'autre. Et nous avions prévu de vous suivre et de vous retrouver le jour même de l'arrivée de votre lettre.

De Vliet, Anna n'avait rien de plus à dire que je ne le savais déjà, qu'il avait été arrêté, qu'il s'était évadé et avait disparu. Elle a écrit que son père était entièrement occupé par des recherches et des expériences concernant la fièvre, et plein d'espoir de trouver un moyen préventif contre cette maladie. Vermuijden avait embauché un certain nombre d'Isloniens les plus pauvres pour travailler avec les Néerlandais, mais leurs voisins étaient si amers contre eux pour ce passage à l'ennemi qu'il était nécessaire de leur fournir un logement dans la colonie. Néanmoins, Anna était convaincue que cette démarche tendrait à l'amitié et à une bonne compréhension en temps voulu.

Le troisième jour après la réception de cette lettre, M. Ulceby vint me voir avec l'ordre de ma libération dûment signé et contresigné, et dès que nous fûmes réglés avec Acton, j'étais de nouveau un homme libre. Mon bon ami avait compté sur mon impatience d'être sur la route de Sandtoft et m'avait fait prendre le petit déjeuner à l'auberge la plus proche, sa maison étant de l'autre côté de la ville.

Une fois le repas terminé, trois chevaux furent amenés à la porte, un pour moi, un pour mon ami et un pour son domestique. M. Ulceby croyait avoir été espionné et suivi à plusieurs reprises lors de ses visites dans ma prison, et craignait que mes ennemis ne soient sur le qui-vive ; d'où son intention de m'accompagner sur l'île.

« Trois hommes, bien montés et bien armés, pourraient voyager bien plus sûrement qu'un seul cavalier, dit-il.

Je puis dire ici qu'il n'était pas nécessaire, comme nous l'avons appris par la suite, de tous ces soins pour ma protection, Boswell n'ayant jamais compté sur ma délivrance de la prison.

Nous roulâmes sans incident plus grave que la timidité de mon cheval au battement d'un tissu qu'une ménagère venait secouer à sa porte au moment où nous passions.

Nous avons traversé Trent à Burringham Ferry et sommes passés par Crowle Causey, avec l'intention de voir mon ami dans mes quartiers au White Hart, et de le laisser là, pour rouler vers le sud jusqu'à Belton, et de là jusqu'à Sandtoft par le remblai, mais ce n'était pas le cas. son esprit. Il n'aurait pas d'objection mais nous devrions dîner ensemble, nous procurer des chevaux frais, et lui et son homme m'accompagneraient à la colonie. Même si j'étais impatient de voir mon amour, j'étais trop lié à M. Ulceby pour refuser de faire ce qu'il voulait que je voie, vu comment il avait mis son cœur sur cette chose. Après avoir mangé et bu, nous repartîmes, et M. Ulceby parla avec une grande délicatesse de ce que je devais faire pour gagner ma vie. Il n'approuva pas mon projet de me joindre à une compagnie d'aventuriers, ni de m'engager au service militaire d'un prince étranger. Il avait un autre projet pour moi, c'était que je me lance dans ses affaires, soit comme son agent et commis, soit, si les affaires commerciales me détestaient, comme supercargue sur l'un de ses navires, avec la perspective de prendre le commandement. d'un navire, lorsque j'avais acquis un degré suffisant de matelotage. Il parlait comme s'il pensait qu'il devait trouver une excuse pour offrir une occupation si humble à quelqu'un de ma naissance et de ma race, mais il souligna qu'une compétence pourrait être beaucoup plus certainement et plus rapidement acquise par de tels moyens qu'en explorant les forêts américaines ou en s'engageant comme entrepreneur. soldat de fortune. Et il évoqua le besoin qu'il aurait bientôt d'un partenaire dont l'énergie juvénile pourrait compenser le manque de ses propres forces déclinantes. Il a terminé en disant :

"Je ne suis qu'un homme simple et direct, M. Vavasour, qui n'a pas plus de connaissances que celles que j'ai acquises dans une école de dames, et qui n'est pas habitué aux manières des gens distingués. J'espère donc que vous m'excuserez si je le dis mal ; mais si votre Le désir de mon cœur est de préparer une cage pour votre oiseau chanteur, je pense qu'il sera plus rapidement satisfait en condescendant au commerce.

Si une telle offre m'avait été faite seulement un mois auparavant, je l'aurais certainement rejetée avec mépris, mais on peut apprendre beaucoup en un mois, surtout si on en dépense une partie en prison. Même maintenant, je n'aimais pas m'asseoir sur un tabouret de bureau avec un stylo derrière l'oreille, ni faire des allers-retours en tant que chapman. Le commandement d'un navire serait en réalité plus à mon goût, même si sa cargaison pourrait être constituée de peaux, de stockfish ou de graisse de baleine. Mais je ne devais en aucun cas envisager d'aimer et de ne pas aimer. Je n'avais pas un sou en propre, ni aucune chance d'en gagner un, sinon de la manière indiquée par M. Ulceby. Les vêtements que je portais, la nourriture que j'avais mangée ces dix jours, c'était son argent qu'il avait acheté ; et c'est grâce à sa bonté et à la miséricorde de Dieu que je ne gémissais plus dans la cale d'un navire négrier. Je lui fis donc une réponse adaptée à sa générosité, lui signifiant que j'étais prêt à entreprendre les tâches pour lesquelles je pourrais me montrer apte, même si j'avais le plus sérieux doute à ce sujet, en raison de mon ignorance et de mon manque de capacité. Cela lui plut énormément et il me dit ensuite qu'il avait décidé de venir avec moi à Sandtoft, en partie parce qu'il se croyait plus à même de soumettre l'affaire au docteur Goel, si j'acceptais l'offre.

«Je suis plus âgé et je raisonnais avec les vieux», dit-il; puis il se tut, souriant comme s'il avait des pensées agréables qu'il gardait pour lui.

Moi aussi, j'étais enclin au silence. Bien que l'occasion soit de gagner mon pain, et peut-être quelque chose de plus avec le temps, je ne pouvais pas me débarrasser du sentiment que c'était un triste destin pour le dernier des

Vavasours de Temple Belwood de devenir marchand de poisson, même si je
le savais. eh bien, un marchand de poisson pourrait être un homme aussi
digne et généreux que n'importe quel hobereau d'Axholme ou d'Angleterre.
Je ne pensais pas que dans quelques heures j'envierais la sécurité et la liberté
du plus pauvre conducteur de plumes du royaume. Ah, moi ! si j'en avais eu
la prescience, elle n'aurait fait que gâcher pour moi le peu de pur bonheur qui
allait bientôt être le mien.

CHAPITRE XIX

Lorsque nous avons débarqué du ferry à Sandtoft, Martha et Luke nous attendaient, et après les salutations, j'ai demandé à la femme de chambre quel logement pouvait être trouvé pour M. Ulceby et son homme.

"Cela est prévu", répondit Martha. "Nous vous avons repéré il y a une demi-heure, et ma maîtresse a ordonné que des chambres soient préparées pour vos compagnons de voyage. Luke les guidera jusqu'à leurs quartiers et les amènera dîner tout à l'heure. Vous viendrez avec moi."

"Oui, oui", a déclaré M. Ulceby. "Je serai très heureux de pouvoir me reposer un peu avant le dîner. Cela fait longtemps que mes vieux os n'ont pas été ébranlés par une telle promenade à cheval. Alors ne vous pressez pas pour le dîner, ma jolie fille."

Il jeta un regard à Martha, qui répondit par un sourire de compréhension, tandis que Luke se balançait sur sa béquille pour conduire mes compagnons jusqu'à leur logement.

En nous rendant chez le médecin, je remarquai la présence d'un certain nombre d'Isloniens parmi les étrangers, qui arrivaient en masse dans la colonie après leur journée de travail à l'étranger, et certains d'entre eux me regardèrent avec curiosité. A peine un mot s'est-il passé entre moi et la servante, car elle avait du mal à suivre ma longue foulée. Mais lorsqu'elle ouvrit la porte du salon d'Anna, elle trouva le souffle pour dire modestement : « M. Vavasour. J'avais eu quelque frisson sous l'impatience de voir mon amour, de peur que mon visage balafré, encore en partie rayé de plâtre, ne lui fît peur ; mais il n'y avait aucun signe de cela dans ses beaux yeux, alors qu'elle m'attendait aussi près que possible, avec de la place pour l'ouverture de la porte, et avec un cri de pitié bas et doux, comme celui des mères, elle est venu dans mes bras. Après la longue étreinte de bienvenue, elle m'a retenu, m'a regardé quelques secondes en face, puis, souriant à travers ses larmes, m'a appelé son brave soldat, son héros, et je ne sais quoi, posant cent questions, riant et pleurant. en un souffle, jusqu'à ce que la seule chose que je sache, c'est qu'elle était la plus belle femme du monde, et moi le plus heureux de tous les hommes d'avoir son amour. Enfin, je me suis souvenu que je l'avais maintenue debout et que je l'avais attirée vers une chaise, à genoux à côté d'elle, et qu'elle avait doucement touché mon laid visage avec ses lèvres, puis elle avait fondu en larmes. Avant que nous ayons eu le temps de discuter ensemble, Martha a frappé à la porte pour annoncer le dîner.

Nous restâmes longtemps à table, car le docteur, oubliant pour un moment ses études, me posa beaucoup de questions pendant que je racontais mon histoire, et ce fut assez long. Quand j'en vins à raconter comment M. Ulceby s'était lié d'amitié avec moi, Anna ne put exprimer sa gratitude, mais cela brillait si brillamment sur son visage que le brave homme lui répondit :

"Le bonheur est de mon côté, Maîtresse Goel. Je suis récompensé au centuple pour un service que j'espère que n'importe quel homme aurait rendu s'il en avait la capacité."

Elle contrôla le gonflement de sa gorge jusqu'à répondre...

"Je pense que le bon Samaritain aurait dit à peu près la même chose."

Le souper terminé, et l'essentiel de mon histoire racontée, M. Ulceby invoqua la lassitude comme raison pour partir dans ses quartiers, où nous l'accompagnâmes, Anna souhaitant s'assurer que rien n'était omis pour son confort. Après l'avoir quitté, nous nous promenâmes sous le ciel étoilé pour parler de l'avenir. Anna n'a pas approuvé mon entrée au service de M. Ulceby.

"Croyez-moi, Frank, ce n'est pas le fait que vous soyez un gentleman de longue descendance qui me pèse", dit-elle, "et j'espère ne pas manquer de gratitude envers cet homme bon qui a été tant votre ami. Je pourrais lui donner autre chose, mais pas mon Frank pour qu'il soit esclave. Car c'est ce que cela serait. Il n'y aurait pas à supporter certaines choses que les esclaves de Virginie endurent dans le comptoir de M. Ulceby, mais la vie serait minime. mieux que le leur, car vous auriez affaire non seulement à M. Ulceby, mais aussi à ses commis et à ses domestiques, et chacun d'eux vous mépriserait pour votre ignorance de son peu de connaissances, ou vous haïrait parce que vous êtes un gentleman ; ou les deux. Et comment pourriez-vous amener votre esprit ou votre corps à supporter l'enfermement et la fatigue de la corvée mécanique ?

Je n'ai pas besoin de consigner ce que j'ai dit dans l'autre partie, puisque je n'étais pas destiné au cours que j'aurais suivi. J'ai écrit les paroles de sagesse d'Anna par amour, même si je crois pourtant que l'orgueil qu'elle a renié a eu plus d'influence sur elle qu'elle ne le pensait peut-être. Et, à vrai dire, je ne l'aimais pas moins pour cela.

Ma prudente dame voudrait que je me garde, dans ma hâte d'être honnête et dans mon désir de prouver ma gratitude, de ne pas mettre en péril tout notre avenir ; il faudrait peut-être du temps pour trouver un emploi plus agréable et plus convenable, mais elle ne doutait pas qu'on le trouverait. Elle aimerait parler avec Vermuijden, qui commandait alors la colonie. Cela l'amena à dire que les ouvriers isloniens qu'il avait embauchés avaient été tellement persécutés par leurs voisins qu'il avait fallu leur trouver un logement dans le camp, où ils s'étaient entendus avec les Hollandais, et à une gentillesse particulière envers son père et envers elle-même. Bess Boswell avait quitté son père et sa tribu et se réfugiait pour le moment à Sandtoft. Nous n'avons parlé que très tard de ces sujets et d'autres qui n'avaient pas besoin d'être écrits.

Quand je suis allé dans ma chambre, j'ai trouvé mon épée et mes pistolets prêts à mon chevet, et j'ai souri des soins superflus de Luke, qui, je suppose, les avait placés là. Par les battants ouverts de ma fenêtre parvenaient le bruissement des feuilles et le murmure du vent parmi les roseaux, et une ou deux fois le léger gazouillis d'un oiseau rêvant sur son perchoir. Le calme était doux aux oreilles qui avaient été contrariées la nuit par le bruit des joueurs ivres, les rires des chevaux, les jurons et les cris. Le calme sacré et mes pensées heureuses m'endormirent bientôt, d'où je fus réveillé par un grand éclat de feu à travers la fenêtre. Avant d'avoir repris mes esprits, j'entendis un bruit de plusieurs pas, et alors que je sautais du lit et me blottissais sur mes vêtements, un coup de feu retentit, puis d'autres coups de feu furent tirés, et un brouhaha général s'éleva. Au moment où j'ouvrais ma porte, le docteur Goel sortit de la pièce en face de la mienne, une bougie à la main, et Anna et sa servante apparurent aussitôt après. Nous descendîmes ensemble au salon, le vacarme sans augmenter à chaque instant, cris en hollandais et en anglais, fracas d'acier, fracas de pierres contre les boiseries, décharges d'armes à feu, rugissements et crépitements d'incendie, et le piétinement d'une foule ici et là. . C'était d'autant plus déconcertant pour moi que j'avais remarqué, en entrant dans la colonie, comment des fusils avaient été placés pour commander les portes, et que le médecin avait mentionné d'autres moyens de défense qui avaient été adoptés depuis le dernier assaut. J'ai dit quelque chose à ce sujet, et Anna a répondu :

"N'entendez-vous pas le cri 'Traîtrise' ? Les Isloniens ont ouvert les portes après avoir maîtrisé la garde."

J'ai soufflé la bougie, puis j'ai tiré un peu en arrière un des volets et j'ai regardé dehors. Par l'incendie d'un bâtiment que je ne pouvais pas voir, mais dont quelqu'un disait qu'il devait être le poste de garde, tout était éclairé presque comme en plein jour. L'épaisseur du tumulte était maintenant à une certaine distance au-delà de nous, vers l'ouest, mais les hommes se battaient par deux ou trois ici et là tout près de nous. J'avais parlé de me précipiter pour amener M. Ulceby et son homme dans notre compagnie, lorsqu'une cohue d'hommes et de femmes est arrivée en criant : « La sorcière ! et devant eux, la folle et une autre vieille vieille cabriolaient et hurlaient comme des démons. Ils étaient guidés par quelqu'un qui connaissait la maison du docteur, car à peine avais-je fermé et verrouillé le volet qu'ils se mirent à briser les vitres en redoublant leurs cris. Le danger pressant va parfois accélérer ma lenteur d'esprit, mais j'étais maintenant dans un état de non-plus. Le mieux que je pouvais faire, pensais-je, était de rester à distance et d'espérer une délivrance imprévue. Et en vérité, cela semblait tout d'un coup proche. La populace criait et criait comme si on la chassait. Plusieurs coups de feu frappèrent nos oreilles. Un coup tonitruant retentit à la porte, et la voix de Sheffield cria :

"Docteur Goel, ouvrez ; c'est moi, votre ami Sheffield."

"Oui, ouvrez, docteur," dis-je, "mais ne dites rien de moi. Dieu envoie parfois des démons pour ses bonnes commissions."

Tandis que le médecin se dirigeait à tâtons vers la porte, je sortis dans le couloir et retournai à l'autre bout, afin de voir avec peu de chance d'être vu. Lorsque la porte s'est ouverte pour laisser entrer Sheffield, j'ai aperçu certains de ses hommes bien armés et, au-delà d'eux, la foule déconcertée.

« Tout est dans le noir, docteur ? » dit Sheffield, et il demanda une lanterne, qu'un de ses hommes lui tendit.

Je me suis surveillé dans l'embrasure d'une porte. Quand lui et le docteur furent entrés dans le salon, je me suis approché suffisamment pour écouter aux portes et j'ai entendu le discours moqueur de milord.

"Oui, Maîtresse Goel, c'est moi, Sheffield méprisée, méprisée et rejetée, qui viens à votre aide. Un avertissement m'est parvenu qu'une autre attaque en force était sur le point d'être lancée contre la colonie, malheureusement trop tard pour que je puisse obtenir une force militaire suffisante pour disperser les émeutiers ; mais ayant entendu une rumeur selon laquelle certains de ces misérables vous voulaient un mal particulier sous le couvert de l'assaut général, je suis monté avec ceux de mes propres valets qui étaient à votre disposition. Mon dévouement en est même une preuve. contre votre dédain, belle Anna. Venez, j'ai un cheval sellé pour votre promenade, et moi et mes robustes compagnons vous conduirons dans un asile sûr.

"Avez-vous un cheval pour mon père, monseigneur ? Et pour mon amie Marthe ?"

— Ma foi, non, mon charmeur. Je ne pourrais pas subvenir à tout moment aux besoins d'une maison entière, mais je laisserai deux ou trois mousquetaires pour leur défense.

"Merci, mon seigneur, je partagerai leur protection et le danger de mon père."

"Non, madame; je ne laisse aucun membre de ma troupe, à moins que vous ne montiez avec moi. Pensez à ce que vous faites. Les diables hurlants du dehors vous déchireront membre par membre, ou vous brûleront à feu lent. Ils ont juré que vous ne le feriez pas. échappez-leur cette fois.

"Mais ils n'oseront pas me faire du mal, ou s'ils l'osent, ils ne le pourront pas, tant que milord Sheffield et ses hommes me défendront."

"Là, vous vous trompez complètement. Nous ne pourrions pas leur résister ici. Une demi-douzaine d'entre nous pourraient peut-être suffire comme escorte, une fois que nous aurons traversé le ferry. Le reste de mes hommes reviendra pour garder votre père et votre femme de chambre. ".

"Je ne les quitterai pas, mon seigneur."

"Mais, par le Ciel, vous le ferez, si je dois vous arracher de force."

Et puis j'ai entendu le cliquetis des talons éperonnés et le mouvement d'autres pieds, la voix du médecin criant : « Attendez ! Reculez, monsieur », et au même instant mon amour a crié : « Frank !

"Autant faire appel à l'un des damnés !" s'écria Sheffield avec un rire hideux.

Maintenant, même si j'étais dans une fureur blanche, je me souvenais que les hommes dehors pouvaient entendre n'importe quel bruit fort dans la pièce, malgré le tumulte autour d'eux, et que, s'ils étaient amenés vers moi, il y aurait peu de chance. de sauver mon amour. Je ne souhaitais pas non plus commettre un meurtre, si je pouvais la sauver sans cela, c'est pourquoi je n'ai sorti aucune arme en me précipitant dans la pièce. Au moment où j'entrais, Sheffield repoussa violemment le médecin et saisit Anna par la taille, son dos étant tourné vers moi. Qu'il ait entendu mon pas, ou que quelque chose dans le visage d'Anna l'ait fait se retourner, je ne le sais pas, mais il tourna la tête et resta un instant comme frappé de terreur ; mais, se reprenant avec un sang-froid étonnant, il sortit un pistolet de sa ceinture. Même s'il était rapide, j'étais plus rapide. Attrapant sa main droite avec ma gauche, je lui portai un coup de la droite qui, en se retournant pour l'éviter, le reçut sur le côté de la tête, et tomba de toute sa longueur avec la raideur d'une quilles à neuf. J'ai levé la main pour lui imposer le silence tandis que je me penchais sur lui et j'ai vu qu'il avait été abasourdi.

J'étais dans une certaine perplexité quant à ce qu'il fallait faire ensuite, lorsque quelqu'un me toucha l'épaule et, en me retournant, j'aperçus Bess Boswell. Elle murmura rapidement :

"Suivez-moi aussi silencieusement que possible, les femmes d'abord, les hommes à l'arrière, en faisant comme moi."

Elle prit la lanterne et nous guida vers l'arrière de la maison, cachant la lumière sous une partie de sa robe alors que nous arrivions à la porte de la cuisine, quand elle zigzagua d'un morceau d'ombre à un autre, maintenant en tas. de bois, tantôt d'un buisson, tantôt d'un arbre, car à ce moment-là, il y avait un grand éclat de lumière rouge sur tout le village.

Nous avons atteint la palissade sans être suivis – du moins nous l'espérions – puis, un par un, nous nous sommes glissés à travers la brèche, cachés par les saules que Luke avait trouvé si pratiques. De l'autre côté de la clôture, nous étions dans l'obscurité, et dans une certaine mesure en sécurité. Ensuite, Bess nous a fait savoir ce qu'elle ferait.

« Il y avait un bateau par ici hier ; si vous pouvez vous rendre par eau à Belshaw, cela vous donnera un bon départ, car il n'est pas possible de traverser le marais pour le moment, et la foule doit parcourir un long rond-point pour vous attraper, même s'ils voient toi."

"Comment êtes-vous venu à notre secours juste à temps ?" J'ai demandé.

" J'ai entendu ce que la foule criait alors qu'elle se dirigeait vers la maison du médecin, et j'étais en train de courir pour être là avant eux, quand j'ai vu Lord Sheffield et ses hommes arriver et repousser la foule. J'étais sûr que cela signifiait du mal. Quand il Après avoir posté ses hommes et être entré seul, je me suis avancé hardiment et j'ai dit aux gars que je devais m'occuper d'une dame. Ils ont souri et m'ont laissé passer, j'ai verrouillé la porte derrière moi, en faisant le moins de bruit possible. Je l'avais fait, je t'ai aperçu, car je vois comme un chat. Alors j'ai attendu de savoir quel pourrait être ton jeu, prêt à le jouer selon ton exemple. Maintenant, il faut trouver le bateau rapidement.

C'est Bess qui l'a trouvé, ainsi qu'une paire de rames et une perche. Nous sommes entrés aussi vite et silencieusement que possible dans l'obscurité, tous sauf Bess, qui s'est penché pour nous repousser.

"Viens avec nous", dit Anna.

"Non, la charge est assez lourde pour une paire de rames," répondit-elle, "et je pourrais être plus utile en restant ici."

" Ce n'est pas le cas ; venez avec nous, Bess, je vous en prie ", dis-je, parlant avec crainte de ce qui pourrait lui arriver si elle restait, les hommes de Mulgrave et la foule sachant, comme ils avaient l'habitude de le faire, que c'était par son intermédiaire. nous nous étions enfuis.

Elle monta à l'arrière, donna un coup de perche contre la berge, et je manœuvris les rames avec toute ma force et mon habileté. Dès que nous sortîmes de l'obscurité dans la lumière éblouissante, une voix forte, que je savais être celle de Boswell, cria :

« Les voilà : la sorcière et le meurtrier de Lord Sheffield ! Une fortune pour l'homme qui le prend mort ou vif ! et en même temps la clôture s'animait de silhouettes qui restaient un instant noires à contre-jour, puis tombaient dans l'obscurité là où nous nous trouvions une minute auparavant, réapparaissant rapidement, les unes sur une rive, les autres sur l'autre.

Nos Isloniens étaient trop habitués à patauger et à nager pour être gênés longtemps par l'eau, et ils remontèrent les berges à toute allure et coururent après nous, tirant et jetant des pierres tout en courant, jusqu'à ce que l'ordre soit crié :

" Courez en avant, imbéciles, puis levez-vous et tirez. "

"Recroqueville-toi", dis-je à ma compagnie dans le bateau, tirant de toutes mes forces, la sueur coulant sur mon visage.

Tous obéirent, sauf Bess, qui se leva à l'arrière, la perche à la main.

Nous avions parcouru quelques kilomètres sous une pluie continuelle de pierres et de balles, et je ne savais si quelqu'un avait été gravement blessé, ni même si j'avais moi-même été touché ou non, lorsque nous fûmes délivrés de ceux de nos poursuivants qui étaient sur mon chemin. main droite, en les plongeant dans une tourbière. Encore un kilomètre et nous pourrions échapper aux autres en tournant dans le ruisseau Belshaw.

Pendant que je me disais cela, car mon haletant ne me permettait pas de le dire à haute voix, le docteur gémissait. Une minute plus tard, une piqûre au bras gauche m'a presque obligé à lâcher la rame. Peu de temps après, Martha poussa un cri gémissant.

« Accroupissez-vous, Bess… accroupissez-vous », ai-je essayé de dire, mais je ne savais pas si elle avait entendu. Elle n'y prêta pas attention, et alors que nous approchions enfin de l'embouchure du plus petit ruisseau, elle heurta quelque chose dans l'eau ; ce que je ne pouvais pas voir, car nous étions maintenant entourés par l'obscurité. Elle frappa encore. Puis elle s'est retournée et a dit : « Détendez-vous un peu.

Un grand cri déchira la nuit sur la rive Idle, lorsque nos ennemis découvrirent que nous les avions laissés en plan. Même s'ils traversaient l'Idle, ils ne pouvaient espérer nous poursuivre plus loin au-delà des marécages qui bordaient notre petite rivière.

J'ai tiré lentement pendant un moment pour m'assurer d'être hors de leur portée avant de m'arrêter pour savoir quel mal nous avions subi. Nous ne pouvions pas voir, car notre lanterne avait brûlé ou était étouffée dans les plis dans lesquels Bess l'avait enveloppée. Anna, qui était assise à côté de moi, affirmait qu'elle n'avait rien de pire que quelques contusions ; le médecin avait une blessure à l'épaule gauche qui saignait abondamment, dit-il ; Martha avait été frappée à la tête avec une pierre, mais maintenant elle se sentait mieux ; Bess m'a assuré qu'elle n'avait aucune blessure grave, ce que j'avais du mal à croire, exposée comme elle l'avait été. Eh bien, c'était pour nous autres qu'elle s'était risquée avec tant d'audace. Par deux fois, malgré la perche prête, quelques-uns de nos poursuivants étaient sortis de la berge à la nage pour s'emparer de notre embarcation et avaient sombré avec la couronne fêlée. Tout serait fini pour nous s'ils s'étaient saisis du plat-bord.

C'est quelque chose que je disais quand Bess s'écria : « Arrêtez de ramer un instant.

Pendant qu'elle parlait, un bruit rauque d'acclamations parvint à nos oreilles, et tandis qu'il s'éteignait, nous entendîmes un léger bruit de rames qui descendaient, qui devenait plus distinct à mesure que nous écoutions.

"Certains d'entre eux les suivent en bateau", a expliqué Bess. "Donnez-moi vos pistolets et continuez à ramer."

« Regardez l'amorçage », dis-je en passant les armes et en me penchant de nouveau vers les rames. On ne pouvait pas aller vite, car le ruisseau tournait brusquement à cet endroit, et l'obscurité était épaissie par les aulnes et les saules qui penchaient au-dessus de l'eau, de sorte que je dus tâtonner lentement pour ne pas faire échouer le bateau. Heureusement, je connaissais bien chaque virage et chaque faible profondeur, après avoir été des dizaines de fois sur le ruisseau pour chasser les canards, mais jamais dans une telle obscurité qu'aujourd'hui. J'espérais que nos poursuivants seraient peut-être moins familiers avec ses détours, auquel cas ils pourraient rester sur un banc ou s'enliser dans un buisson assez longtemps pour me donner le temps de traverser un « large » qui se trouvait un peu en avant.

En pleine eau, un bateau dirigé par trois ou quatre hommes serait sûr de nous rattraper, à moins que nous ne prenions un long départ ; mais si je pouvais traverser le « large » avant qu'ils ne nous rejoignent, j'avais un certain espoir de gagner la course ; car le reste du fleuve serpentait d'une manière pleine de difficultés pour ceux qui n'en connaissaient pas parfaitement le cours. Au moment où le canal s'élargissait et que je réfléchissais à la manière dont je pourrais échapper à nos poursuivants, ils éclatèrent en jurons bruyants et je devinai ce qui leur était arrivé. Le ruisseau bifurquait un peu derrière nous, et une branche coulait bientôt peu profonde sur un lit de cailloux. Si l'on poussait dessus, on arrivait à un lit de mauvaises herbes tout à fait infranchissable. Nos poursuivants, imaginais-je, étaient arrivés au bas-fond et j'espérais qu'ils avanceraient. On entendait qu'ils se disputaient et se disputaient. J'étais donc assuré du long départ que je souhaitais et je traversai joyeusement le lac, réveillant les oiseaux aquatiques par milliers, au grand étonnement d'Anna, qui n'avait jamais entendu un battement d'ailes aussi tonitruant et un tel tumulte de cris, de cancans et de bruits. caquetage.

Nous avons réussi à accéder à l'autre cours d'eau en toute sécurité et j'étais sûr que nous devrions atteindre Belshaw avant que l'autre bateau ne puisse nous rejoindre. Non pas que nous soyons hors de danger là-bas, car il était plus que probable qu'une partie de la foule contournerait le talus et la route, si elle avait une idée de notre destination, mais elle ne pourrait pas arriver avant environ une heure. , ce qui nous donnerait le temps soit d'aller ailleurs, soit de nous réfugier et d'envoyer un message à Belton, où se trouvaient de nombreux gaillards robustes qui viendraient à la rescousse, si l'on pouvait leur faire croire que "le jeune écuyer" est toujours vécu et était en danger. Alors j'ai dit, encourageant mes amis, et pendant que je parlais, le ciel commençait à rougir un peu à l'est. En une demi-heure, nous étions en vue de la maison de Drury, et quelques minutes de plus nous amenèrent au palier. Nous ne pouvions rien voir ni entendre de l'autre bateau, et tout était assez paisible, à l'exception des cochons de Drury, qui réclamaient leur petit-déjeuner.

CHAPITRE XX

Lorsque nous regardions nos blessures, nous étions étonnés de leur légèreté. Mon épaule avait été touchée par une balle au rebond, qui n'avait pénétré que peu et s'enlevait facilement ; Anna s'en était sortie avec quelques contusions ; La coupure à la tête de Martha était vilaine, mais pas grave. Nous avons ri de la blessure du médecin, qui n'a pu être découverte, et il n'y avait aucune tache de sang sur ses vêtements. Il a dû être aspergé d'eau, qu'il avait imaginé être son propre sang. Bess avait subi les blessures les plus graves, ses mains, ses bras et son visage étant contusionnés et gravement coupés, mais le médecin secoua la tête principalement en raison d'une ecchymose sur sa poitrine. Comment elle avait gardé fermement la perche et le pistolet après ce coup écoeurant – et même comment elle avait résisté, il déclara qu'il ne comprenait pas. Elle sourit et dit qu'il n'avait pas l'habitude de soigner les bohémiens. Pendant que le docteur Goel s'occupait de nous, j'envoyai un garçon amener ceux de mes anciens domestiques et voisins qui seraient disposés à m'aider contre la foule, dont j'étais sûr qu'elle apparaîtrait sous peu. Boswell les stimulerait avec tout son savoir-faire, je le savais. Heureusement, on avait déjà fait savoir que ce n'était pas moi qui avais été enterré dans le cimetière de Belton, et mes amis parlaient toujours de moi, m'a assuré Dame Drury. Son mari me pria de m'en aller, et voyant que je ne bougeais pas, il grogna du risque qu'il courait de perdre ses biens, et peut-être de voir sa maison brûler, dans une querelle qui n'était pas la sienne. Dame Drury envisageait la question avec plus de gaieté, étant sûre que « le jeune écuyer » ne les verrait pas souffrir à la fin. Elle s'est empressée de nous préparer le petit-déjeuner et, pendant que nous le mangions, elle m'a dit que "le cousin John était tout à fait hésitant" dans son grand désir de me voir, et a supplié la jeune femme de lui faire honneur en m'accompagnant. sa chambre. Il était étendu tout habillé, comme à son habitude, sur son lit, tremblant d'impatience, et, à mon grand étonnement, il se leva à moitié de son lit pour saluer Anna, à qui il s'adressait avec une grâce courtoise qui lui était particulière, plus que tous les hommes que je connaissais. avoir jamais connu.

En réponse à ses questions, j'ai passé en revue les principaux événements du mois dernier et je lui ai fait savoir où en était notre situation actuelle. Un grand hourra s'éleva au dehors, et quand je me dirigeai vers la fenêtre, j'aperçus une cinquantaine d'hommes, tous ou presque tous armés de fusils et de perches. À ma vue, ils m'acclamaient follement, encore et encore. C'étaient des Beltoniens, pleins d'amitié pour moi et plus que disposés à se battre.

"Dites-nous ce que vous voulez de nous, Monsieur Frank", cria quelqu'un.

"Dites à trois hommes," répondis-je, "un pour surveiller la route supérieure, un sur la route inférieure et un au débarcadère pour surveiller la rivière. Si quelqu'un voit la foule arriver, qu'il tire comme un signal. Je raconterai au reste mon histoire et quelle aide je vous demande.

Trois hommes sont partis en même temps pour exécuter mes ordres.

« Amis et voisins, commençai-je, nous n'avons pas de temps à perdre, je serai donc bref. Comme vous le savez, on a appris que j'étais mort et un homme a été enterré sous mon nom dans notre cimetière ; mais je avait été kidnappé et emmené au Prieuré de Melwood. Là, mon ennemi m'a coupé et sculpté le visage pour me faire ressembler à la photo de l'homme qui avait été enterré sous le nom de Frank Vavasour. Et j'ai été marqué sur la poitrine comme il avait été marqué. - et j'ai ouvert mon gilet. "Cette ruse diabolique a été faite pour me faire passer pour un homme condamné à être transporté en Virginie comme esclave. Mais pourquoi ? Parce que j'aimais une jeune femme sur laquelle Lord Sheffield avait jeté son dévolu." Ici, j'ai dû m'arrêter pendant que mes auditeurs gémissaient et apaisaient leurs sentiments avec un langage fort. "Monseigneur pensait que cela me punirait de ma présomption et laisserait également la dame à sa merci, si j'étais ainsi disposé. Mais j'ai brisé ma prison." Les hommes ont hurlé jusqu'à ce que je lève la main. "Après tout, j'ai été attrapé et emmené à Hull pour rester en prison jusqu'à ce que le navire soit prêt à naviguer. Là, Dieu m'a envoyé un ami qui m'a délivré, et hier soir seulement, je suis venu à Sandtoft pour voir ma dame. Dans le Cette nuit-là, comme vous le savez, une attaque a été lancée contre la colonie. Je crois qu'elle a été provoquée par mon seigneur Sheffield. Je suis certain que ses agents ont incité des gens stupides à attaquer ma dame en la traitant de sorcière, exprès. il pourrait venir avec certains de ses serviteurs pour l'emmener à Normanby House, sous prétexte de la sauver. Il ne savait pas que j'étais sur place. Lorsque je suis sorti pour la sauver de ses griffes, il a sorti son pistolet. ma parole que, bien que j'eusse l'épée au côté et le pistolet à la ceinture, je n'ai touché ni l'un ni l'autre, je l'ai renversé et il est tombé abasourdi.

"C'est comme si un cheval lui avait donné un coup de pied, je le garantis", dit une voix.

"Maintenant, ils révèlent que je l'ai tué."

"Bon débarras !" cria une autre voix.

"Eh bien, je ne voulais pas le tuer, et je ne crois pas l'avoir fait ; mais si je le faisais, je suis prêt à me rendre———"

"Non, tu ne le feras pas!" venaient de plusieurs parties du groupe.

"Je suis prêt à me livrer au coroner, ou à quiconque a le droit de me juger, mais pas entre les mains de mes ennemis, qui ont été les outils de mon lord Sheffield, car c'est trop dans leur intérêt. avoir ma vie."

"Ne doit pas être emmené dans une chambre de torture !" » cria une voix.

La chambre de torture était le nom donné par le peuple au donjon du château de Mulgrave, où le Lord Président du Conseil du Nord avait l'habitude d'examiner les prisonniers. De cette chambre étaient venus des hommes mutilés et l'esprit ébranlé, des hommes dont le seul crime était de ne pas vouloir donner le témoignage que Sa Seigneurie désirait.

" Je ne pense pas qu'il y ait beaucoup de crainte de cela avec tant de braves gens à mes côtés ; mais si je devais être pris ou tué, je vous prie de défendre cette dame et son père jusqu'à ce qu'ils soient sous le toit du Vicaire. de Crowle."

En disant cela, j'ai attiré Anna vers la fenêtre. Mes paroles avaient ôté la couleur de son visage et l'avaient fait trembler, mais elle parlait d'une voix claire :

"Oh, je suis sûr que vous ne le laisserez pas être tué ou emmené !"

La vue de son visage pâle et le son de ses paroles douces émises par des lèvres tremblantes excitèrent les hommes au plus haut niveau, et ils répondirent d'une seule voix :

"Jamais jamais!"

Je me mis donc au travail pour notre défense, plaçant vingt hommes autour de la maison, sous un abri que nous pouvions trouver ou fabriquer avec des fagots de roseaux de la meule de Drury, ou tout ce qui nous convenait. J'en disposai vingt autres en demi-cercle à une cinquantaine de mètres, face à la route par laquelle l'ennemi devait arriver. J'ai désigné cinq de nos meilleurs tireurs pour garder l'approche de la rivière, en les chargeant strictement de ne pas quitter leur poste ; J'envoyai le reste de nos hommes, au nombre de douze, sur les hauteurs dominant la route, afin d'être prêt à prendre nos ennemis sur le flanc.

Après que notre disposition fut prise, nous fûmes renforcés par seize hommes, que j'envoyai rejoindre les douze sur les hauteurs ; leur ordonnant de se cacher jusqu'à ce qu'ils entendent trois coups de klaxon, alors qu'ils devaient tirer et charger en bas de la colline. J'avais eu l'intention de prendre moi-même le commandement de cette partie de mes forces ; mais comme le jeune Mell arrivait dans la dernière compagnie, et qu'il était à la fois calme et courageux, je le lui confiai. Nous avions tout le temps de nous préparer, car nous n'avions rien vu d'ennemi avant sept heures, quand apparut une foule nombreuse et désordonnée - au nombre d'environ une centaine d'hommes, autant que je pouvais l'estimer - armés de perches, d'arbalètes. , des frondes, des couteaux et quelques armes à feu. Deux ou trois femmes accompagnaient le groupe.

Un peu plus haut sur la pente, au-dessus de mon demi-cercle d'hommes, se dressait un vieux saule têtard, que je grimpais comme poste d'observation, gardant mon corps à l'abri de son tronc, et ayant mon visage bien protégé parmi les jeunes pousses. Je ne voyais aucune livrée Mulgrave dans la foule, j'en conclus donc que Boswell tenait les hommes du comte en réserve. La foule arrivait en ordre dispersé, et ne semblait chercher aucune sorte de défense à l'extérieur de la maison, ni remarquer nos préparatifs, tant mes hommes étaient bien couverts. Lorsqu'ils arrivèrent à cinquante ou soixante pas, je criai : « Arrêtez-vous, ou nous tirons.

Le premier d'entre eux se leva et regarda ; mais ceux qui étaient derrière les poussèrent en avant. Quelques-uns d'entre eux m'aperçurent et m'envoyèrent une pluie de carreaux et de pierres autour de la tête. Au même instant, mes hommes tirèrent et une douzaine d'ennemis tombèrent. Ceci, ou un ordre venant du milieu de la foule, les a amenés à rester suffisamment longtemps pour que mes hommes puissent recharger et s'amorcer. Il n'y eut aucun hurlement ni cri de la part des autres, ce qui m'assura de la présence parmi eux d'hommes qui comprenaient quelque chose à la discipline. J'entendis un faible bourdonnement de conversation entre eux, puis Boswell arriva au front.

"Donnez-moi une audience, vous les hommes de Belton. Nous n'avons aucune querelle avec vous. Nous voulons le meurtrier de mon Lord Sheffield", a-t-il crié.

"Et la sorcière !" braillait et hurlait une vingtaine de voix.

"Et la sorcière", ajouta Boswell.

« Détendez-vous, les hommes. Ne le laissez pas tirer votre feu », dis-je. « Il y a une ruée qui arrive. Tirez et retirez-vous. »

À peine ces mots étaient-ils sortis de ma bouche, que la foule lança une volée de coups de feu, de pierres et de carreaux, très au hasard, et s'avança en courant. Encore une fois, plus d'une douzaine d'entre eux tombèrent sous le feu de mes hommes ; mais les autres continuèrent la charge, poussant des cris de triomphe en voyant mes Beltoniens courir pour se mettre à couvert. Leurs cris se sont transformés en cris et en injures, alors qu'ils recevaient un tir bien dirigé du deuxième anneau, et j'espérais qu'ils se retourneraient et s'enfuiraient. Mais ils arrivèrent, plus enragés qu'intimidés par leurs pertes, et nous nous trouvâmes rapidement engagés dans un corps à corps dans lequel, chose étrange, je n'eus que peu de part active, car quatre de mes hommes me firent comprendre qu'ils étaient mes gardes du corps, et ils me collaient si étroitement que je ne pouvais pas jouer avec ma grosse perche en frêne. J'ai donc fait le meilleur usage de mes yeux et de mes oreilles, et c'était bien que j'ai été obligé de le faire, car pendant que nous étions balayés çà et là, frappant et poignardant dans un mélange sauvage, quelque vingt-cinq ou trente cavaliers sont venus. galopant le long de la route inférieure – des hommes Mulgrave – avec de longs mousquets.

J'ai klaxonné trois fois, et le son a presque arrêté la bagarre autour de la maison. Le fidèle Mell et ses hommes se levèrent, et la moitié d'entre eux tirèrent. Avant que les gars de Mulgrave aient pu manipuler leurs pièces, quatre ou cinq selles étaient vides et deux ou trois chevaux étaient à terre. La seconde moitié des hommes de Mell a tiré, pendant que leurs camarades rechargeaient, avec le même effet. Les serviteurs du comte n'étaient pas assez vaillants pour attendre une troisième volée, mais s'enfuirent pêle-mêle par où ils étaient venus, tous sauf ceux qui ne pouvaient ni monter ni courir. Mell les suivit hors de ma vue, et notre lutte, qui s'était ralentie depuis quelques minutes, reprit avec acharnement.

Il y avait une sorte de méthode dans les combats du groupe Boswell : ils s'efforçaient de nous conduire ou de nous attirer vers l'arrière de la maison. Voyant cela, mon garde du corps et moi avons travaillé vers l'avant, et pendant que nous le faisions, nous avons entendu un coup de feu et un cri : « Par ici, les hommes de Belton ! La voix était celle de John Drury, je pourrais le jurer. Nous nous précipitâmes et restâmes un instant comme foudroyés, car, en effet, il y avait John Drury sur le lieu d'atterrissage, tête nue, le visage d'une pâleur mortelle, levant son fusil contre son épaule.

À une cinquantaine de mètres en aval se trouvaient trois bateaux remplis d'hommes. Certains d'entre eux nous ont tiré dessus alors que nous courions vers John, mais n'ont blessé aucun d'entre nous, tandis que son tir a abattu son homme. Deux de nos hommes, qui s'étaient dégagés du tumulte, chargèrent alors leurs fusils et tirèrent sur les bateaux. À mon indescriptible soulagement, Mell et ses hommes ont couru à notre aide et ont lancé sur eux un feu si constant qu'ils les ont rapidement mis hors de portée.

Laissant quatre hommes avec John pour se prémunir contre leur retour, nous nous rangâmes tous en ligne à une petite distance de la masse qui se bagarrait, et je criai :

" Par ici, mes amis, et laissez-nous les coquins. "

La plupart de nos hommes obéirent promptement et dès qu'ils furent sortis de la foule, ils rechargeèrent leurs fusils. Nous étions désormais le groupe le plus fort, une soixantaine environ, avec des armes à feu. Les autres avaient plus d'hommes handicapés que nous, de sorte qu'en nombre nous étions à peu près égaux ; mais ils étaient désavantagés en matière d'armes, et pas peu découragés par la brutalité des manipulations et la déconfiture des cavaliers, comme je l'ai compris par les malédictions que j'ai entendues sur « les chiens bâtards ».

Alors, quand je leur ai dit de jeter leurs armes, ils ont jeté des perches, des couteaux, des arbalètes, des fusils au sol. Ils se montrèrent quelque peu surpris que je les choisisse un à un, leur enjoignant à chacun de vaquer à ses occupations, mais de prendre sa part dans l'enlèvement de leurs blessés. De cette façon, je lâchai tout sauf Boswell et treize bohémiens, que j'avais solidement attachés et éloignés les uns des autres, et je confiai Boswell en toute sécurité dans une dépendance sous la surveillance de deux gardes. Mon but était d'apprendre la vérité sur la mort de Jim Ulceby. Dès que les prisonniers eurent été traités, j'envoyai certains de mes hommes à Crowle pour vérifier si M. et Mme Graves étaient au presbytère ; certains à Sandtoft pour savoir comment les choses en étaient là, et particulièrement pour s'enquérir de M. Ulceby ; et certains à Butterwick pour glaner quelles nouvelles ils pourraient avoir sur l'action du comte concernant la mort de son fils. Le docteur Goel, assisté d'Anna et de sa servante, avait soigné la demi-douzaine de nos hommes dont les blessures exigeaient les soins d'un chirurgien, et dame Drury, avec l'aide de son mari grincheux, était occupée à fournir à manger et à boire à nos bons amis. J'avais maintenant le loisir d'interroger John sur la merveille qu'il avait de se lever du lit sur lequel il était resté si longtemps sans défense.

"Je n'en sais pas plus que toi", répondit-il. "J'étais allongé à la fenêtre, de mauvaise humeur au point d'être aussi inutile qu'une bûche, regardant par-dessus le marais, et j'ai vu des bateaux sur la rivière. Les hommes que vous aviez postés au débarcadère avaient disparu - ils étaient partis vers rejoignez leurs camarades dans la mêlée, je suppose. J'ai appelé, mais personne n'a entendu, et les bateaux se sont rapprochés de plus en plus ; s'ils n'étaient pas repoussés, vous seriez surpris par une nouvelle attaque, sans penser à l'émerveillement de cela. J'ai bondi de mon lit, je me suis précipité en bas, j'ai pris le pistolet de mon cousin et je suis sorti en courant : "C'était la volonté du Ciel, un miracle pour vous et pour le mien."

Je craignais que ses forces, si soudainement restaurées, ne s'effondrent tout aussi soudainement, mais ce n'est pas le cas. Autant que nous puissions le voir, il était en bonne santé, vigoureux et aussi actif que n'importe quel homme parmi nous. Le médecin nous réconforta en disant que dans un certain nombre de guérisons de ce genre, bien attestées, la guérison avait été durable. J'ai parlé de mon étonnement en voyant John bouger comme pour se lever lorsque j'ai emmené Anna dans sa chambre.

"Maintenant que vous en parlez, je m'en souviens", dit John; "et cela rend ma restauration conforme à un ancien précédent. Un ange a été envoyé pour me guérir. C'est un miracle dans la forme et dans l'ordre appropriés."

Même s'il parlait si légèrement, ses yeux brillants étaient éloquents d'un sentiment trop profond pour les mots.

Dans la journée, nos éclaireurs revinrent avec l'information que le curé de Crowle était revenu dans sa paroisse ; que les Hollandais avaient repoussé les envahisseurs de leur colonie et que M. Ulceby arriverait sous peu ; que l'on disait que le vieux comte était à moitié fou de rage et de chagrin, et qu'il avait publié une proclamation d'une récompense de cent livres pour mon arrestation et d'une punition sévère pour toute personne qui m'aiderait ou m'hébergerait. En tant que président du Conseil, il m'a déclaré hors-la-loi pour avoir résisté avec violence à l'autorité du roi, comploté contre la vie du commissaire royal et assassiné Lord Sheffield. Des ordres avaient été donnés que tous les ports devaient être surveillés et que tous les navires en sortie étaient fouillés, et ces ordres étaient portés au nord, au sud, à l'est et à l'ouest à toute vitesse. Des mandats d'arrêt avaient été émis contre le docteur Goel, sa fille et ses domestiques. M. Ulceby et son homme sont arrivés à cheval pendant que nous débattions de ces nouvelles.

La première chose, me semblait-il, était de renvoyer les Beltoniens, qui pourraient être tenus pour moins responsables de ma protection, moi et mes amis, s'ils pouvaient prouver qu'ils s'étaient dispersés après avoir entendu les termes de la proclamation du comte. Avec beaucoup de difficultés, je persuadai ces braves gens de nous quitter. La question suivante était de savoir comment transporter milady, son père et son serviteur vers un lieu sûr, et M. Ulceby proposa qu'ils l'accompagnent jusqu'à Hull, où il les mettrait à bord d'un de ses propres navires à destination d'Amsterdam ; et le médecin étant désormais libre de retourner en Hollande, il en fut ainsi convenu. Anna m'a prié de les accompagner, mais comme j'étais sûr que ma présence avec eux serait de nature à gêner leur fuite plutôt que de favoriser la mienne, je n'y ai pas consenti. John Drury promit de les accompagner jusqu'à Hull et de me prévenir lorsqu'ils seraient hors de Humber. Ma dame aurait bien voulu que Bess l'accompagne, maintenant qu'elle s'était coupée des siens, mais Bess ne le voulait pas, et dit qu'elle s'était déjà engagée à rendre certains services à Dame Drury, pour lesquels elle devait recevoir de la nourriture et abri.

"Mais quelle est votre intention ?" demanda John en se tournant vers moi.

"Se cacher dans un refuge non loin de là, inaccessible à quiconque ne connaît pas la route, et il faut marcher avec prudence, même quand on la connaît, car elle serpente à travers des tourbières tremblantes et des fosses de boue et des chemins cachés. piscines."

"Tu veux dire Lindum", dit Bess. "Personne ne connaît le chemin à part l'ermite."

"Vous vous trompez, Bess," répondis-je. "Daft Jack le sait bien, et moi aussi. J'y ai passé une semaine l'automne dernier et j'ai promis à l'ermite que j'en passerais une autre avec lui cette année. J'y serai en sécurité, et quand les cris seront passés, je je me rendrai en Hollande.

"Je pense que votre plan est admirable", a déclaré John. "C'est le dernier endroit au monde auquel vos ennemis penseront, et s'ils découvrent que vous y êtes par hasard, ils seront bien incapables de vous atteindre. Je resterai ici, prêt à vous rejoindre quand ce sera le cas. prudent de sortir de la couverture. Les pigeons ermites, le savez-vous ? »

"Des troupeaux d'entre eux."

"Alors vous n'avez qu'à en apporter quelques-uns à Messic Mere, ou à les envoyer par votre hôte, et je serai pourvu de messagers en cas de besoin. Je serai sur l'eau tôt mercredi, et chaque jour après, jusqu'à ce que je voie ou de vos nouvelles. »

Alors s'est posée la question de savoir quoi faire de nos prisonniers, et en particulier de Boswell. En allant voir dans la latrine où il avait été enfermé, je trouvai l'endroit vide. Lorsque les Beltoniens se retirèrent, j'oubliai Boswell, et il avait réussi à s'échapper. Cela a accéléré nos démarches. Avec un ennemi aussi rusé en liberté, et peut-être nous espionnant, il fallait être aussi rapide et aussi rusé que nous savions l'être. En ce qui concerne les autres hommes, nous avons pris conseil avec Bess, qui nous a demandé, à moi et à John, de leur parler brutalement de notre intention de les abattre, et pendant que nous menaçions, elle est venue intercéder en leur faveur et promettre en leur nom qu'ils ne prendraient aucune part contre nous, si nous épargnions leur vie. Elle le leur a juré avec des paroles que les bohémiens considèrent comme les plus contraignantes. Je lui ai donc ordonné de les relâcher à un moment où j'espérais que les voyageurs seraient en bonne voie. M. Ulceby a renoncé pour le moment à tenter de découvrir la vérité sur la mort de son fils, John Drury s'étant engagé à enquêter sur l'affaire à son retour.

Ce n'était pas facile de trouver des chevaux pour le groupe qui se rendait à Hull. M. Ulceby et son homme avaient leurs roadsters, et John devait emmener mon Trueboy, qui était beaucoup trop fringant après sa longue oisiveté, bien que John ait veillé à ce qu'il fasse un peu d'exercice chaque jour, pour le faire monter par un novice. Drury avait deux chevaux, dont un était un bon bourrin, sur lequel la dame allait au marché, et nous l'avons sellé pour Anna. L'autre était trop vieux et trop lourd pour notre usage, mais John attrapa un cheval sobre qui transportait l'un des soldats Mulgrave et persuada le médecin de le monter, prenant Martha en passager. Ils comptaient faire mieux à Belton.

Les adieux devaient être courts, et pour une fois j'étais heureux qu'il en soit ainsi, car mon amour était plus découragée que je ne l'avais jamais connue.

« Traverser la mer et vous quitter, entouré de tant de périls et poursuivi par des ennemis si acharnés, si rusés et cruels, me brise presque le cœur », dit-elle. "Laissez-vous persuader de venir avec nous, Frank."

"Je ne le ferai pas, chérie, car une surveillance étroite sera exercée sur moi au port ; et si vous et votre père êtes vus avec moi, il y aura peu d'espoir que vous gagniez votre pays, alors que maintenant vous pouvez être protégé par un homme bien connu.
J'essayai de la réconforter en lui rappelant combien j'avais été merveilleusement secouru et délivré jusqu'ici ; mais elle ne s'est pas réjouie, disant que je n'avais jamais été dans une situation aussi mauvaise auparavant ; me suppliant encore et encore de les accompagner, de sorte que j'étais poussé à être dur avec elle, car, en effet, chaque minute de retard était dangereuse. C'est ainsi que nous nous séparâmes précipitamment, et elle partit très triste.
Lorsqu'elle fut hors de ma vue, je me dépêchai de préparer mon voyage, Bess et la dame m'aidant. Ils m'ont trouvé des vêtements dans lesquels j'avais l'air d'un marais et m'ont mis davantage de pansement sur le visage pour mieux me déguiser. J'ai pris un fusil, des pistolets, une perche et un couteau, du silex et de l'amadou, une paire de planches à crampons et une bonne réserve de poudre, et j'ai pensé que j'avais tout ce dont j'avais besoin ; mais la dame voulait que je prenne un pâté et une bouteille de vin.
"Non, dame," dis-je, "il n'y a aucune raison d'emporter des provisions pour mon court voyage."

« Appelez-vous un homme des marais, et vous ne savez pas à quel point les voyages courts peuvent être longs ! Beaucoup d'hommes ont regretté de ne pas avoir pris de viande et de boisson avec eux lorsqu'ils se sont mis à traverser les marais.

Alors, pour ne pas vexer cette bonne âme, j'ajoutai sa provision à mon chargement et partis moins d'une heure après le coucher du soleil pour l'ermitage de Richard Bland, que ceux qui le connaissaient appelaient communément « le sorcier » ou « le fou ». " de Lindholme.

CHAPITRE XXI

Il n'est pas nécessaire que je fasse une longue histoire sur la façon dont j'ai traversé le marais jusqu'à Messic Mere et, empruntant un bateau appartenant à Hollings (sans la permission du propriétaire, n'osant pas me montrer), j'ai remonté la rivière Torne jusqu'à l'intérieur. un demi-mile de Wroot, puis se dirigea vers le nord à travers la tourbière tremblante jusqu'à Lindholme. J'ai raté le virage à droite plus d'une fois et j'ai eu un travail assez dur à faire pour revenir sur la piste, ainsi que quelques évasions serrées dans des mares et des marais cachés ; mais j'atteignis Lindholme avant la tombée de la nuit.

C'est une île de calcaire graveleux, entourée d'une mer de tourbière, douce comme une éponge et pleine d'eau, sur laquelle je ne me serais pas aventuré, quoique je connaissais le cap à suivre, sans mon péril présent. Pendant neuf mois de l'année, Lindholme était alors aussi coupée du reste du monde que si elle avait été un rocher solitaire au milieu de l'océan, à jamais battu par les vagues tumultueuses. En hiver, on y accédait par bateaux à fond plat, et lors de fortes gelées, on pouvait y marcher à pied ou faire du patin. L'îlot mesure environ trois quarts de mille de long et un huitième de mille de large. Vers l'extrémité nord, il s'élève en une petite colline, près du pied de laquelle se trouve une source d'eau claire et douce. Comment se fait-il qu'une telle source existe, alors que toute l'eau de la tourbière qui l'entoure est aussi brune que la bière d'octobre, je ne comprends pas. A l'époque où j'écris, un bosquet de chênes poussait au nord de la colline, et une assez épaisse plantation de saules et d'aulnes occupait la langue sud de l'île. L'ermite habitait une maison à colombages comportant trois pièces, meublées grossièrement mais curieusement. Un peu plus loin se dressait une rangée de bâtiments : trois masures basses en pierre et une demi-douzaine de cabanes en bois de différentes tailles. Ici vivaient les serviteurs de l'ermite, un homme, sa femme et leur fils, un grand garçon de seize ou dix-sept ans. Ici aussi étaient conservés le bétail de la ferme de l'ermite : un petit taureau et quatre vaches, une douzaine de moutons et un grand nombre de volailles.

Bland, ou plutôt son homme et son garçon, cultivaient près de la moitié du sol de son domaine avec une charrue et une bêche, obtenant des récoltes incroyablement abondantes de maïs et de légumineuses.

L'ermite était de taille moyenne, peut-être cinq pieds huit pouces, fortement bâti, non remarquable si ce n'est par son visage, qui était étrangement irrégulier, comme s'il n'avait pas été achevé. Son nez ne devait pas être décrit comme romain, ou aquilin, ou par tout autre terme couramment utilisé pour parler de cette caractéristique. Un enfant pourrait en faire un pareil en modelant un visage en argile. Sa bouche était grande, la lèvre inférieure pendante. Les sourcils dépassaient largement ses yeux, qui avaient un aspect particulier, dû, comme on le constatait en l'observant de près, à ce que la pupille de l'un était d'un gris bleuâtre et celle de l'autre presque noire. Ses abondants cheveux noirs et sa grande barbe étaient striés d'argent.

La rumeur attribuait diverses causes à sa vie solitaire, comme le fait qu'il avait été contrarié par l'amour ; qu'il avait été trahi par un ami ; qu'il s'était vendu au diable. Je l'avais connu un jour, à Messic Mère, où nous nous étions rencontrés alors que nous pêchions tous les deux le brochet, et nous nous sommes engagés dans une conversation de pêcheur. Il m'a invité chez lui, me promettant un sport rare de chasse à la volaille, et il a tenu parole pendant une semaine que j'ai passée avec lui. Nous étions beaucoup trop occupés le jour, et parfois la nuit, pour discuter d'autre chose que de notre sport, et, lorsque nous n'étions pas aussi occupés, nous étions trop somnolents pour converser, aussi je ne savais pas plus de lui que le fait qu'il était un sportif accompli. et, comme on le voyait à ses champs, à ses granges, à ses meules et à son bétail, c'était un bon fermier, même si sa façon de faire les choses me paraissait nouvelle et étrange.

Alors que j'approchais de l'ermitage, les chiens se sont précipités dehors, un dogue et un indescriptible ressemblant plus à un lurcher qu'à n'importe quelle race que je connaissais. Au début, ils sont arrivés avec fureur, mais ils m'ont rapidement reconnu et ont changé leur férocité pour un aboiement accueillant. Bland se présenta à sa porte, semblant surpris de leur amitié envers un étranger, mais lui aussi me reconnut dès que je parlai et me reçut avec toute la bonté. Il regarda avec une certaine curiosité mon visage plâtré et ma tenue de marais, mais il ne posa aucune question, m'invitant à partager son repas du soir. J'ai jugé préférable de lui dire que j'avais fui pour échapper à ma poursuite, que ma tête était mise à prix et qu'une interdiction était imposée à quiconque pourrait m'aider et m'héberger. Il eut un rire vif et aigu qui ne changea guère son expression.

"Vous n'en êtes pas moins les bienvenus", dit-il. "Ici, nous défions la loi du monde fou. Dînez, et après vous me direz tout ce que vous voudrez."

Lorsque mon hôte eut appris la raison de ma fuite, il m'assura de nouveau de ma bienvenue.

"Restez avec moi aussi longtemps que vous le souhaitez - le plus longtemps sera le mieux, en ce qui me concerne. Maintenant que notre travail de récolte est terminé, je suis libre de m'amuser en votre compagnie toute la journée, et quel sport Lindholme peut offrir tu sais déjà."

Remerciant mon hôte cordial, je me suis installé à Lindholme, en attendant qu'il soit possible de m'élancer vers la liberté et la sécurité à l'étranger.

Le mercredi, Bland ne voulait pas entendre parler de mon aventure à Messic Mere, comme je m'étais engagé à le faire, mais il y alla lui-même et amena John Drury à Lindholme, et le reconduisit au Mere dans la soirée.

John m'a donné la nouvelle réconfortante que ma dame et son père s'étaient enfuis en mer sans autorisation ni entrave. M. Ulceby m'a fait dire qu'il aurait un navire quelconque prêt à me transporter en Hollande, chaque fois qu'il serait prudent pour moi d'essayer de quitter l'Angleterre. Jean craignait que je ne mette beaucoup de temps à le faire, car le ciel et la terre seraient remués pour assurer ma capture, et il loua hautement la sagesse de mon hôte en m'interdisant de quitter ma retraite. Il pensait qu'il était plus que probable que Boswell m'ait espionné et ait deviné ma destination.

"Si c'est le cas", a-t-il ajouté, "cet homme gardera ses connaissances pour lui jusqu'à ce qu'il abandonne l'espoir de vous prendre seul. Il s'efforcera de le faire, plutôt que de partager la récompense avec d'autres. N'oubliez pas que l'offre est égale. pour vous avoir pris « mort ou vif ! » Alors, je t'en prie, sois sur tes gardes, mon ami.

Certains officiers du comte avaient rendu visite à Belshaw, mais n'avaient rien pu apprendre des femmes, et le cousin de John ne savait rien.

John avait appelé au presbytère Crowle pour assurer à ma tante que je ne courais aucun danger pour le moment. Là, il apprit des nouvelles de Dick Portington, qui était à Londres et à Bath avec Ryther et sa fille depuis quelque temps ; et il était communément rapporté que Dick et Maîtresse Ryther devaient se marier à Noël. Il n'était donc pas probable que Dick et moi soyons encore dans les anciennes conditions d'amitié étroite.

Nous parlâmes de la défaite du roi Christian à Lutter, dont Jean avait entendu parler à Hull, et du projet du roi Charles de recruter un corps de volontaires pour aller au secours de son oncle et à la cause du protestantisme.

"Si seulement nous pouvions vous faire sortir clandestinement de l'île", dit John, "cela pourrait être une ouverture pour vous."

Mais il ne semblait y avoir aucune chance de m'éloigner clandestinement pour le moment. Après que nous nous soyons mis d'accord sur un plan de communication, John revint, et je me résignai avec tout le sang-froid que je pouvais rassembler à un séjour à Lindholme pour une durée incertaine, que je devais passer du mieux que je pouvais.

Il y avait certainement beaucoup de divertissements comme la chasse à la chasse, car à cette époque les oiseaux étaient plus abondants sur toute l'île qu'à cette époque, et autour de Lindholme plus nombreux que partout ailleurs, mais difficiles à trouver à cause de la pourriture des eaux. la tourbière ainsi que la hauteur et l'épaisseur des roseaux. J'ai vu la surface du sol de quelques jubés noircis par des bernaches cravants, alors qu'il était impossible de les approcher, et bien que des troupeaux de cerceaux (que certains appellent cygnes siffleurs) venaient se nourrir tous les soirs de mon séjour à Lindholme, retournant chaque matin au bord de la mer, la seule façon de tirer était de trouver un endroit sous leur ligne de fuite, où le sol supporterait le poids d'un homme, et où il y aurait un abri pour se cacher, et de tels endroits étaient mauvais. trouver. Nous entendions souvent les dunbirds (les roux, comme les appellent nos marais) travailler toute la nuit à moins d'un demi-mile de nous, et nous aurions pu faire du bon sport si nous avions pu nous approcher d'eux au crépuscule du matin, quand ils se dirigent ensemble prêts à partir. s'envoler vers leurs quartiers de jour ; mais cela ne pouvait être fait que lorsque la pluie était tombée si abondamment qu'il y avait suffisamment d'eau pour faire flotter une barque. Ainsi, bien que le gibier fût abondant, il fallait faire preuve de jugement et d'habileté pour le prendre, ce qui donnait du piquant à notre divertissement, et l'ermite et moi passions la majeure partie de la journée en plein air, nous aventurant parfois dans la tourbière là où il n'avait pas encore mangé. j'ai osé y aller seul. Le soir, nous restions assis quelque temps devant le feu, il fumait sa pipe et buvait souvent assez librement du cognac, jusqu'au moment où il jugeait bon de grimper dans son hamac dans la pièce la plus reculée. Dans ces moments-là, il parlait très étrangement, alors qu'il avait délié la langue en buvant, et l'un de ses thèmes était la folie du monde.

« C'est un monde fou, M. Vavasour », disait-il, « considérez-le comme vous voudrez. Les désirs et les poursuites de quatre-vingt-dix-neuf hommes sur cent sont si insensés que nous mourrions de rire les uns des autres, si nous n'étions pas tous fous ensemble. Un homme a à cœur d'acquérir vingt mille livres ; il pourrait tout aussi bien travailler pour accumuler vingt mille cailloux rouges. Ce serait mieux, car il pourrait entasser ses cailloux sans mentir ni tricher. Il ne fait aucun mal à aucun de ses voisins. Il ne tire pas plus de profit de ses kilos que s'ils étaient des cailloux, à moins que l'on puisse considérer l'envie de ses associés tout aussi insensés comme un avantage. Il ne mange pas mieux que moi, ne dort pas mieux, n'a aucun plaisir. qui n'est pas le mien, et il finit par mourir, laissant ses cailloux, ses kilos, je veux dire, faire l'objet de brûlements de cœur et de querelles entre ses héritiers. Un autre idiot s'acharne à apprendre, ce qui veut dire qu'il charge sa mémoire d'un. paquet de trucs qui sont pour la plupart faux, et rien de tout cela n'est utile à quelque fin imaginable. Il lit ce qui a été écrit autrefois par les flatteurs de quelque homme dit grand, ou par ceux qui prenaient plaisir à le diffamer, ou par ceux qui étaient trop colériques et trop stupides pour le comprendre. Il lit des prodiges qui n'ont jamais eu lieu, des monstres qui n'ont jamais existé, des discours qui n'ont jamais été prononcés, des récits de batailles racontés par des personnes qui ne les ont pas vus. Il regorge de contes oiseux et d'inventions affectueuses ; et d'autres hommes, adonnés aux mêmes folies, lui donnent un manteau et une casquette, et l'appellent docteur. Et la partie la plus scandaleuse de cette farce est que les hommes qui sont chargés d'enseigner aux pauvres gens à être chastes, justes et gentils, doivent être bien versés dans les contes sur les dieux et les déesses, qui sont si pleins d'impureté et de méchanceté qu'aucun d'entre eux n'est capable de le faire. on oserait les anglais pour la lecture du peuple. "C'est un monde fou."

Ainsi il continuait à l'heure où l'humeur le prenait, et faisait tout ce qu'il voulait avec moi, car si j'émettais un mot d'objection, il m'accablait d'un torrent d'éloquence, ou s'éloignait agilement dans quelque nouveau direction.

Un soir, il s'efforça de me montrer que Daft Jack était l'homme le plus sain d'esprit de notre coin du monde.

"Il est libre de la folie de rassembler de l'argent, se contentant de vivre comme les oiseaux et les bêtes, sans se soucier du lendemain, comme votre religion vous l'ordonne de vivre. Il n'a aucune envie qu'on parle de lui après sa mort et son enterrement. , que les fous honorent en l'appelant désir de gloire. Il ne s'est pas creusé la tête sur des livres remplis de mensonges et d'imaginations vaines ; mais il sait où et comment se trouvent les poissons et les volailles, et comment trouver et utiliser toutes les herbes et racines qu'ils contiennent ; est bon à manger. Son bout de verger est bien entretenu et cultivé, et si on le déposait dans n'importe quel coin du monde, il saurait gagner sa vie. Et pour couronner le tout, il accepte sans murmurer ce nom. d'insensé, que lui donnent les fous.

"Pas tout à fait," intervins-je, me rappelant ce que le haut et puissant Tunstall avait dû souffrir en l'appelant ainsi. Cela m'a amené à raconter cette histoire, ce qui a provoqué chez l'ermite un de ses étranges éclats de rire – un rire qui ne lui faisait pas plisser le visage ni ne transparaissait dans ses yeux, mais sortait de sa gorge comme le bruit d'un fusil.

Quelques jours plus tard, mon hôte parla librement de sa propre histoire, me racontant que ses parents avaient pris possession de ses biens sous prétexte de sa folie, et avaient tenté de l'enfermer dans un chaos. Il avait réussi à s'enfuir avec de l'argent, qui suffisait pour approvisionner un peu sa ferme ; mais il avait longtemps vécu dans la crainte d'être arrêté et emmené dans une maison de fous. Maintenant, il avait perdu toute peur, après avoir été insensible pendant quelques années. Donc, au moins, dit-il ; mais à cause de la véhémence avec laquelle il parlait de cette affaire et de certaines de ses actions, je doutais que son assurance fût aussi parfaite qu'il l'affirmait. Il faisait parfois le tour de l'île la nuit, le fusil à la main, préférant y aller seul, et à son retour, il regardait avec beaucoup de soin les verrous et les barreaux de la porte. Qu'il ait de telles attaches dans un endroit aussi éloigné et inaccessible m'avait paru étrange, mais j'attribuai d'abord cela à la force de l'habitude.

Des autres habitants de l'îlot, je vis peu de choses. L'homme avait l'air d'un chien battu et il parlait en marmonnant, de sorte que je ne pouvais pas distinguer un mot sur une douzaine. La femme était d'une laideur épouvantable et si peu féminine qu'elle ne parlait jamais que lorsqu'on lui parlait, et pas toujours alors. Leur fils réunissait les qualités de père et de mère, un voyou si maladroit et hideux qu'il paraissait à peine humain, mais d'une force physique immense. Tous trois obéissaient d'un air maussade à l'ermite, répondant souvent d'un ton maussade à ses ordres, mais semblant y aller avec peur de lui. Il était évident qu'ils me considéraient avec défaveur, mais je n'avais aucune idée de la raison et je ne me donnais pas la peine de l'apprendre.

Un mois s'écoula lentement, Bland et moi passâmes nos journées principalement à filmer et le peu de temps entre le souper et le coucher à converser, ou plutôt à lui parler et à m'écouter. Vers la fin du mois, il commença à boire beaucoup et à parler plus sauvagement que jamais. Un soir, après avoir écouté avec toute ma patience ses injures sur telle ou telle folie des hommes, ou sur ce qu'il considérait comme telle, il aborda le sujet de l'amour, qu'il considérait comme la plus grande folie de toutes, et qui avait été habilement transformé par les prêtres et les législateurs pour leur profit, et la soumission de leurs semblables à l'institution du mariage ; dont il dit beaucoup de choses viles et abominables, confondant l'affection divine de l'âme avec l'instinct qui porte les animaux à s'accoupler, jusqu'à ce que ma gorge se soulève et que je m'écrie :

"Attendez ! Je ne vais pas m'asseoir pour écouter ce délire immonde."

Une telle fureur l'a saisi à mes paroles que j'espère ne jamais revoir. Il se leva d'un bond, les yeux brillants, tous ses membres tremblant.

"Osez-vous me traiter de fou ?" il cria. "Toi que j'ai hébergé et nourri, veau lunaire bosselé, rustre illettré ! Sortez de chez moi, ou je vais en finir avec vous !"

Tandis qu'il se retournait, écumant de rage, pour atteindre son arme, j'ai jugé préférable de mettre la porte entre nous.

Finalement, je vis que l'ermite était un fou, dont l'esprit était possédé par la croyance que lui seul, de toutes les créatures humaines, avait son bon esprit, et que le reste du monde était fou. J'ai vu quelques touches de son infirmité chez d'autres, mais rien de si colossal.

«C'était une nuit fraîche et glaciale, le début d'une période de temps glacial, comme je l'ai deviné d'après le silence qui régnait dans les marais. Beaucoup d'oiseaux, qui restent dans les marais jusqu'à Noël, ou plus tard dans les hivers doux, j'avais vu en vol depuis deux ou trois jours, et bien d'autres devaient être partis, pour qu'il y ait une quiétude si extraordinaire. Le lendemain, il serait facile de retourner à Belshaw en passant par la tourbière gelée, mais il serait téméraire de s'y aventurer maintenant, car le mince croissant de lune était bas à l'ouest. Je n'ai pas choisi de réveiller les serviteurs de Bland pour leur demander quoi que ce soit, alors j'ai arpenté la colline dix ou douze fois pour me réchauffer, puis je me suis allongé dans la grange, tirant du foin sur moi, et j'ai attendu l'aube. Quand elle est arrivée, j'ai essayé la porte de Bland et je l'ai trouvée sans barreau. Je suis donc entré avec légèreté et j'ai rassemblé mes affaires sans le réveiller, ou du moins sans qu'il donne le moindre signe d'être dérangé. Je n'avais pas besoin d'entrer dans la pièce intérieure, tous mes biens étant dans la pièce extérieure. J'ai donc tourné le dos à Lindholme, ne sachant pas où cacher ma tête maintenant, mais avec l'intention de consulter John et Bess.

Quand j'arrivai à Belshaw, peu après sept heures, car on pouvait parcourir rapidement le sol rendu solide par le gel, la vue du visage de dame Drury m'annonça une mauvaise nouvelle, car ses yeux étaient gonflés de larmes. Elle se mit à pleurer et à sangloter tellement, lorsque je lui demandai ce qui n'allait pas, qu'elle pouvait à peine me raconter sa triste nouvelle. Tard la nuit dernière, une troupe de mousquetaires avait encerclé la maison, et certains d'entre eux étaient entrés et s'étaient emparés de Bess, qu'ils avaient attachée derrière l'un des leurs, et l'avaient emmenée au château de Mulgrave. Ils n'avaient pas caché ce qu'on comptait faire d'elle ; elle devait être « interrogée » sur sa connaissance de mes actes et de ma demeure actuelle, comme les camarades l'avaient clairement dit avec de nombreuses plaisanteries grossières et brutales. Pendant que j'étais assis, la tête dans la main, essayant de réfléchir à ce que je devais faire, John est venu vers moi.

"Non, ne soyez pas si complètement abattu, mon ami", dit-il. "Ce n'est pas la faute de Boswell. Même lui ne peut pas être un démon assez contre nature pour abandonner sa fille au supplice de la torture, ou même pour regarder pendant qu'elle est torturée. Il doit avoir suffisamment d'influence auprès du comte pour sauver elle de ça."

"Vous prenez trop de choses pour acquises", répondis-je. "Nous ne savons pas si Boswell est au service du comte, ni si tous ses efforts en son nom pèseraient comme une plume. Je ne peux me fier à aucune aventure de ce genre. "

"Mais vous ne pouvez rien faire", a insisté John. « Si le fait que Boswell se tient aux côtés du comte ne sert à rien, quel est le vôtre ? Que pouvez-vous lui proposer pour l'inciter à épargner la pauvre Bess ?

"Merci, dix mille mercis pour ce mot éclairant," criai-je en saisissant la main de John. "Je vais lui proposer Frank Vavasour."

"Mais Frank Vavasour n'est pas le sien à offrir. Il faut considérer les droits d'une chère dame lointaine."

" Si je la connais, John, elle ne penserait pas que sa propriété en moi vaut un mauvais sou, si je laissais Bess à la torture, si je ne faisais pas tout ce qui peut être fait pour la sauver. Donnez l'ordre que Trueboy soit sellé. et un autre cheval, venez avec moi au château Mulgrave ; nous pourrons parler pendant que nous chevauchons.

Dame Drury nous apporta à manger et à boire, tandis que les chevaux étaient sellés, et quelques minutes plus tard nous étions en route. Pendant que nous chevauchions, je racontai à John comment j'avais été chassé de Lindholme, et nous parlâmes de ce qui devait être la manière de procéder au château. Ma première pensée avait été que John pourrait traiter avec le comte, en promettant de m'abandonner à la condition de la délivrance de Bess ; mais il avait un mot à dire qui changea la face des choses.

"Une semaine après que vous vous soyez réfugié à Lindholme, j'ai pensé que nous avions été stupides de ne pas prêter plus attention à la proclamation émise par le comte. La voici. Vous voyez, la description est de votre apparence telle qu'elle était avant que ce méchant ne se mêle de votre vie. visage, et nous aurions pu vous expédier sous les yeux d'hommes qui avaient cette description entre les mains. J'aurais dû m'aventurer jusqu'à Lindholme pour vous en parler, mais j'avais peur de montrer la voie à vos poursuivants, et j'ai également attendu ; pour le relâchement des cris. »

"Remercions le ciel pour votre retard. Cela signifie peut-être le salut de Bess et de meilleures conditions pour moi que celles que j'espérais lorsque nous sommes partis. Le comte et ses proches ne savent peut-être rien de ma mutilation. Je profiterai de l'occasion pour le dire. négociez moi-même avec le comte. Je le connais comme vous. Si mon plan s'avère positif, Bess vous sera livré dans une heure. Ce qui m'arrivera, cela reste à voir. suis, et suscitez pour moi toute l'aide que l'on peut trouver, je connais très bien Squire Stovin, Parson Graves, M. Ulceby, et quiconque d'autre à qui vous pouvez penser. Nous voici, je ne dois pas monter. au château, mais entrez comme un marais devrait le faire.

Nous sommes tous deux descendus et nous nous sommes serré la main.

"Dieu te donne bonne chance!" dit Jean. "Je n'ose pas vous contredire, mon ami, car vous faites ce que j'espère que je ferais, si j'étais à votre place. Soyez sûr que je ne me reposerai pas jusqu'à ce que tout soit fait, ce qui peut être fait, pour vous arracher de dessous le vieux patte de lion."

CHAPITRE XXII

Le comte entretenait une grande suite et une sorte d'état militaire, et la cour de son château était animée ce matin de pages et de serviteurs en livrée, s'exerçant ou s'affairant à diverses courses ; mais je n'avais guère peur qu'aucun d'entre eux me reconnaisse, car peu de messieurs de l'île choisissaient de monter à sa suite, et les gens ordinaires n'appréciaient pas non plus la retenue et la lassitude de son service, de sorte que la majeure partie de ceux qui portaient ses couleurs ont été enrôlés dans des régions éloignées du pays. Ma confiance était justifiée, personne ne m'abordait ni ne prêtait attention à moi. J'ai dit au portier, en utilisant le style de parole qui correspondait à mes vêtements, que j'avais des nouvelles pour le comte de première importance. Il me conduisit dans une petite chambre, où il me fit attendre le loisir de l'intendant et me quitta. La porte de la pièce était entrouverte et j'entendis des voix dans une pièce en face, l'une d'elles étant celle de Boswell. Inutile de dire que j'écoutais des deux oreilles.

"Oh, monsieur, persuadez le comte de m'entendre un instant - je vous en supplie juste un instant."

"Vous me faites perdre mon temps. Je vous dis que le comte ne vous verra pas."

" Alors, par pitié, bon maître Nicolas, allez le voir et faites-lui savoir que Vavasour a été retrouvé. Il se cache à Lindholme. Si le comte ordonne à une douzaine d'hommes de m'accompagner, le meurtrier sera entre ses mains cette fois. après-midi, le gel rend la tourbière semblable à de la pierre. »

"Sa Seigneurie entendra cela, certainement."

« Et suppliez-le d'épargner ma fille jusqu'à ce que j'amène Vavasour. Suppliez-le d'être si miséricordieux, Maître Nicolas !

"Je vous ferai savoir le bon plaisir de Sa Seigneurie", répondit l'intendant, et il traversa le couloir jusqu'à la chambre dans laquelle je l'attendais.

"Et qu'est-ce que tu fais, mon homme ?" » demanda-t-il avec hauteur, jouant avec sa chaîne en or.

"Pour abandonner l'homme qui a tué Lord Sheffield et obtenir ma récompense", répondis-je d'un ton rustique.

"Et où est cet homme ?"

"Avec votre permission, c'est pour l'oreille de Sa Seigneurie."

"Tu es insolent, fripon ? Tu peux t'en aller. Ton information est tardive. Il se trouve que nous avons un des familiers du meurtrier sur la grille."

"Qui n'en sait pas plus que vous."

"Quelles chances de suffire. Dans quelques heures, nous aurons le méchant."

"Si je vous le livre, pas autrement. C'est une course folle que d'aller le chercher à Lindholme."

" Ah ! comment le savez-vous ? Pour être sûr que les portes étaient ouvertes. Il y a une grosse récompense offerte pour l'arrestation du coquin, et un pourcentage est dû... "

"Vous aurez une livre sur dix", interrompis-je. Pendant que cet homme tardait et s'agitait, la pauvre Bess souffrait peut-être horriblement.

« C'est une bonne affaire ; suivez-moi », dit-il.

Il me conduisit à la salle de la tour qui, je le savais, servait à « interroger » les accusés et les témoins récalcitrants. Me demandant de rester dehors, il entra, fermant la porte derrière lui, et réapparut au bout d'une minute et me fit signe d'entrer. Le vieux comte était assis enveloppé dans des fourrures sur un côté de la pièce hexagonale. Derrière lui se tenait un homme que je prenais pour un médecin ; dans le coin, à la droite du comte, se tenait un autre avec du matériel d'écriture sur une petite table haute devant lui.

Le râtelier gisait aux pieds de Sa Seigneurie, deux gros gaillards à chaque extrémité, avec de longs bâtons à la main, les extrémités insérées dans les douilles des poteaux sur lesquels les cordes sont enroulées. Bess était étirée aux poignets et aux chevilles, de sorte qu'aucune partie de son corps ne touchait le sol, sans rien pour la couvrir à part une courte blouse. À l'instant où elle m'a connu, une bouffée de chaleur lui est venue au visage ; et j'ai détourné les yeux, incapable de supporter la vue de sa douleur et de sa honte. Pendant un instant, la même brume rouge envahit ma vue que celle que j'avais vue lorsque Staniforth tomba à mes côtés à Thorne, et une humeur folle de frapper ceux qui étaient à l'origine de cette cruauté m'envahit. Mais je fus ramené à la raison par la voix fine et perçante du vieux noble :

"Mon intendant m'informe que vous prétendez savoir où se trouve Vavasour."

Comme il s'efforçait de se contrôler ! Mais sa voix tremblait de désir ardent.

"Vous le récupérerez dans l'heure, mon seigneur, si vous me donnez la récompense que je demande."

— Vous parlez positivement, mon ami, de la capture d'un homme qui échappe à toute poursuite depuis plus d'un mois.

"Il n'a pas l'ombre d'une chance de m'échapper, mon seigneur. Vous l'aurez aussi vite qu'un oiseau en cage."

"Mais vous voulez une récompense supérieure à cent livres ? Combien ?"

"Je ne veux pas un sou, monseigneur. Je demande ce qui ne vous coûtera rien."

"Je l'aurai, quoi qu'il en soit, mais fais que ta parole soit bonne", dit-il en se penchant en avant, les yeux fixés sur moi.

"La bénédiction que je demande, c'est la liberté pour le prisonnier en détention."

"Libérez-la", ordonna-t-il. "Et maintenant, où est Vavasour."

"Ici, mon seigneur, c'est moi."

Le comte se leva de son siège et retomba en arrière, le regard fixe. L'employé laissa tomber la plume avec laquelle il prenait des notes. Les quatre hommes qui avaient déposé Bess au sol me regardaient bouche bée.

Elle fut la première à parler. "Votre Seigneurie, c'est un pauvre garçon qui a eu la tête tournée par les ennuis, et sa folie est de se prendre pour Frank Vavasour ; mais son vrai nom est Jack Unwin. Il a JU tatoué sur sa poitrine."

Sur un signe du comte, les hommes m'imposèrent les mains et dénudèrent ma poitrine, tandis que le vieux noble restait assis, suffoqué de rage et de mortification, me regardant fixement de moi à Bess, et de Bess à moi.

"Monseigneur," dis-je, "vous m'avez donné votre parole de libérer la prisonnière. Son mensonge ultérieur, destiné à me protéger et à me sauver, n'empêchera pas l'accomplissement de votre promesse. Quant à ces marques sur ma poitrine, et ces cicatrices sur mon visage, l'homme qui les a infligées est maintenant dans la chambre de votre intendant, et peut être obligé de dire pourquoi il les a faites, si cela vous plaît. Mais je suis sûr que je suis Frank Vavasour, autrefois votre fils. L'ami de jeunesse d'Edmund et il connaît tout ce qui se passe dans ce château. »

Le comte se frotta les mains. "Vavasour, assurément", dit-il. "L'impudence incomparable prouve la race."

Il se tourna vers Bess, qui s'était placée dans la plus grande ombre possible.

"Va-t'en, jade, avant que je t'ordonne de te faire fouetter."

Puis il donna des instructions à l'intendant et au scribe.

"Nicholas, amenez ici le camarade Boswell, sans rien dire de ce qui s'est passé ici. Allez chercher votre livre de dépositions et d'informations, Pennington."

Bess m'a regardé avec reproche en sortant, et je lui ai répondu avec un sourire, heureux de constater qu'elle ne marchait pas mal pour quelqu'un qui avait été étendu sur le support. Pendant une minute ou deux, alors que le steward et le commis étaient absents, le comte s'est penché en arrière sur sa chaise, jubilant de moi comme un chat de la souris qu'elle a frappée. Quand ils revinrent, il dit :

"Boswell, regarde ce type, qui dit qu'il est Frank Vavasour. Que dis-tu ?"

Pendant une demi-seconde, le bohémien hésita.

" Vite, mec, dis la vérité, ou... " et Sa Seigneurie termina sa phrase par un mouvement de la main vers le support.

"C'est l'homme, Votre Seigneurie."

"Pennington, lis-moi la description de Vavasour donnée dans notre proclamation."

Lorsque le greffier l'eut fait, le comte se tourna vers Boswell.

« Comment se fait-il que vous, qui étiez au service de mon fils et connaissiez cet homme, n'ayez pas informé Pennington des erreurs contenues dans ce document ? Il n'y a pas un mot ici de cicatrices sur le visage ou de marques sur la poitrine. Que veux-tu dire par subornation ? »

"Non, monseigneur. Je ne connaissais pas les cicatrices ; ou si je les connaissais, je les avais oubliées."

C'était étonnant pour moi que le méchant prêt et rusé puisse se tromper et se tromper ainsi.

« Vous avez oublié votre propre travail ? » demanda le comte du ton le plus soyeux.

Boswell était tellement déconcerté par cette question qu'il n'avait rien à dire. Avant qu'il ait pu se remettre, le comte s'écria :

"Dans le rack avec lui."

En un clin d'œil, les hommes se sont jetés sur lui, l'ont déshabillé jusqu'à sa chemise et lui ont attaché les pieds et les mains. Cela faisait frémir de penser quelle longue pratique les avait rendus si adroits dans leur travail. Ils actionnèrent leurs leviers jusqu'à ce que leur victime soit étirée, et l'on entendit les poignets et les articulations des chevilles craquer d'une manière écoeurante.

D'un simple geste de la main du comte, ils restèrent.

"Pourquoi n'avez-vous pas signalé à ma secrétaire les erreurs contenues dans cette description ?"

"La proclamation avait été largement diffusée avant que j'en ai eu connaissance ; et j'avais peur de mentionner les marques, de peur d'être davantage interrogé à leur sujet, et j'ai pensé à prendre Vavasour moi-même."

De nouveau, la main du comte bougea et les leviers bougèrent.

« Pitié, mon seigneur, pitié ! gémit le bohémien.

"Vous avez gardé cette information pour vous, au risque imminent de voir le meurtrier s'échapper, dans l'espoir d'être sûr de la récompense."

"Oui."

« Quand et où avez-vous infligé les blessures ?

"En août dernier au Prieuré de Melwood. Pitié, monseigneur."

"À quelle fin?"

"Parce que Lord Sheffield désirait qu'il soit envoyé dans les plantations sous le nom et l'image d'un certain Jim Ulceby."

Le comte resta silencieux pendant ce qui sembla un long moment, Boswell gémissant faiblement pendant ce temps. Puis à nouveau, la main s'agita, les leviers bougèrent et Boswell hurla d'agonie.

"Mon fils t'a donné l'ordre de mutiler Vavasour ?"

"Oui; j'ai tout fait sur ordre de Sa Seigneurie.'"

"Emmenez les deux prisonniers et placez-les en toute sécurité dans des cachots séparés", a déclaré Sa Seigneurie ; "et apporte-moi un cordial, Nicholas."

Le secrétaire m'a fait signe de le suivre et deux des hommes sont venus derrière moi. Pennington nous guida dans les escaliers en colimaçon jusqu'à un donjon éclairé uniquement par une fente dans le mur et ne contenant d'autres meubles qu'une table en pierre.

"Il fait plus qu'un peu froid ici, maître Pennington," dis-je. "Un peu de paille pour les pieds et une enveloppe pour le corps seraient les bienvenues."

"Je prendrai le bon plaisir de milord à ce sujet", répondit le secrétaire, qui, pour lui rendre justice, avait peu de caractère dans ses manières.

"Rappelez-lui, maître Pennington, que je lui ai économisé cent livres, ce qui mérite d'être reconnu."

J'ai cru voir un léger sourire sur le visage de l'homme alors qu'il répondait :

"Vous prenez les choses facilement pour un prisonnier accusé du meurtre de l'héritier d'un comté."

"Accusé de rien pour l'instant, et bien préparé à me innocenter d'une telle accusation, lorsque je serai traduit en justice."

"Le président du Conseil dispose d'un large pouvoir discrétionnaire et de pouvoirs pléniers ; voire, a en un sens la prérogative royale", a répondu le secrétaire.

"Donnez-vous ma parole, je n'ai jamais entendu dire que le roi avait la prérogative de pendre un homme sans procès."

Maître Pennington ne me fit aucune réponse, mais se retira, barrant et verrouillant la porte du dehors.

Je ne sais comment je me suis mis à me mettre en colère, maintenant que le pire m'était arrivé. C'était peut-être la raison, ou peut-être mon plaisir de sauver Bess de nouveaux tourments m'a-t-il élevé à un esprit joyeux, ou bien l'expression que j'ai vue sur le visage du vieux comte, lorsqu'il a entendu la confession de Boswell, m'a mis du cœur, mais en vérité, je J'étais de meilleure humeur que je ne l'avais été depuis bien des jours. Je connaissais assez bien l'étendue de l'autorité du comte et la manière dont il pouvait outrepasser la loi dans sa noire vengeance, mais je n'étais nullement intimidé. J'aurais pu chanter une ballade, si mes lèvres n'avaient pas tremblé de froid.

Vers midi, maître Pennington entra dans mon donjon, accompagné de deux serviteurs qui apportèrent de la nourriture et du vin, ainsi qu'une botte de paille et des couvertures.

"Sa Seigneurie est libérale", dis-je.

"Vous devez votre provision à l'ancien intendant", répondit le secrétaire. "Il a toujours autorité, malgré ses services passés, et m'a chargé de dire que ses articulations rhumatismales lui interdisent de venir vers vous, mais que tout ce qu'un vieil homme alité peut faire, il le fera en votre nom."

"Le gentil vieil homme ! Je vous prie de lui rendre grâce pour moi. Je dois de la gratitude à Maître Wintringham pour de nombreuses faveurs dans le passé."

Trois fois par jour, un domestique apportait de la bonne nourriture dans mon cachot, mais le secrétaire à moitié amical ne revenait pas pendant des jours, et les serviteurs ne pouvaient ou ne voulaient pas me donner de nouvelles d'aucune sorte. Mon état, en termes de confort corporel, aurait été tolérable sans le manque de chaleur. J'ai arpenté le sol, je me suis tapé sur les épaules, j'ai fait des combats de boxe avec un adversaire invisible, j'ai sauté jusqu'à ce que je n'aie plus de souffle, tout cela pour me réchauffer le corps, ne pouvant penser à rien d'autre qu'à mourir de froid. La plupart des nuits, j'enroulais étroitement les couvertures autour de moi et m'enfouissais dans la paille, mais je ne parvenais pas à dormir à cause des frissons. Au bout d'un moment, le temps rigoureux s'est quelque peu atténué, ou je m'y suis endurci, bien que nous soyons en novembre. Mais je ne devais désormais pas moins souffrir en pensant. Mon caractère joueur m'avait bientôt quitté, et je n'ai pas de mots pour décrire la lourdeur qui a suivi.

Je savais que c'était en vain de penser à une évasion, car la surveillance était continuellement assurée et je n'avais aucun moyen d'élargir la fente longue et étroite dans le mur qui servait à me donner de la lumière et de l'air. Je ne pouvais rien faire d'autre que rester assis à réfléchir et à attendre misérablement, car l'étrange agitation dans mon cerveau était telle que mes prières de délivrance ne m'apportaient ni espoir ni consolation.

J'ai donc passé quinze jours, puis le secrétaire est apparu de nouveau pour me convoquer en présence du comte, qui était étendu sur un canapé, l'air épuisé et faible, ses mains tremblantes comme s'il n'en avait aucun contrôle. Derrière son canapé se tenait un jeune homme que je ne connaissais pas au début, ne l'ayant pas vu depuis qu'il était enfant. Il était désormais l'héritier du comte, Lord Butterwick de son propre titre, mais dans l'usage de notre pays, Lord Sheffield. Il inclina la tête vers moi en me disant : « Asseyez-vous, M. Vavasour. »

Ce que cette courtoisie pourrait laisser présager, je ne peux que me le demander. Le secrétaire s'assit à un bureau, et moi devant le canapé, à moitié étouffé par la chaleur de la chambre.

— Mon père désire que vous entendiez lire une déposition sous serment, et que vous rendiez ensuite votre propre récit de l'affaire, dit le jeune homme.

Pennington prit un journal et lut. Il décrivait ce qui s'était passé à Thorne, lorsque mon ami Staniforth avait été tué, mais faussement. Selon le déposant, l'affaire a commencé lorsque j'ai incité mes camarades à attaquer les hommes du comte, moi-même dirigeant l'assaut. La mort de Staniforth a été enregistrée comme s'étant produite au cœur de la mêlée. Lorsque le secrétaire eut fini de lire, je racontai l'histoire du début à la fin, comme je l'ai déjà racontée dans ce livre.

Lord Butterwick m'a demandé les noms de témoins oculaires, ce que j'ai donné.

Une autre déposition était à l'effet que j'avais été vu me rendre au chalet où vivait Daft Jack (John Temperton, il était nommé dans le document) ; que le déposant m'avait suivi et m'avait entendu tenir un langage tendant à l'encourager dans un dessein sur la vie du commissaire du roi. Ce que j'avais dit à Jack, après l'événement, avait été astucieusement perverti et rapporté comme ayant été dit avant la scène du White Hart. Encore une fois, j'ai donné la vérité. Pendant tout ce temps, le comte ne dit pas un mot, mais il garda ses yeux fixés sur moi. Maintenant, il se tourna vers son fils, disant quelque chose d'une voix trop basse pour que je l'entende, et Lord Butterwick répondit également à voix basse, mais je compris les mots « capable de supporter davantage ». Après avoir parlé ensemble de cette manière, Lord Butterwick se tourna de nouveau vers moi.

"Le comte me demande de vous demander votre rapport sur l'inimitié entre vous et mon défunt frère."

"Monseigneur, cela a commencé il y a longtemps dans cette maison, comme vous vous en souviendrez, je pense, mais cela n'a abouti qu'à des moqueries de sa part et à des réponses méprisantes de la part de moi, lorsque nous nous sommes rencontrés par hasard, ce qui n'était pas fréquent. Mais ces derniers temps cela a été accéléré parce que nous étions rivaux pour l'amour de maîtresse Goel, que vous connaissez, je l'ai frappé une fois au visage, parce qu'il l'avait calomniée, mais je ne lui ai fait aucun autre mal, sauf un coup de poing, en me défendant. Maîtresse Goel, à cause de sa convoitise et de sa violence, Dieu sait que je n'avais pas l'intention de le tuer, comme le montre clairement mon coup de poing, alors que j'avais des armes à mon côté et à ma ceinture, et je ne crois pas non plus que le coup aurait porté. lui sa mort, s'il ne s'était pas détourné, de sorte qu'il l'ait pris sous l'oreille, à l'époque, je ne le pensais pas plus qu'insensible pour le moment.

Le visage du comte s'assombrit pendant que je parlais, et quand j'eus fini, il dit :

"La *peine forte et dure* pourrait extorquer une histoire moins plausible."

"Le prisonnier doit être couché sur le dos, et avoir du fer placé sur la poitrine, autant qu'il peut en supporter et plus, et être nourri avec du mauvais pain et de l'eau stagnante un jour sur deux jusqu'à ce qu'il témoigne véritablement ou qu'il meure", murmura-t-il. le secrétaire, comme s'il lisait un livre.

Je ne voyais aucune raison pour laquelle je devrais répondre et il y eut un long silence. Finalement, le comte demanda :

"Qui était présent lorsque vous avez porté le coup ?"

"Le docteur Goel, sa fille et leur servante."

"Où sont-ils maintenant?"

"Comme je l'espère et le crois, dans leur propre pays."

"Ils ont fui à votre suggestion ?"

"Non pas parce qu'ils avaient peur de témoigner pour moi, mais parce qu'ils avaient trop de raisons de craindre eux-mêmes la persécution."

Le visage du comte s'assombrit encore davantage et ses mains tremblèrent violemment. Son fils s'est penché sur son canapé, le suppliant, comme j'en ai jugé par le ton, mais n'a pas entendu ce qui se disait.

« Emmenez le prisonnier », ordonna enfin le comte ; et le secrétaire ouvrit la porte et appela deux hommes pour me reconduire à mon cachot. J'y restai encore quinze jours ; mais comme j'y ai plus qu'assez développé ma souffrance, je n'en dirai rien davantage.

Le dernier jour de novembre, entendant un son de trompette douloureux, je grimpai sur la table de pierre, d'où je voyais par ma fenêtre un petit morceau de route. A travers ce petit espace passaient un certain nombre de serviteurs du comte, deux par deux, vêtus de longs manteaux noirs, avec des bandes noires sortant de leurs chapeaux ; puis deux trompettes en noir, faisant une musique lugubre ; puis un écuyer, monté, et portant un fanion ou guidon, l'un à moitié noir et l'autre blanc. Viennent ensuite deux palefreniers à pied, conduisant un cheval couvert de caparaçon noir, les rênes étant tenues par un gentilhomme à cheval. Plusieurs messieurs en deuil suivirent deux à deux, puis deux trompettes. Le comte Mulgrave était-il mort et ses funérailles, je me suis demandé, avec un frisson d'espoir, que Dieu me pardonne. Le prochain venu me détermina : un cavalier portant une bannière noire avec les armes Mulgrave brodées d'argent. Après d'autres messieurs en deuil, l'un d'eux passa portant un bâton noir au bout duquel se trouvait une paire d'éperons. Puis vint un autre, qui portait les gantelets de la même manière, et un autre portant l'épée et la cible. Bientôt apparut un monsieur portant la couronne sur un coussin, avec deux autres personnes, l'une marchant de chaque côté de lui. Après eux, vint celui qui portait le manteau, le casque, la couronne et l'écusson. Puis un certain nombre d'ecclésiastiques, deux par deux, et un qui marchait seul. Et maintenant, le cercueil recouvert d'un drap était porté à hauteur d'épaule, des porteurs de drap, de chaque côté, accompagnés de six bannières, trois d'un côté et trois de l'autre. Un autre cheval était conduit derrière le cercueil de son maître, et le carrosse d'État suivait, tiré par quatre chevaux, tous drapés en mode deuil. D'autres carrosses passèrent, suivis d'un long cortège de gentlemen à cheval qui passa lentement, et je me laissai tomber en me demandant ce que la mort du vieux noble pouvait signifier pour moi. En vingt-quatre heures, je savais. Maître Pennington est venu dans mon donjon et, m'informant brièvement de la mort du défunt comte, m'a demandé de l'accompagner pour rencontrer le nouveau seigneur du château de Mulgrave.

Il renvoya le secrétaire, et aussitôt que la porte se fut refermée derrière lui :

"M. Vavasour, je ne suis pas président du conseil, ni dans aucune sorte de juge, et je n'ai donc aucun droit de vous détenir prisonnier dans ma maison; mais en tant que frère de l'homme que vous avez tué, il est de mon devoir de vous livrer aux autorités légitimes, afin que vous puissiez subir votre procès pour cet acte. »

J'ai baissé la tête.

"On m'a dit qu'il n'y avait aucune preuve contre vous à part vos propres aveux", continua le jeune comte.

Quel idiot j'avais fait en le faisant, fut ma première pensée.

"Mais cet aveu portait tellement le sceau de la vérité, et tout ce que vous avez dit a été si fortement confirmé par l'aveu du bohémien Boswell et par des témoins plus crédibles, que, considérant ce que vous avez enduré de notre part, et, pour être franc, avec vous, considérant à quel point il serait peu honorable pour la maison Mulgrave de publier ce que vous avez souffert de nos mains, même si vous et moi ne sommes peut-être pas amis, j'incline à penser que nous pourrions être de généreux ennemis.

Je n'avais pas de réponse toute prête à son surprenant discours, qu'il avait pris soin de préparer, ou qu'il avait fait préparer pour lui. Il continua-

« Me donnerez-vous votre parole, M. Vavasour, de subir votre procès, si je vous invite à le faire ?

"Assurément, monseigneur," répondis-je.

"Alors vous êtes libre d'aller où vous voulez. Mais le digne maître Wintringham désire beaucoup vous voir avant de quitter le château."

CHAPITRE XXIII

Comme c'était bon d'être libre ! Comme le pays était beau ! Jamais auparavant je n'avais vu à quel point les tracés de branches nues sont gracieux sur le ciel, ni quelle beauté il y a dans une congère de neige, ou quelle grandeur dans une vaste perspective blanche. Balancer mes jambes et entendre le craquement de la neige sous mes pieds, c'était un pur délice, et j'éteignais encore et encore la causey, pour essayer la force de la glace sur le marais, comme un gamin tout juste sorti de l'école. . Par pure insouciance, j'ai lancé une boule de neige sur un héron solennel, qui se tenait à un endroit où la glace avait été brisée, et j'ai ri de le voir sursauter et s'éloigner d'un air maussade. J'ai salué en criant tous les coupeurs de roseaux que j'ai croisés sous la grêle, et les hommes ont levé les yeux de leur travail et ont regardé comme un fou errant.

Au moment où j'atteignis Belshaw, j'étais un peu sobre, mais je chantais vigoureusement tout en marchant, et le bruit fit sortir John avec un grand étonnement.

"Quel bruit et quelle agitation cela fait-il aujourd'hui ?" s'écria-t-il en venant à ma rencontre. "Pourquoi, homme vivant ! qu'est-ce que cela signifie ? Nous voici en train de griffonner des pétitions à tel ou tel grand de la terre, envoyant en toute hâte à Lincoln et à Londres, et Dieu sait où, et versant une allocation si pitoyable pour les languissants. captif comme jamais, et le voyez aussi joyeux qu'un grillon ! Avez-vous incendié le château Mulgrave ? La réponse, vite, avant que j'éclate de curiosité.

Grâce à cela, il avait mes deux mains dans les siennes.

"C'est très simple : le jeune comte m'a donné ma liberté."

"Et pas trop pour qu'il te donne pour son comté ; mais s'il sera sage de payer sa dette si rapidement, eh bien, cela ne nous importe pas."

"Quelles sont tes nouvelles ?" J'ai demandé.

" Que vous entendrez sur un feu de gazon avec une coupe de bordeaux chaud à vos lèvres ou dans votre poing ; pas ici, où nous avons l'air de geler. "

En moins d'une heure, j'avais entendu parler de mes amis et de leurs efforts en ma faveur, alors que j'étais en détention, ce que je n'ai pas besoin de décrire ici.

John ne m'a pas peu découragé par son récit des affaires de M. Ulceby, qui avait trop confiance dans l'honneur et la prospérité de quelqu'un avec qui il avait de grandes relations, maintenant fait faillite, de sorte qu'on craignait que sa propre entreprise ne soit ruinée.

« Quoi qu'il en soit, » dit-il, « il ne peut être question pour le moment de votre entrée à son service, et, en ce qui vous concerne, je suis content qu'il en soit ainsi. Autant mettre une hirondelle en cage, soit essayer de la garder. du saumon dans un étang, comme pour vous enfermer dans un comptoir. Nous devons chercher un moyen plus probable pour augmenter votre fortune. Que diriez-vous d'offrir nos épées au roi de Suède dans sa guerre contre les Polonais ? avec certains de ses officiers, qui seraient plus que disposés à prendre deux de ces soldats de fortune.

"Tu irais?"

"C'est ce que je ferais volontiers. Et nous sommes des camarades, et nous ne nous séparerons pas tant que vous ne serez pas Benedick, l'homme marié."

J'ai pris un peu de temps pour réfléchir avant de répondre, car je doutais que mon petit magasin d'objets de valeur se vendrait à un prix suffisant pour fournir un équipement de soldat et payer mon passage en Suède. Ensuite, j'ai dû réfléchir au donjon de mon cheval. Il avait été hébergé, nourri et exercé à Belshaw pendant tout ce temps.

"Ce front trouble dit que vous n'avez pas les moyens, je suppose. Je n'ai sûrement pas besoin de dire 'ma bourse, ma personne, mes moyens les plus extrêmes sont ouverts à vos occasions'. Et pendant que je restais allongé ici, mon argent s'est accumulé jusqu'à devenir un tas qui nécessitera quelques dépenses. C'est une gentillesse de m'aider, car une sorte d'avarice m'a envahi ces derniers temps.

J'en ai ri, mais John aurait cru que ce n'était pas une question de rire.

"Dès qu'un tas d'or est assez grand pour cacher un diablotin de Satan, il se cache là comme un cloporte sous une pierre, et chaque fois que vous allez en prendre un morceau, il murmure : "Ne minimisez pas le tas, mais agrandis-le, cher frère diable, fais-le. Et il peut trouver cinquante raisons diaboliques pour lesquelles vous devriez le faire. »

Après d'autres discussions de ce genre, nous tombâmes dans un débat sérieux, dont la conclusion fut que nous devions entrer dans l'armée suédoise avec quelle rapidité nous le pourrions ; ainsi, laissant John faire ce qui était nécessaire, je me rendis à Crowle, heureux de me retrouver à califourchon sur mon vaillant Trueboy, qui fit tous les signes qu'un cheval peut faire pour montrer qu'il était aussi content que moi.

Comment ma bonne tante m'a reçu, les mots me manquent pour le décrire. Elle s'est jetée dans mes bras, m'a serré le cou, puis m'a retenu pour regarder mon visage, et a pleuré et ri et pleuré encore, et malgré ses sanglots et ses étouffements, elle a parlé plus vite que je ne l'ai jamais entendue faire avant ou depuis. .

"Mon pauvre, cher Frank, penser que tu étais bel et bien vivant, ou du moins vivant, alors que je me brisais le cœur à cause de ta mort ! Et l'argent que j'ai gaspillé en deuil ! Ce n'est pas que je t'en veuille, maintenant tu es sain et sauf. .. Et Graves a si bien parlé de vous dans son sermon, il a tellement plus d'espoir que vous étiez au paradis qu'on ne l'attendait de lui, que j'ai pleuré comme un enfant à l'église Et tout le temps vous étiez entre les mains de bourreaux ! Hommes du monde, ce chanoine Fell, confus, devait être ici lorsque vous êtes venu chercher un ami dans le besoin ! Cet homme ne franchit plus jamais le seuil de ma maison. Et vous avez été jeté dans une prison infâme parmi les voleurs et les meurtriers. Eh bien, nous devons être reconnaissants que vous ne soyez pas mort de fièvre de prison. « Considérez chaque misère qui vous manque comme une grâce », dit souvent Graves, mais vous en avez manqué peu, j'en suis sûr, comme je veux voir la chère et bonne. l'homme qui vous a délivré ! Et maintenant, me dit-on, il risque de manquer ; en vérité, les voies de la Providence sont étranges, et tous les sermons du monde ne me convaincront pas qu'ils ne le sont pas. Et Lord Sheffield a contribué à la mutilation de votre cher visage. Je ne croirai plus jamais en l'homme. Mais, Frank, comment as-tu pu t'en sortir ? J'avais complètement oublié la joie de te voir. Comment êtes-vous sorti de Castle Mulgrave ? Peut-être qu'ils te poursuivent, tandis que je bavarde comme la vieille idiote que je suis.

"Pas du tout, ma tante. Le jeune comte m'a libéré ce matin."

" Que Dieu le bénisse ! Ce matin, avez-vous dit ? Et maintenant, c'est bientôt l'heure du dîner. Vous devez mourir de faim. "

La bonne âme ne resta pas pour écouter mes protestations, mais courut à sa cuisine pour hâter le dîner.

Au cours de ce repas que nous avons pris seuls, le vicaire étant absent pour une réunion d'ecclésiastiques, ma tante m'a raconté le contenu d'une lettre qu'elle avait reçue de mon père, ou une partie du contenu. La lettre qu'elle ne m'a pas montrée. Il écrivit d'Amsterdam, d'où il avait l'intention d'aller à Venise et en Orient, disant qu'un gentilhomme hollandais, avec lequel il avait fait la connaissance et qui lui avait rendu service auprès du stathouder, s'était avéré être le docteur Goel, et que le docteur avait Je l'informai que j'étais toujours en vie et de tout ce qu'il savait de mes affaires, qui n'allaient pas plus loin que le fait que je me cachais. Mon père eut honte de s'être laissé tromper si facilement sur ma mort, il écrivit avec remords mon malheur et mes souffrances, et ordonna à ma tante de me transmettre son pardon.

J'ai trouvé sa lettre un peu moins que paternelle, même du point de vue de ma tante, mais je n'ai rien dit. Elle a lu mon silence.

« Gardez à l'esprit, Frank, que votre père a été blessé dans la partie la plus tendre de lui : sa fierté. Toute sa vie, il a été considéré comme le principal homme de l'île, à l'exception de la noblesse, et il était sûr de pouvoir porter ses fruits. tout devant lui contre Vermuijden et le roi lui-même. Et il a complètement échoué envers un homme tel qu'il est, c'est dix fois plus amer que la mort, il pense sans doute qu'il aurait gagné si vous étiez tombé avec le sien. des plans."

Ma tante désirait un récit complet de mes aventures et me posait beaucoup de questions, de sorte qu'il était tard lorsque je me retirai. (Elle s'assit pour attendre l'arrivée de son mari.) J'ai trouvé un feu joyeux dans ma chambre et du vin de sureau chaud prêt à être bu, ce qui était meilleur que certains que j'ai payés comme vin de Porto. Et puis je me glissai jusqu'au lit, un lit de plumes, avec une couverture abondante, comme je n'en avais pas dormi depuis plusieurs semaines, et je m'endormis dès que ma tête toucha l'oreiller.

Ma tante a vivement critiqué mon départ comme soldat au service extérieur. Elle avait pour moi une vingtaine de projets qu'elle jugeait meilleurs que la poursuite de la fortune à travers la fumée des canons et les périls de la guerre ; et, dans son désir de me garder à la maison, elle déclara que je pourrais devenir avocat, ou médecin, ou clerc des ordres sacrés ; et quand je m'étonnai de sa nouvelle appréciation de mes talents, elle fut contrainte de défendre son opinion en dénigrant les rôles et le savoir nécessaires aux avocats, aux médecins et aux théologiens. Elle osa dire qu'on pouvait devenir sergent à force d'avoir un visage effronté et une langue prompte ; ou gagner une réputation de médecin en disant peu et en secouant sagement la tête. Et elle osa même dire que, selon elle, moins un ecclésiastique avait de grec et de latin, mieux c'était. À de tels arguments, je ne trouvais aucune réponse, sinon que je savais que je n'étais apte à rien d'autre qu'à être un simple gentleman de la campagne, et que, comme cela m'était refusé, à devenir soldat.

Nous eûmes tout le loisir d'en discuter, car ce n'est qu'après Noël que John reçut des nouvelles de ses amis suédois, qui nous assurèrent la bienvenue. En attendant, je n'avais pas grand-chose à faire. J'écrivis une longue lettre à mon bien-aimé, qui me répondit, convenant avec moi, bien que tristement, que le métier de soldat était ma meilleure occupation.

Les affaires de M. Ulceby étaient dans une telle confusion, comme il me l'a dit, lorsque je lui ai rendu visite, qu'il ne savait pas du tout comment elles tourneraient ; et tout ce que je pouvais comprendre, d'après le récit qu'il me faisait, c'était que deux ou trois mille livres sterling les redresseraient. Ce fut pour lui une grande consolation que personne ne doutât de son intégrité, ni même ne contestât beaucoup sa prudence ; car beaucoup d'autres marchands avaient pleinement confiance en l'homme par lequel il avait été trompé. John Drury lui avait apporté une grande consolation en découvrant où et quand son fils était mort ; apprenant de la femme de l'ouvrier, qui le nourrissait, que le jeune homme avait parlé de son péché contre son père avec honte et pénitence.

" Ainsi, j'ai confiance, " dit le bon vieillard, " que le Père qui est aux cieux n'est pas moins indulgent que l'indigne de la terre. "

Pendant ce temps d'attente, je profitai de l'occasion pour voir mon ami Dick Portington, et je le trouvai d'abord un peu sec et froid ; mais il parvint peu à peu à une attitude plus cordiale, et me révéla enfin le secret du changement qui s'était produit en lui.

"Tu n'as aucune rancune contre moi, Frank ?"

"Quelle rancune puis-je avoir contre toi ? Cela dépasse mon esprit de deviner."

"D'une part, je dois être maître de ton héritage."

" Cela te revient, je suppose, comme le douaire de ton épouse ? Quelle offense cela peut-il me faire ? "

"Tu aurais pu l'avoir, si la dame avait pu être amenée à favoriser ton procès. Pouvez-vous être amical avec votre rival ?"

"Je peux te donner la joie de ton succès, mon homme, et danser à ton mariage, si je suis invité, et pas trop loin pour y venir."

Après cela, nous restâmes pendant un certain temps aux anciennes conditions et nous jouâmes ensemble parmi les demi-canards et les moules-canards qui abondaient à Tudworth. Dick m'a fait la bonté de prendre à son service Luke pour le moment, qui était venu me voir au presbytère dans l'espoir d'être employé ; mais il n'y avait pas de travail pour lui, et je n'avais pas le droit de charger le vicaire de l'entretien d'un autre fainéant.

Quand enfin John reçut des lettres de Suède, j'allai faire mes adieux à Bess, qui restait avec son père et sa grand-mère dans une chaumière à l'est de Belton ; le reste de la tribu étant parti, comme c'était leur habitude à cette époque de l'année, à Nottingham. Quand je suis entré dans la maison, la grand-mère, terriblement vieille et ridée, était recroquevillée devant le feu, et Bess était assise en face d'elle, en train de coudre. La vieille femme tourna la tête et, en me voyant, se mit à rire, baragouinant dans sa langue gitane, comme pour me souhaiter la bienvenue, et elle aurait voulu se lever, mais Bess la força doucement à se rasseoir. Cela a fortement irrité la vieille femme, et elle a bavardé et crié de colère contre Bess, me faisant signe de m'approcher. Alors que je me levais, incapable de comprendre tout cela, Bess m'a dit :

"Sortez et je viendrai vers vous quand elle sera apaisée."

Peu de temps après, elle apparut.

"La pauvre grand-mère te prend pour son mari, qui l'a quittée dans sa jeunesse et est retournée vers les siens."

« Son propre peuple ? J'ai fait écho.

"C'était un gentil qui rejoignit notre tribu et prit le nom de Boswell. Quel était son nom, ni d'où il venait, je ne le sais pas, car grand-mère était devenue faible d'esprit avec l'âge, avant que j'entende parler de l'histoire ; mais mon Mon père y a réfléchi pendant des années et s'est persuadé que son père était quelqu'un de remarquable et de riche, que le mariage était légal et qu'il était lui-même héritier de droit d'une succession. Il possède des papiers et des bibelots auxquels il tient beaucoup. , comme preuve de son idée. C'est sa conviction que s'il avait de l'argent pour payer des avocats, il pourrait évincer un homme maintenant en possession injustifiée de sa place et de ses biens.

"C'est tout ce que tu sais, Bess ?"

"Tous, sauf le nom que Grannie donne à son mari infidèle. Elle l'appelle 'Harry'."

Pendant que Bess parlait, je me rappelai une histoire de mon grand-père Henry Vavasour, que M. Butharwick m'avait racontée ; comment il avait quitté la maison pour errer avec les bohémiens pendant quelques années, un bonnet très fou, plein de farces, et était revenu à sa place à la mort de son père. Se pourrait-il que la gitane et moi soyons cousines, et qu'elle soit, par hasard, la maîtresse de droit de Temple Belwood ? Je savais que ma ressemblance avec mon grand-père avait frappé certains de ceux qui le connaissaient. La vieille femme n'était-elle pas complètement folle, mais oubliait-elle seulement le temps écoulé ?

"Supposons que l'imagination de votre père soit vraie, Bess, et que vous soyez l'héritière d'un homme riche ou d'un noble du pays."

Bess rit. "Je n'accorde aucune oreille crédible à ce rêve ; et s'il devait se réaliser, les gentils pourraient rester tranquilles pour moi. J'adore la tente - même maintenant, j'étouffe l'air à l'intérieur des murs de la maison."

"Mais un manoir, Bess, une maison comme Temple, disons."

"D'autant plus qu'il s'agit d'une prison, pièce dans pièce, et d'une vie esclave de cloches et d'horloges, d'une routine ennuyeuse consistant à faire la même chose à la même heure. J'étouffe en y pensant."

"Il y a du confort et des commodités, Bess."

" Vous les pensez ainsi parce que l'habitude les rend nécessaires. Vous vous enfermez dans une chambre étouffante et vous entassez des couvertures et des draps, car c'est l'heure du coucher, que vous soyez somnolent ou non ; que la nuit soit terne ou plus splendide que le jour. Vous reposer, quand vous êtes fatigué, sur une bruyère odorante, bercé par les bruits tranquilles de la nuit, le vent dans l'herbe, les cris des oiseaux de nuit, le faible bruit de l'eau qui bouge, n'est pas à votre goût. est-ce que cela devrait être le cas, quand vous ne l'avez pas essayé ? Ou errer, toute la nuit, sous un ciel brillant d'étoiles, quand les arbres ont revêtu leurs robes de belle brume et que les créatures qui ont peur de l'homme sont dehors, les bêtes. et les oiseaux et les créatures rampantes et volantes qui aiment l'obscurité, maintiennent le silence de la nuit ; que savez-vous de cela, vous qui ne sortez jamais au crépuscule, sauf pour tuer, ou pour vous précipiter d'une maison à l'autre ? »

"Pas si agréable en plein hiver, je pense."

"S'il y a quelque chose de plus gai et de plus glorieux qu'une promenade nocturne, quand il y a une lune et qu'un vent du nord-ouest souffle, apportant des averses de neige, suivies de périodes de calme, pendant lesquelles le ciel est clair et le monde est enveloppé de blancheur et de lumière, je ne le sais pas."

"Mais ne souhaite-t-on jamais un meilleur abri que la tente lors de ces mêmes nuits d'hiver, où le gel mord astucieusement ? On ne peut pas toujours errer au clair de lune."

"Il n'y a pas de meilleur abri. Vous, les gentils, vous êtes blottis dans des pièces chaudes et fermées, de sorte que le froid salutaire, qui devrait vous fortifier, vous donne des respirations sifflantes et des maladies rhumatismales."

"C'est bien d'apprendre qu'une tente est si saine, car je n'aurai bientôt plus de meilleure demeure. Je pars chercher un soldat."

"En France?"

"Non ; une guerre comme celle que Buckingham pourrait faire ne constituerait pas une école d'art militaire, ni ne donnerait une promotion à ceux qui le méritent. Drury et moi sommes à destination de la Suède après-demain, et je suis venu vous dire au revoir. "

Le visage de Bess prit un air rêveur, ses yeux regardant au loin. Puis, le visage perplexe, elle dit :

"C'est étrange que je n'en ai pas été averti."

"Que voulez-vous dire ? Vous ne croyez pas en toute sobriété au don de prophétie, comme le prétend votre tribu !"

"Je n'y crois pas : je l'ai. Nous qui vivons dans le sein de la nature et ne corrompons ni âme ni corps, entendons et voyons ce que vous, les habitants de la maison, ne pouvez pas. Peut-être que les esprits des morts nous murmurent, je sais non ; mais nous voyons des images, et entendons des voix et des rêves qui nous avertissent des choses à venir. Pourquoi cela vous paraîtrait-il incroyable que votre dame ne vous ait pas vu en péril ? "

"Et vous faites preuve de toute honnêteté lorsque vous promettez des maris riches aux filles de fermiers et que vous les étonnez en sachant ce que la fille de cuisine vous a dit ?"

Bess rit joyeusement.

"Quel mal y a-t-il à leur faire de beaux rêves ? Mais de vos affaires maintenant ? Ne prenez-vous aucune mesure contre mon père ?"

"Je n'en ai pris aucun."

"Alors, par gentillesse envers moi, ne le faites pas. C'est un homme brisé, et il n'a pas retrouvé le plein usage de ses membres, depuis qu'il a été tourmenté par le vieux comte. Il a été vaincu par votre abandon pour me sauver, car il m'aime à sa manière, et il a fait preuve de pureté au jeune seigneur de toutes les pratiques contre vous.

"Si je ne lui ai jamais autant porté de méchanceté, elle devrait être jetée au vent à cause de toi, Bess, à qui je dois plus que ce qui peut être remboursé."

"Quand vous reviendrez des guerres avec honneur et richesses, vous pourrez rendre mille fois le service que la gitane vous a rendu."

"Comment?"

"En utilisant la voix et l'influence pour protéger un peuple persécuté."

"Je n'ai jamais entendu parler de persécutions parmi vos compatriotes sur l'île."

"Non ; les lois cruelles ne nous dérangent pas dans ce coin du pays, mais cette année même, vingt de nos hommes ont été brûlés à Haddington, et autant de femmes pendues."

« Avaient-ils volé des moutons ?

« Leur seul crime était leur sang gitan. Ils furent condamnés « parce qu'ils étaient Égyptiens ». Et en ce moment nous sommes harcelés à Durham et dans le Yorkshire. Vous ne connaissez pas votre loi, juge de paix que vous auriez été, si vous étiez devenu écuyer de Temple.

"En vérité, non, si c'est la loi. En es-tu sûr ?"

" J'ai vu une femme de notre tribu fouettée dans les rues, à moitié nue, avec son bébé au sein, protégeant son petit corps du fouet du fléau avec ses bras nus et sanglants, et, après la flagellation, elle a été fouettée. marqué sur la joue avec un fer chaud "pour être égyptien".

« Pourquoi votre peuple demeure-t-il en Angleterre, alors ? »

"Parce que c'est pire pour eux ailleurs."

"Si jamais j'arrive à occuper une quelconque autorité, les choses seront tellement meilleures en Angleterre qu'un seul homme peut les faire, je le jure."

"Dieu soit avec vous, votre Bouclier et Conservateur, et vous ramène chez vous dans votre propre pays, capable et désireux de tenir votre vœu."

Alors nous nous sommes serrés les mains et nous nous sommes séparés.

CHAPITRE XXIV

Une lettre d'Anna m'attendait à mon retour au presbytère, dont je copie autant qu'il convient à d'autres yeux que les miens de voir.

"Un armurier d'Amsterdam s'est fait un nom et a fait un grand gain grâce à une chemise de mailles, qui est censée être vraiment à l'épreuve des pistolets et, en même temps, plus légère et plus flexible que toutes celles fabriquées jusqu'à présent. Je vous en ai envoyé une. , et un pour votre ami, et j'espère qu'ils viendront sous la main avec le temps et se révéleront aussi utiles que nos amis militaires le prétendent. Ce serait une grande joie pour moi si les bibelots inutiles avec lesquels ils ont été achetés ont été. transformé en une couverture solide et utile pour la poitrine de mon soldat téméraire et de son camarade. J'essaie de me persuader que le danger fuit ceux qui le courtisent, car je sais bien que vous serez toujours à l'avant-garde de la bataille, quand vous le pourrez. Mais pour mon bien, rappelez-vous qu'il existe une prudence militaire.

« Nous sommes ici à La Haye depuis quelques semaines, mon père ayant été appelé pour consulter le médecin du stathouder ; mais dans quelques jours nous allons à Leyde, où une chaire a été trouvée pour mon père. Curieusement, mon père a fait la connaissance du vôtre, qui avait quelques affaires avec le stathouder, et ils se sont liés d'amitié avant que l'un ou l'autre connaisse le nom de l'autre. S'ils s'étaient rencontrés à Axholme, combien de malheurs auraient pu être évités ! aller en ambassade secrète en Orient, à la demande d'amis qui sont en autorité à Venise, vous connaissez sans doute davantage de ces messieurs italiens. Il a passé plus d'une heure avec nous dans notre logement, et m'a fait penser à lui. homme grand et magnanime, qui aurait pu rendre beaucoup de services à l'État, s'il avait été plus haut placé, mais il a cruellement manqué de conseils féminins pour lui rappeler le devoir proche et la sagesse simple et simple que les femmes ont par instinct. prévenu à temps, mon Frank, ton père a ruiné son domaine faute d'esprit de ménagère !

"Vous serez heureux de savoir que ses adieux avec moi avaient une touche de paternité....

« Il y a une vive controverse parmi les philosophes naturels de Leyde pour savoir s'il est vrai que certains arbres produisent des fleurs mais pas de fruits, et d'autres des fruits sans fleurs. Mon père me charge de vous demander la réponse à ces questions : les chênes et les hêtres ne portent-ils pas de fleurs ? L'orme, le peuplier et le buis ne portent-ils ni fleurs ni fruits ? Il est réconcilié avec vous pour gendre, en partie par la rapidité et la sûreté avec lesquelles vous voyez et observez, m'a-t-il dit hier : « Si ! Frank était là, je crois que je pourrais prouver que les fruits sont précédés par la floraison bien plus souvent qu'on ne le suppose. Oui, il vous a appelé « Frank ». Comme j'aurais aimé que vous soyez ici, au lieu de vous préparer pour la Suède et toutes les chances et horreurs du champ de bataille ! Est-il totalement impossible pour vous de venir ici avant de rejoindre l'armée du roi Gustave ? »

Après avoir lu et relu ma lettre, et pendant que je donnais à ma tante les nouvelles qu'elle contenait et les messages pour elle-même, Dick Portington entra pour m'inviter à dîner le lendemain soir au White Hart, où un certain nombre de de vieux amis se retrouveraient pour me souhaiter un bon voyage et boire un verre à notre prochaine joyeuse rencontre. Même si je n'avais pas vraiment envie d'un banquet la dernière soirée avant mon départ, je ne pouvais pas me résoudre à offenser mes sympathisants par un refus.

Dame Hind s'est surpassée dans les dispositions qu'elle a prises pour le festin, qui s'est déroulé dans la « salle d'audience », la même dans laquelle le commissaire Tunstall a eu des ennuis avec les guêpes. Présidait l'écuyer Stovin, dont l'ancêtre était chef des archers de l'armée du Conquérant au Champ de Senlac. Il était considéré comme l'un des gentlemen les plus sages et les plus audacieux de l'île. Avec lui se trouvait son fils George, un peu plus âgé que moi, et un bon camarade. Étaient également présents Squire Mell de Belton et son fils, qui s'étaient tenus à mes côtés à Belshaw, ainsi que Dick Portington et son père, le Squire de Tudworth, et quelques autres messieurs (douze ou plus) dont les noms ne sont pas apparus dans mes pages. , en plus de quelques hommes de condition plus humble, parmi lesquels Daft Jack et mon homme Luke.

Pendant le dîner, les discussions à notre table portèrent sur les affaires de la nation ; la saisie de nos navires par le duc d'Épernon et la guerre prochaine avec la France ; le mystère de la politique du roi, ou plutôt du duc de Buckingham. Quelqu'un a émis l'opinion que le favori avait des desseins profonds, incompréhensibles pour le vulgaire. L'écuyer Stovin rit avec mépris.

"Dites 'contradictoire à tous les adages des gens ordinaires' et je suis avec vous. 'Vous ne pouvez pas avoir votre gâteau et manger votre gâteau', lance la scie ; Buckingham pense qu'il le peut. Il croit que le ciel fera pleuvoir des pommes de terre, s'il le souhaite. Il gouverne l'Angleterre tout autant que la girouette de ma grange gouverne le vent.

"Nous pouvons espérer des jours meilleurs, n'est-ce pas", a demandé Squire Mell, "puisque les juges ont enfin pris position et ont déclaré le nouvel emprunt illégal ?"

"Je n'y vois pas beaucoup de promesses, puisque la réponse du roi est de démettre Sir Randal Carew de son poste de juge en chef", a répondu Stovin.

"C'est une tyrannie aussi autoritaire que la vente de nos terres au-dessus de nos têtes au Hollandais ; et le pays l'accepte avec autant de douceur que nous avons accepté la perte de nos propriétés et de nos droits."

"Il y a plus de cinquante messieurs du comté incarcérés pour avoir refusé de payer l'argent demandé", a déclaré l'un d'entre eux.

"Dix d'entre eux avaient été nommés commissaires pour recouvrer le prêt", précise un autre.

« J'ai entendu une rumeur l'autre jour, dit un troisième, selon laquelle le comte de Lincoln devait être envoyé à la Tour.

« Ce n'est pas le moment pour nos jeunes hommes de s'enrôler pour le service extérieur ; il y aura une guerre civile en Angleterre avant que nous soyons beaucoup plus âgés », a déclaré Squire Portington.

"Il n'y a pas encore beaucoup de signes", grogna Stovin. "Nous avons le foie trop blanc pour cela. Mais ce n'est pas une mauvaise chose que certains de nos gars apprennent à gagner des batailles sous la direction d'un maître dans cet art."

"Vavasour et Drury seront de bons élèves, je le garantis", a déclaré le jeune Mell. "C'est un bon capitaine qui sait comment remporter la victoire lorsqu'il est en infériorité numérique de trois contre un, et que l'ennemi n'a que des cavaliers et lui des fantassins. Comment les hommes de Mulgrave ont fui à Belshaw !"

"Non, c'est à toi que revient le principal mérite", répondis-je.

"Il est peu probable que les hommes de Mulgrave soient des outils d'oppression à l'avenir", a fait remarquer Squire Mell. "Le jeune comte réduit le nombre de son cortège. Et je sais de source sûre qu'il a présenté le cas des Isle Commoners à milord Scrope sous un nouveau jour. C'est un jeune homme juste et judicieux au-delà de son âge. ".

— L'invité de la soirée a des raisons de le penser, dit quelqu'un.

"Il doit sa couronne à Frank", a crié un autre.

"Son titre de comté lui est venu par le jugement du Tout-Puissant", répondit gravement Mell. "Nous savons que Vavasour n'avait pas l'intention de tuer Lord Sheffield sur la base du meilleur témoignage, celui de Frank lui-même, qui ne mentirait pas pour sauver sa peau."

"'A parle aussi directement que 'a frappe et tire", cria une voix venant de l'autre table.

"Pour ma part", continua Mell, "j'applaudis le courage du comte qui méprise les interprétations erronées."

"Quelle est la signification du tumulte ci-dessous ?" » demanda Portington, tandis que nous écoutions tous un bruit de voix en colère et alarmées qui sortaient de la porte latérale, qui venait d'être ouverte pour transporter les restes du souper.

Au même instant, un domestique se précipita dans la pièce, presque essoufflé.

"Votre Honneur daignerait-il venir donner l'ordre de ce qu'il faut faire d'un méchant meurtrier ?" » elle haletait vers Squire Stovin.

Une douzaine d'hommes se précipitèrent, mais le châtelain cria :

" À l'ordre, messieurs. Ayez la bonté de rester jusqu'à ce que j'aie compris ce qui se passe. Portington, Drury, Vavasour, suivez-moi. "

Au début, nous pouvions à peine voir, le changement étant grand, de la lumière de nombreuses bougies de cire à la pénombre des quelques trempettes de suif dans les appliques en étain de la salle commune de l'auberge ; mais bientôt nous discernâmes un individu retenu sur une chaise par deux hommes, Host Hind debout au-dessus de lui avec un gros gourdin à la main, et un groupe d'ouvriers et autres, qui avaient été dérangés pendant leurs potions, comme le montrait clairement un message. table renversée, et une quantité d'alcool renversée sur le sol, et les éclats d'une cruche cassée. En bref, la situation était la suivante : l'homme qui se trouvait maintenant sur la chaise était venu, enveloppé dans un long manteau de cavalier et portant une grande barbe ; Il avait appelé Schiedam et était resté assis à boire tout seul. Un infirme errant qui jouait de la flûte avait diverti la troupe avec les tours d'un singe de Barbarie, qui faisait le tour de la salle après la représentation, tendant une boîte pour les cadeaux du libéral. Comme l'homme au manteau ne faisait pas attention à lui, l'animal lui avait tiré la barbe, qui s'était détachée dans sa patte, sur quoi l'homme avait frappé la bête, et la bête avait immédiatement attaché ses dents dans la main de l'homme. Une bagarre s'ensuivit, l'étranger battant et essayant de se débarrasser du singe, son propriétaire s'efforçant de sauver l'animal des coups violents que l'étranger lui portait sur la tête, et la compagnie aggravant la confusion en se pressant sur les combattants étranges. Dès que le singe avait été abattu, l'étranger lui avait donné des coups de pied furieux, ainsi que son propriétaire, l'infirme, ce qui avait suscité la colère des spectateurs, qui s'étaient saisis de lui, le traitant de méchant brutal. En luttant contre eux, l'homme avait perdu son manteau, laissant apparaître des pistolets à sa ceinture, dont il avait retiré l'un d'eux en menaçant de tirer. L'hôte Hind lui avait frappé les jointures avec son gourdin, avait fait appel à deux solides gaillards pour le retenir et avait envoyé un serviteur auprès du juge Stovin.

"Levez la tête et laissez-moi vous voir de plus près ; vous et moi nous sommes déjà rencontrés, ou je me trompe lourdement."

En disant cela, le Squire prit une bougie sur le mur et la passa devant le visage de l'homme, et je vis que c'était Vliet.

"Laissez tous les hommes présents dans la pièce aller ailleurs pendant quelques minutes, à l'exception du propriétaire et des messieurs qui m'accompagnaient."

Lorsque l'ordre eut été obéi, le Squire ordonna à Hind d'attacher le prisonnier. Vliet m'a regardé avec des yeux meurtriers, mais il s'est soumis d'un air maussade.

"Maintenant, je t'ai évité de devenir de la viande de chien", dit l'écuyer. "Si les honnêtes gens de la maison savaient que vous êtes le Sébastien Vliet qui a échappé à son arrestation sous l'accusation de tentative de meurtre, et devinaient que vous vous cachez ici, déguisé, s'attendant à ce qu'il soit facile de tirer sur un homme joyeux avec du vin, et ne pensant à aucun mal, ils vous déchireraient membre par membre — c'est un petit reproche à eux. Me comprenez-vous ?

"Si vous le permettez", dit John au Squire, "je serai votre interprète."

Squire Stovin hocha la tête, et il s'ensuivit un échange de paroles entre les deux.

"Vous en avez dit bien plus que moi", dit l'écuyer.

"J'ai ajouté un conseil concernant la morsure du singe, pour lequel j'ai reçu un blasphème hollandais de choix."

"Quel était le conseil ?"

"Pour me permettre d'appliquer un tisonnier chauffé à blanc sur la plaie. La morsure d'un singe est une vilaine chose."

"Et quelle a été la réponse ?" demanda Dick.

" Dépouillé des injures, c'était à l'effet que mon monsieur savait faire un meilleur usage d'un tisonnier chaud que de se brûler avec. Excusez-moi de répéter les termes précis : ils n'étaient pas du meilleur goût. "

"Faites-lui comprendre qu'il sera emmené au cachot, où il sera fortement gardé, et confié à Lincoln demain."

"Et vous donnerez l'ordre que son mal soit soigné, n'est-ce pas, Squire ?" J'ai mis.

"Pourquoi, au nom du ciel, devrais-je m'inquiéter de sa carcasse de coquin ? Pourquoi tu devrais le faire, Dieu seul le sait."

Je ne le savais certainement pas ; mais néanmoins une sorte de pitié m'avait rempli pour le misérable, qui avait tant perdu ; l'amour, avant tout, la santé, comme le montraient son visage et son corps gonflés, son argent, comme je le soupçonnais à cause de ses vêtements usés, et tout ce qui reste de noblesse et de respect de soi, comme il le prouvait par son regard, ses paroles et son ton. Si pauvre soldat de fortune que j'étais, j'avais en comparaison une richesse infinie.

"Eh bien, qu'il en soit ainsi", dit le Squire. "Je vais faire venir Tankersley."

Alors Vliet se lança dans un torrent de jurons en anglais, et le Squire nous ordonna, à John et à moi, de retourner chez nos amis, pendant qu'il prenait des mesures pour la garde sûre du prisonnier. Lorsque nous eûmes satisfait la curiosité de nos amis et que le Squire reparut, les festivités reprirent. Après que la santé du roi eut été ivre, l'écuyer lui souhaitant « des conseillers plus sages », mon vieil ami fit un discours à mon sujet, dans lequel il en dit bien plus que ce qu'il serait décent de ma part d'écrire, même si je pouvais me souvenir de tout. Mais certaines de ses paroles concernaient l'état des choses dans l'île et sont, à mon avis, dignes d'être rappelées.

« Il y a des Vavasours à Temple Belwood depuis plus de deux cents ans, et pour la plupart des messieurs à l'esprit public, mais aucun plus que notre « avocat », Thomas Vavasour. Il a perdu son patrimoine en défendant nos droits et nos propriétés. selon toute vraisemblance, il n'aurait pas renoncé à sa succession sans sa conviction que son fils était mort, et je suis sûr que chaque gentleman de l'île aurait fait ce qui était en son pouvoir pour conserver l'honorable famille de Vavasour dans son siège légitime. Je peux dire que, pour ma part, j'ai essayé de persuader notre avocat d'accepter les contributions des habitants de l'île pour les dépenses nécessaires au maintien de notre cause, et je pense que c'est une erreur de jugement qu'il ait refusé, mais c'était le cas. erreur d'un homme fier et généreux, et, de plus, d'un homme qui avait confiance dans l'administration de la loi dans ce pays. Sa confiance était si justifiée que le plus haut tribunal du pays s'est prononcé en sa faveur. était obligé de le faire. M. Vavasour ne s'attendait pas à ce que la loi et la justice soient outrepassées par la prérogative royale. Aucun homme ne s'attendait à cela. Nous sommes tombés dans des temps difficiles, où la propriété d'un homme peut lui être enlevée par un plus fort que lui, sous prétexte que l'homme le plus fort peut en faire un meilleur usage que le propriétaire légitime. Vous pourrez bientôt demander à Charles et Cornelius d'entrer dans votre domaine. Ils voient un lac. Cornelius dit à Charles : « Je voudrais remplir ce lac et y cultiver des pommes de terre. « Charles dit à Corneille : « Donne-moi tant, et tu pourras. » Et malgré la loi, l'équité et la raison, parce que Charles et Corneille sont des géants et que vous êtes un homme de taille ordinaire, ils font ce qu'ils veulent. Et ils ont l'audace de se qualifier de bienfaiteurs de la culture de pommes de terre là où aucune pomme de terre ne poussait auparavant ! Mais je vous demande pardon, messieurs, d'avoir encore une fois battu cette vieille paille. J'ajouterai ceci :

nous avons appris à nos dépens que les projets du Néerlandais sont aussi mauvais que son titre. Ainsi l'ont appris les hommes du sud de l'Île, ainsi que ceux qui vivent à la frontière du West Riding. Je suis sûr que l'émissaire sera bouché dans quelques années. Toute cette affaire est mauvaise et aboutira à la ruine des projecteurs, et alors les habitants de l'île pourront recouvrer leurs droits. Il est peu probable que nous recevions réparation de nos pertes, je le crains. Une de nos pertes est le bannissement de notre notaire et de son fils, notre invité. »

Le reste du discours du Squire a été consacré à mes éloges et à mes meilleurs vœux pour ma prospérité future. La santé était ivre d'acclamations à faire trembler les chevrons, qui se renouvelèrent lorsque je répondis de la meilleure façon possible aux paroles aimables du squire et que je criais d'un bout à l'autre des tables.

Ensuite, le jeune Mell nous a invité, dans une conversation agréable, à boire à la santé de John Drury ; et John a prononcé un discours plein de plaisanteries et de plaisanteries joyeuses, qui nous ont tous fait rire et ont mis les formalités en déroute.

Pendant que les langues s'agitaient de jours joyeux dans la forêt, dont on ne peut plus profiter, de la chasse au saumon à Trent, de la chasse à la loutre dans le Don, de la chasse aux canards sur les mers, et des sports et passe-temps similaires de l'île, le le vin coulait à flots, et tous les autres soufflaient un nuage de fumée de tabac de ses lèvres, le propriétaire vint me murmurer à l'oreille que quelqu'un, dont je n'ai pas compris le nom, demandait à me parler.

« Parlez, mon hôte, » dis-je. « Qui est-ce ?

"C'est l'avocat Gibberd de Hatfield, qui s'occupe d'affaires urgentes, dit-il. Et ce doit être pour faire sortir quelqu'un comme lui en cette nuit amère. Ses pieds étaient gelés jusqu'aux étriers, et son visage et ses mains étaient presque morts, mais nous Je les ai bien frottés avec de la neige. Il dit qu'il a été complètement écorché par des voleurs de grands chemins. Il est allé au presbytère et ils l'ont envoyé ici.

Avant que Hind ait fini, presque tout le monde dans la pièce écoutait ; et quand je me levai pour l'accompagner, me demandant ce que ce Gibberd, dont je ne me souvenais pas d'avoir entendu le nom, pouvait me vouloir, Squire Stovin dit :

"Nous avons mangé un drôle de poisson ici ce soir. Avec votre permission, Vavasour, je vais voir si cet homme est Gibberd."

Je m'inclinai et m'assis, et le Squire sortit, le jeune Mell l'accompagnant. Ils revinrent peu après, emmenant avec eux un homme âgé qui clignait des yeux, toussait et tremblait en prenant la chaise qui lui était réservée.

"Remplissez une tasse de cognac pour M. Gibberd", ordonna le Squire. "Bois-le, mec, et ensuite donne de tes nouvelles à Vavasour."

Quand l'homme de loi eut bu son verre et toussa de nouveau, il commença :

" Vous me pardonnerez mon intrusion en cette occasion festive et à cette heure tardive, des affaires urgentes étant mon excuse. En effet, si elle n'avait pas été des plus pressantes, je n'aurais pas affronté la rigueur du temps et les périls. de la route, car je suis par habitude un homme de ménage, et je n'ai pas l'habitude d'être à l'étranger la nuit tombée, surtout à cette époque de l'année. Mais comme j'ai eu le hasard d'apprendre, tout à fait par hasard, votre intention de quitter le pays. demain, même si je n'étais pas pleinement assuré de la véracité de l'information, je me suis cru de mon devoir de faire preuve de la plus grande hâte et de la plus grande diligence pour vous faire connaître les faits les plus importants, étant, en un sens, votre conseiller professionnel, au moins pour le présent immédiat, et comme je l'espère et j'ai confiance dans l'avenir également.

"Pauvre homme ! le gel a touché son cerveau", dit Dick.

"Mais pas sa langue", rit John.

"Si vous pouvez en venir au fait, je vous en serai obligé, M. Gibberd", dis-je.

M. Gibberd toussa, se servit un peu plus d'alcool et continua :

"J'ai eu l'honneur d'être le conseiller juridique de feu M. Staniforth, décédé hier, très subitement pour la dernière fois, pauvre monsieur, bien que d'après mon expérience, cela soit toujours soudain. Peut-être devrais-je dire plus correctement "observation", mais peu importe. Récemment, M. Staniforth a trouvé du réconfort en faisant plusieurs dispositions testamentaires de ses biens depuis la mort de son fils tant déploré, il l'a fait si souvent… »

"Mettons fin à cette prolixité, mec", tonna Squire Stovin. "Vous avez rédigé le testament du pauvre vieux Staniforth ? C'est ce que vous voulez dire ?"

"Je l'ai fait."

"Et il a laissé quelque chose à M. Frank Vavasour, hein ?"

"Il a laissé à M. Frank Vavasour, à condition qu'il prenne le nom de Staniforth, sa maison connue sous le nom de Staniforth Hall, son…"

« Coupez le temps, M. Gibberd ; épargnez-nous le langage de la loi », dis-je.

« Tout ce qu'il avait est à vous, M. Vavasour ; ses propriétés à Staniforth, Sykehouse, Fishlake, Cowick, Baln et Pollington ; son argent en hypothèque... »

Dick sursauta. "Remplissez vos tasses, messieurs. Voici Frank Vavasour-Staniforth, ou Staniforth-Vavasour, en lui souhaitant la joie de son héritage, et puis trois fois trois."

Quel tumulte ces braves gens ont fait ! Et quand ils eurent fini les trois fois trois, quelqu'un cria "Encore un!" puis un autre a demandé « Juste un petit », et un autre a demandé « Un bon pour finir ».

Et ils continuèrent ainsi jusqu'à ce qu'ils soient devenus enroués et secs. Luke est venu et s'est tenu derrière ma chaise.

"Vous ne pouvez pas vous occuper d'un serviteur du corps maintenant, Measter Frank. C'est ma place. Ne vous exécutez plus la tête avec des balles de canon pour des pièces détachées, maintenant. Quand allons-nous en Hollande?"

John m'a saisi la main en disant : « Je suppose que la Providence ne fait aucune erreur, mais j'aurais aimé que ce coup ne se produise pas tout à l'heure. J'espérais au moins vous voir colonel, mais Maîtresse Goel l'interdit.

« La première chose à faire, répondis-je, c'est d'aller au secours de ce digne homme de Hull.

"Demain, tôt", répondit-il chaleureusement.

Pendant ce temps, la salle était pleine de clameurs de discussions et de rires, qui devenaient de plus en plus forts à chaque instant, jusqu'à ce que la grande voix de Squire Stovin rappelle à l'ordre.

"Messieurs," dit-il, "cela a été une période difficile pour notre invité. Je n'ai jamais entendu dire que la fortune ait tué un homme, mais ce changement soudain dans les affaires de notre ami est quelque peu un choc. Si vous acceptez ma décision, , nous boirons une tasse d'adieu et rentrerons chez nous dès qu'il le jugera opportun.

Tous furent d'accord sur ce point et finalement, après de nombreuses poignées de main, John et moi marchâmes ensemble jusqu'au presbytère.

"Vous aussi, vous renoncerez au projet suédois", dis-je.

"Non," répondit-il; "Si je ne pars pas à l'étranger, je deviendrai gitane."

LA FIN